지각생의 간증

김영재 교수의 살아온 이야기
지각생의 간증

초판 1쇄 2015년 9월 21일 발행
초판 2쇄 2015년 10월 30일 발행

지은이 김영재
펴낸이 안만수
책임편집 조주석
발행처 도서출판 영음사
주소 경기도 수원시 권선구 경수대로369번길 20, 연안빌딩 4, 5층
전화 031) 233-1401, 1402
팩스 031) 233-1409
전자우편 biblecomen@daum.net
웹사이트 www.yungeumsa.co.kr
등록 2011. 3. 1. 제251-2011-14호

이 도서의 국립중앙도서관 출판시도서목록(CIP)은 서지정보유통지원시스템 홈페이지(http://seoji.nl.go.kr)와 국가자료공동목록시스템(http://www.nl.go.kr/kolisnet)에서 이용하실 수 있습니다. (CIP제어번호: CIP2015024012)

ISBN 978-89-7304-110-7 (03230)

지각생의 간증

김영재 지음

도서출판
영음사

차 례

01 우리 집안 족보 이야기 9

우리 집안 족보 이야기

통영 근처 욕지도로 시집 온 나의 어머니와 외갓집 어른들

기독교 복음을 받아들여 전수해 주신 나의 친할아버지

02 해방과 한국전쟁을 겪으며 23

아버지를 따라 평안도 진남포와 함경도 신포로

아버지의 죽음

마산 초등학교 시절 맞이한 8·15 해방

글짓기에 대한 두려움

북으로 떠나간 형

전쟁 중에 마산에 남아서

이사 온 집 다다미방 벽장에서 책 더미를 발견하고 탄성을...

외국어 학습에 열중하다

03 마산 문창교회와 우리 집안 이야기 63

주기철 목사님께 세례 받은 나의 할머니와 어머니

나를 낳기 위해 부흥사 김익두 목사님께 두 차례나 안수기도 받은 어머니

예배당 쟁탈전으로 분쟁을 치른 최초이자 대표적인 교회, 마산 문창교회

무학산 중턱에서의 나의 회심 사건

04 친구들 이야기 79

청소년 시절 친구들

신학 공부 위해 서울대 종교학과를 선택하다

칼빈학사에서 만난 친구들

자취 생활의 추억

05 나의 아내 이후한 101
그녀와의 첫 만남
폐 침윤으로 휴학하다
이후한 양과의 첫 기차여행
논산 훈련소에서
거창고등학교에서 가르치다

06 4·19 학생의거와 5·16 군사혁명의 격동기에 123
최루탄 김주열 사건에 격분한 학생들의 시위가 전국으로 확산되다
대학을 졸업하고
마침내 이후한 양과 혼인하다
신혼생활 이야기
부산 칼빈학원(고신 대학부) 전임강사로 가다
첫 딸 선희가 태어나다

07 영국 유학 시절. 145
영국으로 유학을 떠나다
클리프톤 신학교에서 경험한 영국
영국 친구들과 함께 한 유럽 여행

08 독일 유학 시절 173
독일로 가다
3년 반만의 아내와의 재회
바르멘 선언서가 작성된 곳, 부퍼탈에서
이방인이 바라본 영국과 독일의 차이
아카데믹한 분위기 일색의 부퍼탈 신학교에서 공부하다

09 고국에서 보낸 4년 193

고신에서 가르치다

승동교회에서 대학부와 청년부를 지도하다

1972년 5월 경기노회에서 독일 전도목사로 안수받다

10 포이딩겐 교구교회에서의 목회 이야기 209

독일로 다시 가다

이방인 목사가 경험한 독일 교회

아이들의 적응

분단 시대 독일의 실상

동백림 사건의 망령

독일 국민 교회의 실상

독일에서 일어난 금주 운동

코리아 악치온, 독일 교회의 한국 돕기

폴크홀츠로 찾아온 고마운 분들

11 독일에서 박사학위를 받다 259

마르부르크 필립 대학교에서 박사학위 공부하다

아내와 함께 제네바에 다녀오다

박사학위논문을 출판하다

정든 독일 마을을 떠나서

12 미국 미네소타에서 첫 단독 목회 사역 281
목회자의 삶을 시작하다
미네소타 이야기
미네소타 이민 교회 담임목사 3년 사역 이야기
한인 교회와 미국인 교회의 특성

13 서울 총신대에서 309
기러기 아빠가 되어
교수 사역과 《신학지남》 편집 사역
목회에 대한 그리움

14 다시 미국으로 가다 333
교포 교회의 어려움
애틀랜타 남부장로교회를 개척하다
설교가 곧 신학임을 깨닫다

15 사랑에 빚진 지각생 351
55세에 귀국하여 교수 사역 계속하다
화평교회서 협동목사로서 현재에 이르다
사랑에 빚진 지각생의 회상과 아름답고 고마운 추억들

할아버지는 목사 사택을 짓도록 땅을 희사하셨으며,
임종하실 때는 굿 같은 것 하지 말고 목사님 모셔다가 예배드리라고 말씀하셨단다.
나의 아버지도 총각 때는 주일학교에서 가르치기도 하셨다니
할아버지가 믿으셔서 온 가정이 믿게 되었던 것이다.

01 우리 집안 족보 이야기

우리 집안 족보 이야기

한국 사람들은 족보 가진 것을 자랑스럽게 여겨 왔다. 그래서 좀 괜찮게 살면 족보를 장만한다. 마산 작은할아버지도 조금 살게 되자 족보를 장만하셨다. 그러나 그것은 한 권의 책이어서 윗대 조상들은 수록되어 있지 않은 책이다. 윗대 조상들까지 다 수록한 족보는 여러 권으로 되어 있다.

나의 아버지, 그러니까 너희 할아버지는 여러 권으로 된 족보를 궤에 간직하고 계셨다. 그러나 나의 아버지가 돌아가신 이듬해인 1944년에 어머니가 나와 형을 데리고 평안도 진남포를 떠나 마산으로 이사할 때 족보는 나의 삼촌댁, 즉 너희 작은할아버지 댁에 두고 오셨다. 6·25 전쟁이 일어난 다음해 1951년 1·4 후퇴 당시 할머니와 가족을 두고 혈혈단신으로 피난 오신 작은할아버지는 두고 오신 족보를 생각하면서 아쉬운 대로 한 권의 족보를 종친회를 통하여 장만하신 것이다.

족보를 궤에 간직할 정도면 나의 할아버지 대에는 제법 잘사셨던 것이라고 짐작할 수 있다. 양반이든 아니든 간에 가진 것이 없는 사람은 족보 같은 것을 장만하거나 지닐 수가 없었기 때문이다. 아마도 그래서 사람들은 족보 가진 것을 자랑으로 여겼던가 보다. 북한에 있는 나의 사촌 여동생들 중 맏이가 어쩌면 족보를 간직하고 있을지도 모른다. 만일 나의 형에게서 앞으로도 소식이 없어서 그의 생사가 묘연하면, 그 족보는 무슨 값나가는 물건은 아니지만 내가 받아 귀하게 간직했다가 형일에게 물려 줄 것이다. 그리고 나중에 찬영이가 그걸 물려받게 되어 있다.

내가 왜 난데없이 족보를 들먹이는 것일까? 아마 나이를 먹은 탓이겠지. 그리고 손자 찬영이가 나서 그런지도 모르겠다. 이민의 나라 미국 사람들이 자기네들의 뿌리, 즉 조상 찾기에 관심을 둔다는 이야기를 들었으므로 미국에 사는 너희도 예외가 아닐 것이라는 생각이 들어서이기도 하다. 그래서 이름 석 자씩만 적혀 있는 족보보다는 너희 할아버지가 어디서 나셨고 어떤 분이시고 너희 할머니와 내가 어떻게 살아왔는지를 얘기로 남겨 두는 것이 좀 더 의미가 있을 것이라는 생각이 들어 이 글을 쓰기로 한다.

내가 교회 역사를 전공하는 사람이고 한국교회사와 세계 기독교 교회사 및 교리사 등의 책을 쓴 터이니까 너희들에게 줄 가족 이야기를 쓰는 것도 격에 어울리는 일일 것이라고 생각한다. 그리고 나의 이야기를 주로 쓰는 것은 내가 살아온 것이 하나님의 은혜로 말미암은 것이므로 감사하는 마음에서 그 은혜를 헤아리고자 함에서이다.

내가 나서부터 살아온 것이, 살아오면서 겪은 모든 것이 하나님의 섭리 아래 있었음을 고백하고 싶어서이다. 섭리는 과거와 현재와 미래를 다 보시며 역사를 주관하시는 하나님께서 역사 속에 사는 개개인의 삶을 인도하시며 다스리시는 것을 가리키는 말이다. 모든 사람이 다 하나님의 섭리 아래 있으나 하나님을 믿는 사람만 하나님의 섭리를 시인하며 감사와 찬양으로 고백할 수 있는 법이다.

이 글을 읽어 줄 사람은 물론 나의 아들과 딸인 너희들과 며느리와 사위, 그리고 너희 자식들, 즉 나의 손주들이다. 너희들 외에도 나를 잘 알고 내가 어떻게 살아왔는지 궁금하게 여기는 친구나 지인들, 이들 중에는 한번 읽어 보고 싶은 생각을 가지는 이가 있을 줄 안다.

통영 근처 욕지도로 시집 온 나의 어머니와 외갓집 어른들

먼저 너희 할머니 집안 이야기부터 해야겠구나. 너희 할머니, 즉 나의 어머니는 너희들도 알다시피 마음씨가 착하고 너그러우시며 사람들에게 사랑을 베풀고 또한 사람들이 다 좋아하는 덕이 있는 분이시었다. 어머니 형제들도 다 성품이 어진 분들이셨다. 나의 큰 외삼촌댁에, 그러니까 너희 할머니의 큰 오라버니댁에 둘둘 말아 둔 두꺼운 종이 문서가 하나 있었는데, 그것을 할머니 사촌 되시는 함보훈 할아버지가 가져가 액자에 넣어서 벽에 걸어 보관하고 계신다. 할머니의 고조부 되시는 어른이 대한제국 말엽에 정삼품 벼슬을 하실 때 고종 황제로부터 받은 임명장이다.

그 어른은 함기로(咸耆魯)라는 분이신데, 1910년 한일 합방으로 나라가 망하자 양반의 신분을 감추고 잠적하셨단다. 그분의 아들과 손자이신 어른들이 마산 지방으로 와서 마산서 고성으로 가는 길목에 있는 진동에 정착하셨다. 어머니의 할아버지께서는 마산 근처에서 갓 장사를 하셨다. 양반이 망하면 갓 장사를 한다는 말도 있었다는데 그대로 하신 것 같구나. 외갓집 어른들이 어질고 마음씨가 착한 것이 좋은 가문의 자손들이어서 그랬구나 하는 생각이 든다.

나의 외할아버지는 처음에 부친을 따라 갓 장사를 하셨단다. 갓은 옛날 한국 사람들이 머리에 썼던 모자인데 둥글게 챙이 달렸으며 망사로 빳빳하게 만들어진 것이다. 말하자면 서양 신사들이 쓰던 '실크해트'(silk hat)와 같은 것이다. 갓의 모양은 신분에 따라 달랐다. 양반들은 챙이 넓은 갓을 썼으며 중인들, 즉 의원이나 상인들과 같은 소시민들은 챙이 좁은 갓을 썼다. 외할아버지는 갓 장사를 그만두시고 마산 중심가인 창동에서 정미소를 하셨다. 아들 넷과 딸 셋, 이렇게 칠 남매를 두셨으며, 첫째 부인이 돌아가신 후 재혼하셔서 둘째 부인에게서 딸과 아들을 얻으셨다. 나의 어머니는 1912년 4월 24일에 셋째이자 맏딸로 태어나셨다.

나의 외할아버지는 성호초등학교 1회 졸업생이었다고 하는데 나의 어머니를 비롯한 어머니의 형제자매들이 물론 다 성호초등학교를 다니셨다. 나도 역시 1948년에 그 학교를 40회째로 나온 졸업생이다. 둘째 외할머니에게서 난 이모는 나와 동갑이시고, 막내 외삼촌은 두 살 아래이다. 내가 초등학교 3, 4학년 때는 한 집에 살거나 옆집에 살면서 함께 어울리며 지냈다. 막내 이모는 일찍 남편을 잃었으나 초등학교 교사로 봉직하다가 은퇴하셨다. 이모의 세 아들 중 첫째인 강문석이는 의사이다. 막내 외삼촌 함정훈 씨는 서울 법대를 졸업하고 정부 기관지로 알려진 서울신문사 편집부에서 오래 일하신 분으로 편집국장을 지냈으며, 국민일보사에서 편집국장과 이사 및 부사장을 역임하고 은퇴하셨는데 이젠 한국 언론계의 원로 중 한 분이시다. 편집실에서는 기자들에게 불호령을 내리곤 하며 자기 직책에 최선을 다하는 이로 알려져 있으나 정직하게 원칙대로 사는 분이시고 편집실 밖에서는 과묵하나 늘 미소 짓는 동안을 가진 어진 분이시다.

어머니, 즉 너희 할머니는 초등학교 다닐 때 공부를 잘하셔서 일본 선생님이 좋아하셨단다. 선생님은 어머니에게 중학교에 진학하도록 권했을 뿐 아니라, 부모님이 허락만 하시면 학비랑 모든 것을 다 도와주겠다고 하셨단다. 그러나 완고하신 외할아버지께서 허락하지 않으셔서 중학교에는 가지 못하셨다. 1920년대 초였으니까 당시 딸을 공부시킨 사람들은 흔치 않은 계몽된 사람들이었다. 당시의 시대 상황으로 보아서는 초등학교 공부를 할 수 있었던 것만으로도 다행스럽게 여겨 고마워해야 할 것이다.

할머니는 기억력이 아주 좋으셨다. 연세가 90이 넘기까지 일기도 쓰시고 열심히 편지 쓰신 것을 보면, 그때 중학교로 가서 공부할 수 있는 기회를 놓친 것을 애석하게 여긴다. 그러나 성경을 읽으시고 신문을 다 보실 뿐 아니라 아들이 쓴 설교 원고를 읽고 강평도 하시며, 한상동 목사님이나 주기철 목사님의 전기 등 경건 서적을 탐독하신 것만 해도 대견스럽고 자랑스러운 일이 아니겠니?

1930년 어머니의 나이 만 18세 때 한 살 위이신 아버지와 혼인하셨다. 나의 작은할아버지 되시는 분은 사진에서 본 대로 늘씬하게 키가 크고 잘생긴 분이셨다. 그분이 조카의 배필이 될 만한 좋은 규수가 있다는 말을 듣고 선보시느라 외가의 옆집에서 몰래 담 너머 처녀를 훔쳐 보셨단다. 선도 희한하게 보신 것이다. 처녀를 보고는 마음에 흡족하게 여겨 정식으로 찾아가 청혼하셔서 혼사가 이루어졌단다. 외가에서는 청혼하는 이가 양복을 잘 차려입은 중년 신사의 풍채를 갖추고 있어서 그랬는지 그분을 신임한 나머지 조카 되는, 혼인할 당사자인 총각은 보지도 않고 청혼을 받아들여 딸을 시집보내기로 했단다. 신부는 첫날밤에야 비로소 새 신랑을 보았다고 하니 아무것도 모른 채 어른들이 시키시는 대로 시집을 간 셈이다. 그러나 그 시절에는 그게 전혀 이상한 일이 아니었다.

기독교 복음을 받아들여 전수해 주신 나의 친할아버지

어머니가 시집으로 간 곳은 욕지도였다. 욕지도는 마산서 배로 통영을 거쳐 남쪽으로 거의 한나절 걸리는 곳에 위치한 작은 섬이다. 행정상으로는 욕지도가 통영군 동항리(東港里)로 되어 있다. 섬의 풍광이 아름다워 지금은 관광지로 각광을 받는 곳이지만, 당시 섬마을은 변변한 의료시설도 없는 어촌이어서 살아갈수록 불편을 느끼는 그런 고장이었다. 그런 곳에서 살아야 한다는 것이 도시에서 자란 색시에게는 큰 충격이었다. 게다가 한 번도 해보지 않은 농사일도 도우며 고달픈 시집살이를 해야 했으니 마음고생이 많으셨다. 방아를 찧느라고 손에 물집이 생기고 일을 못 해내어 울먹일 때가 한두 번이 아니었다고 한다. 그럴 때면 머슴이 와서 몰래 도와주곤 했단다.

어머니의 시가집, 즉 할아버지 집은 욕지도 고을게에 있었는데 굉장히 크고 인상적이었단다. 배를 타고 섬에 가까이 가면 나지막한 산들이 양팔을 벌려 감싸듯 만을 형성하고 있다. 배가 향하는 정면 산 아래 언덕으로부터 바닷가에 펼쳐져 보이는 섬의 중심 마을이 동항리, 즉 고을게이다. 할아버지 집이 있던 곳은 현재 제일장로교회가 서 있는 언덕 위쪽에 위치하고 있었단다. 대문과 중문이 있었으며, 중문을 들어서면 분수가 있는 정원이 있고, 집 뒤 후원에는 밭이랑 배나무 과수원이 있었단다. 머슴들도 있어서 이를테면 그 섬에서는 아주 잘사는 부잣집이었다고 한다.

나의 조상들은 고성 지법(현재 도산면)이라는 시골에서 살았는데 흉년이 들자 나의 증조부 되시는 어른(金容世)이 욕지로 건너가셔서 어업을 시작하셨단다. 멸치 떼가 해안까지 몰려오는 것을 처음에는 그냥 그릇으로 떠서 잡다가 그물을 만들어 잡기 시작하면서 멸치 어장을 하시게 되었다고 한다. 멸치 잡는 그물을 손수 고안하셨다는 얘기도 들었다. 여하튼 멸치잡이로 큰 부자가 되신 것이다. 어장을 네 틀이나 소유하셨으며, 어장에서 일하는 인부들만도 수십 명이나 되었다고 한다.

나의 할아버지와 작은할아버지는 증조할아버지가 일구어 놓으신 어장을 물려받아 함께 어업에 종사하셨다. 고기를 잡으면 작은할아버지는 바로 일본으로 가져가서 어시장에 넘기셨다. 할아버지들이 비록 섬에 사셨으나 일본으로 왕래하며 거래하고 계셨으므로 마산 사람들보다 더 윤택하고 개화된 생활을 하셨단다.

1930년 아버지(1911~1942)와 어머니(1912~2007)가 혼인하셨을 때는 할아버지가 뇌졸중으로 돌아가신 후였다. 어머니가 욕지로 시집가셨을 때는 이미 집안이 기울고 있을 때였다. 어업이라는 것이 고기가 잘 잡힐 때는 금광의 노다지를 캐는 것이나 다름없으나, 고기를 못 잡게 되면 막대한 손해를 보게 된다. 인부들의 인건비만 해도 엄청나므로 그런 일이 여러 번 반복되면 졸지에 망하게 되는 그런 사업이다. 할아버지께서는 그러한 최악의 경우를 당하시자 쓰러지셨던 것이다.

할아버지는 당신의 동생처럼 키는 크지 않으나 반듯하게 잘생긴 분이셨다. 재력이 있는 데다 점잖으셔서 통영 지방의 유지로 많은 사람들로부터 존경을 받으셨다고 한다. 그런데 특기할 만한 일은 할아버지께서 예수를 믿게 된 일이다. 사람들은 할아버지가 예배당에 가시는 것을 보고 "야, 저 사람이 예배당에 나가는 것을 보니 거기에 무언가 있는가보다."라고들 했단다.

할아버지는 목사 사택을 짓도록 땅을 희사하셨으며, 임종하실 때는 굿 같은 것 하지 말고 목사님 모셔다가 예배드리라고 말씀하셨단다. 나의 아버지도 총각 때는 주일학교에서 가르치기도 하셨다니 할아버지가 믿으셔서 온 가정이 믿게 되었던 것이다. 작은할아버지집 사람들은 할아버지가 예수를 믿은 후 재산을 교회에다 마구 바쳐서 망했다고 악담을 했던 모양이다. 나의 오촌 고모가 그렇게 말하는 것을 내가 직접 들었다. 그런데 재산을 마구 바쳤다는 말은 불운을 당한 일을 남의 탓으로 돌리려는 데서 말한 과장일 뿐이다.

미국 메릴랜드 아름다운교회에서 목회하셨던 윤병구 목사란 분이 쓴 기록(2006년 7월)에 따르면, 욕지교회는 1907년에 설립되었다고 한다. 통영에 설립된 대화정교회 전도사로 있던 김락진 전도사와 그 교회 영수로 있던 홍여범 영수가 욕지로 이주해 와서 설립하였다고 한다. 1908년 2월 교회 이름을 동항리교회로 하여 노회의 승인을 얻었다. 처음에 세운 예배당이 청사부락(논골)에 있었으나 교회 위치로는 적합하지 않아 동항리 821번지의 민가를 매입하여 예배당을 이전하였다고 하는데, 할아버지 집의 집터 일부를 사택을 짓도록 제공했다고 하니 교회에 인접해 있었던 것이다. 동항리교회는 1952년 장로교회가 고신측과 총회측으로 분열될 때 고신측의 욕지장로교회와 총회 합동측의 제일장로교회로 나뉘어졌는데, 동네 위쪽에 있는 제일교회 예배당이 옛날 동항리교회 예배당이고, 조금 아래 떨어진 곳에 있는 예배당은 분리해 나온 욕지장로교회 예배당이다.

2011년 5월 말경에 너희 엄마와 함께 욕지도를 방문하여 옛 동항리 예배당에 가 보았다. 우리 집안에 믿음의 씨를 심어 준 바로 그 교회 예배당 마당만 밟아보고, 새로 부임했다는 젊은 목사님 부부를 만나 잠시 서서 얘기하고는 그냥 떠나온 것이 못내 아쉬웠다. 욕지를 다녀와서는 하나님의 섭리란 말을 자꾸만 되뇌게 되는구나.

나의 아버지가 어머니에게 말을 놓아하시지 않고 "하시오" 하는 예사 높임말로 대하신 것으로 기억하는데, 양반은 아니지만 그래도 괜찮게 사신 가정 배경과 기독교의 영향 때문에 그렇게 하신 것이라고 생각한다. 우리나라의 양반들은 부부간에 예대를 하였다. 그것은 남편이 아내에게 말을 탕탕 놓는 일본 문화와는 다른 점이다.

나의 아버지의 할아버지, 즉 증조할아버지께서는 돈을 주고 양반을 사셨다고 한다. 그래서 평소에 양반이 쓰는 관을 쓰고 계셨는데, 증조할머니가 영감 때문에 비위가 상하실 때면, 마치 사이비 양반을 풍자하는 코미디 장면에서 말을 주고받듯이, "흥, 양반 값이나 제대로 하시오." 하면서 핀잔을 주곤 하셨단다. 요즘 같으면 돈 가진 사람들이 바로 양반으로 인정받지만, 옛날에는 돈만으로는 신분 상승을 달성할 수 없었다. 돈으로 양반을 산 사람은 그저 사이비 양반, 즉 가짜 양반일 뿐이었다.

증조할아버지는 이마가 넓고 기다란 얼굴에 위엄 있게 생긴 분이시고 증조할머니는 '예쁜이'라는 별명을 얻었을 정도로 자그마한 키에 오똑한 코와 귀여운 미소를 지닌, 예쁘게 생긴 분이셨다. 증조할아버지의 모습은 나의 아버지를 첫 돌에 안고 찍은 사진에서 보아 기억한다. 1912년에 찍은 사진이었다.

증조할머니는 내가 고등학교 1학년 때 우리 집에 오셔서 지내시다가 내가 대학 다닐 때 별세하셨다. 그때 연세가 91세였다. 원래 성격이 고집스러운 분이셔서 젊을 때는 자식들에게 야단을 치기도 하시고 기세가 등등한 분이셨단다. 우리 집에 와서 사실 때도 어쩌다 화가 나면 떼를 쓰실 적도 있었다. 그러나 증손자인 내가 달래면 신기하게도 늘 말씀을 잘 들으시고 곧 진정하셨다. 이북 함경도 청진에 셋째요, 막내 아들이신 작은할아버지가 계시지만 길이 막혀 갈 수 없어서 의탁할 곳이 없는 증조할머니는 아들 하나 데리고 사는 손자며느리 집에 와서 여러 해 동안 의지하며 살다가 돌아가셨다. 그런 할머니를 돌보아 주신 어머니는 참으로 착한 분이시다. 잘 헤아려 보면 증조할머니는 나를 있게 한 분이시지 않니. 그래서 너희들도 있게 된 것이고. 나는 그 할머니께 잘해 드리고 싶고 위로해 드리고 싶었다. 이젠 다 지난 일이지만 할머니를 모시는 일을 두고 때로는 힘들어하셨지만 잘 견디어 내신 어머니께 감사한다.

증조할머니가 돌아가셨다는 부음을 들은 것은 내가 대학생 시절에 서울에서 공부하다가 방학을 맞아 집으로 오는 길에 천안에 계신 홍근섭 목사님 댁에 가서 잠깐 머물러 있을 때였다. 홍근섭 목사님은 나에게 믿음을 넣어 주신 분이시고, 나와 너희 엄마의 결혼을 주례하신 목사님이시다. 우리 두 사람에게 믿음도 넣어 주시고 둘이 편하게 사귀도록 도와주신, 잊을 수 없는 분이시다.

나는 그때 천안 염광교회 사택에 있으면서 홍근섭 목사님이 논문 쓰시는 것을 도와 드리고 있었다. 홍 목사님은 이젠 장례도 다 지났으니 하던 일을 마저 다 하고 가라고 말씀하셨으나, 도와 드리던 일은 거의 마무리가 되었으므로, 나는 부음을 들은 그 이튿날 마산 집으로 내려왔다. 어머니는 내가 부음을 듣는 즉시 내려온 것은 잘한 일이라고 하시면서 좋아하셨다.

나는 나의 작은아버지와 함께 화장터로 가서 재를 거두어 주는 것을 받아 들고 나무들이 엉성하게 서 있는 산에다 뿌렸다. 마산 사람들은 그 산을 앞산이라고 불렀다. 서쪽 등성이에는 복숭아밭이 있어서 "나의 살던 고향은 꽃 피는 산골, 복숭아꽃 살구꽃 아기 진달래···" 하고 이은상이 작사하고 홍난파가 작곡한 〈고향 생각〉 노래를 부를 때면 늘 연상이 되는 곳이다. 이은상 씨는 마산에서 난 시인이시다. 저쪽 약간 왼쪽으로는 멀리 합포 바다가 보이고, 오른쪽에는 가파르게 우뚝 솟아 있는 무학산이 보이는 곳이었다.

나는 재를 뿌리다가 아쉬운 생각이 나서 재를 반쯤 남겨 집으로 가져 와서 장롱 위에 두었다. 이다음에 어디 좋은 데 묻어 드리고 싶은 생각에서였다. 그러나 그것은 몸을 나누는 것이므로 도리가 아니라는 이웃 사람들의 얘기를 듣고는 며칠 전에 재를 뿌렸던 곳으로 나 혼자 다시 가서 나머지를 뿌려 드렸다.

나의 어머니는 혼인하신 지 일 년 만에 아들을 낳아 온 집안에 기쁨을 선사하셨다. 그러나 그런 기쁨도 잠깐이었다. 할아버지께서는 임종하시기 전에 아버지에게 그물만 팔아 처분해도 넉넉히 사업 밑천이 될 것이라고 말씀하셨다는데, 대궐 같은 집이랑 논, 밭, 여러 척의 배들과 그물까지 다 빚잔치로 남의 손에 넘어가는 바람에 무일푼이 된 아버지는 가족을 거느리고 욕지를 떠나지 않으면 안 되었다. 언젠가는 증조할아버지와 할아버지 때의 부와 영예를 회복하리라는 꿈을 안고 마산으로 이사하셨다. 어머니는 한편 외딴 섬을 벗어나는 것이 시원했을 뿐 아니라 그리던 친정이 있는 고향으로 돌아오게 된 것을 속으로는 은근히 기뻐하셨단다.

복음을 받아들여 전수해주신 나의 할아버지 (1920년대)

"할머니와 삼촌과 함께 찍은 가족사진에 소화(昭和) 12년
즉 1937년이라고 적혀 있는 것을 보면 그때 내가 우리 나이로 세 살이었는데
난 우리가 살던 집을 기억하고 있다"

가족 사진 (1937년 8월)

난 멀리서 쾅 하고 울려오는 대포 소리,

탕탕 따르르 거리는 총소리와 기관총 소리를 들으며 독서삼매경에 빠졌다.

· · ·

밥 먹고 잠자는 시간 외에는 내내 책만 읽었다.

02 해방과 한국전쟁을 겪으며

아버지를 따라 평안도 진남포와 함경도 신포로

나는 1935년 5월 22일, 호적에 본적지로 되어 있는 마산시 성호동 30번지의 2에서 욕지에서 출생한 첫 아들 영준에 이어 둘째 아들로 태어났다. 처음 낳았을 때 사람들이 아기를 보고 다들 미남을 낳았다고들 했단다. 나의 아버지도 같은 말씀을 하셨다고 한다.

"아니 갓난아기가 어떻게 이렇게 매끈하게 생겼지?"

그러나 그것은 내 눈이 작은 것이 아직 드러나지 않았을 때 하신 말씀이었다.

아버지를 따라 우리는 부산에 가서 한 일 년 살았다. 할머니와 삼촌과 함께 찍은 가족사진에 소화(昭和) 12년, 즉 1937년이라고 적혀 있는 것을 보면 그때 내가 우리 나이로 세 살이었는데, 난 우리가 살던 집을 기억하고 있다. 집 마당에 마루가 꽤 높이 위치해 있었던 걸로 기억한다. 세 살 난 꼬마의 눈높이로는 그렇게 보일 수밖에 없었을 것이다. 마루에서 어머니가 바느질할 때 쓰시는 자를 어깨에 메고 병정 놀음을 한다고 앞으로 갔다가는 뒷걸음치다 숯불이 있는 화로에 걸터앉는 바람에 엉덩이를 덴 일을 기억한다. 그때 입은 화상은 흉터로 남아 있다.

마산으로 다시 돌아와서 아버지는 시미즈라는 일본 자본가에게 발탁되어 1939년 내가 네 살 때 진남포로 가시게 되었다. 아버지가 일본 사람 밑에서 일하며 살았으니 우리 가정은 자랑할 것도 없는 그냥 장사하며 사는 보통의 소시민의 가정에 지나지 않았다. 아버지가 성실하고 정직하며 유능한 사람임을 경험하고서 시미즈 사장은 아버지에게 중요한 일을 맡겼던 것이다.

아버지가 마산 인근 지방으로 다니면서 벼를 사들여 정미를 하면 기대했던 것보다 양이 훨씬 늘어났다고 한다. 그리고 출장비는 모든 비용을 제한 나머지를 정확하게 계산하여 영수증과 함께 도로 회사로 입금하셨단다. 아버지는 이른 새벽에 일어나서 일을 시작하는 아주 부지런한 분으로, 외가 친척들이 하는 말로는 세 사람 몫을 거뜬히 해내셨다고 한다. 오래 사셨으면 큰 사업가가 되셨을 그런 분이셨다.

아버지가 새로운 직장으로 가신 지 8개월 만에 어머니는 형을 남겨둔 채 나만 데리고 진남포로 가셨다. 시어머니가 큰아이는 두고 가라고 하셔서 그렇게 하셨단다. 큰아이를 두고 온 어머니는 눈물로 나날을 보내다시피 하시다가 6개월 후에야 형을 데리고 오셨다. 어머니가 다시 마산에 들렀을 때 보니 형의 몰골이 말이 아닐만큼 여위어서였다. 그런지 얼마 후에 할머니와 삼촌도 진남포로 오셨다. 아버지는 진남포에서 정미공장을 짓는 일에 실질적인 책임을 맡고 계셨다. 어머니 바로 아래 동생인 셋째 기훈 외삼촌도 와서 노무자로 일하고 계셨다.

우리가 세 들어 살게 된 옥실이네 집은 공장에서 멀지 않은 곳에 있었다. 옥실이는 나보다 두 살 위인 주인 집 딸이었다. 함께 놀거나 하지 않았으므로 이름만 기억할 뿐이다. 진남포에 이사한 지 얼마 안 되었을 때였다. 혹독하게 추운 고장에 와서 어느 날 어머니는 호된 신고식을 치르셨다. 어머니는 날 포대기에 싸 업고 시장에 들렀는데 날씨가 어떻게 추웠던지 집에 돌아오는 길에 어머니가 우셨을 정도였다. 집에 돌아오자 난 포대기를 제치고 따뜻한 온돌방에 깔아 놓은 이불 밑으로 언 발을 들이밀었으나 발이 아려 울었던 일을 기억한다. 옥실이 어머니는 나의 어머니를 보고 나무라셨다.

"아니 이런 추운 날에 아이를 업고 나가다니, 큰일 날 뻔했구먼."

추운 겨울에 땔감이 없는 걸 공장의 인부들이 알고는 가마니를 싸매었던 새끼 토막 뭉치들을 책임자인 아버지 몰래 한 짐씩 져다 부엌 앞에 날라다 주었다. 어머니는 땔감이 넉넉해졌으므로 흐뭇해 하셨다. 저녁에 퇴근하신 아버지가 이를 보고는 노발대발하셨다. 땔감으로밖에는 아무런 쓸모없는 매듭지고 토막 난 새끼줄인데도 그게 공장 물건이므로 사사롭게 사용해서는 안 된다는 뜻에서였다. 난 새끼 무더기 위로 가서 아래로 훌쩍 뛰어 내리다가 그만 발이 새끼에 걸리는 바람에 땅에 얼굴을 처박아 코피를 흘렸던 일이 생각난다.

공장이 완공되자 시미즈 씨는 사업을 확장하기 위하여 아버지를 함경도 신포로 대동하였다. 그래서 아버지는 신포에서 명태 조업을 하는 공장을 세우고 거기서 계속 일하시게 되었다. 신포는 옛날 초등학교 교과서에도 나왔듯이 명태잡이로 유명한 고장이다. 근래에 와서는 남한과 미국, 일본이 합자하여 원자력 발전소를 만들다가 중단한 상태에 있는데, 그 일로 인하여 알려진 고장이다.

할머니와 삼촌은 진남포에 그냥 계시고 이번에는 초등학교 3학년인 형도 함께 네 식구가 신포로 갔다. 그러나 그곳 학교가 아이들 교육에 좋지 못하다고 하여 부모님은 형을 다시금 진남포로 보내어 할머니와 삼촌과 함께 지내면서 학교에 다니도록 하셨다. 그 후 나 역시 초등학교에 들어갈 때는 진남포에 가 있는 바람에, 신포에는 아버지와 어머니 두 분만 사셨다.

신포에서 우리가 사는 사택은 사무실을 사이에 두고 큰 작업장에 연결해서 지은 집이었다. 사택 복도 끝 쪽에 있는 문을 열면 거기가 바로 5, 6명이 일하는 작은 사무실이었다. 사택은 벽돌로 든든하게 지은 집으로 방이 둘이었다. 부엌 쪽에 있는 방은 온돌이고, 그 곁에 있는 방은 다다미방이었다. 본래는 둘 다 다다미방이었는데 부엌 쪽 방을 온돌로 개조한 것이다. 군불만 때는 온돌 아궁이는 부엌 마루 아래 있어서 불을 때려면 마치 반지하에 가듯 계단으로 내려가야 했다. 일본식 부엌을 함경도식 부엌으로 어정쩡하게 개조한 것이었다.

함경도는 날씨가 추워서이겠지만 재래식 집에는 부엌과 방이 트여 있어서 부엌에 불을 지피면 온 집에 열기가 돌고, 음식을 하면 집안 가득히 냄새를 피우게 되어 있었다. 부엌과 주거하는 방들이 나뉘어 있는 전통 한옥에 비하면 원시적인 것처럼 보이지만, 부엌과 방이 하나라는 점이 도리어 현대식 주택에 가깝다. 2002년이었던가, 두만강 건너편 연변에 들렀을 때 거기에 있는 조선족 시골집이 같은 구조임을 발견하고는 아련한 향수를 느꼈다.

동북쪽으로는 공장 마당 저 너머 넓은 들이 보였으며, 동남쪽에는 나지막한 산이 바다를 볼 수 있는 시야를 막고 있었다. 마주 보이는 낮은 산허리에는 오른쪽에서부터 비스듬히 산허리를 가르고 올라가 산 고개를 넘어가는 길이 있었다. 달구지를 몰 수 있을 정도로 넓은 길이었다. 산을 넘어서면 거기서는 동해 푸른 바다가 한 눈에 들어와 멀리

하늘과 바다가 맞닿는 수평선을 볼 수 있었다. 거기서 아래로 내려가면 작은 마을을 지나 바닷가에 이른다. 바닷가에는 넓지 않은 모래사장이 있었다. 멀리서 넘실대는 파도가 몇 안 되는 집들이 서 있는 뭍으로 기세 좋게 거품을 뿜으며 뒤를 이어 밀려들었다.

파도가 모래사장에 이르러서는 기세가 꺾여 자세를 낮추다가 나중에는 스르르 힘이 빠져 모래 위로 넓게 퍼지면서 모래를 적시기를 반복하였다. 모래사장 저편 끝에 있는 바위산으로 가는 쪽에는 바위들이 여기저기 검푸른 바다에 몸통을 숨긴 채 물 위로 머리만 내밀고 있었다. 물에 잠긴 바위들의 허리 부분에는 파란 파래가 붙어 있었고, 바위들 사이사이에 칠피 등 해초들이 파도의 물결을 따라 시퍼런 물속에서 넘실대는 모습을 볼 수 있었다.

내가 여섯 살 때였다. 어느 날 나는 또래의 꼬마 동무 하나와 두어 살 위인 그의 형을 따라 썰물에 물이 나간 틈을 타서 오른쪽 산발치를 돌아 산 뒤쪽으로 가는 탐험을 감행하였다. 인적이 없는 그 쪽 해변에는 모래가 더 곱게 깔려 있었다. 한참을 신나게 놀았다. 그러다가 왔던 데로 도로 돌아가려고 하니 우리가 올 때 지나온 모래사장이 바닷물에 잠겨 자취를 감추어 버린 것이 아닌가. 고개를 돌리니 가파른 산언덕이 앞을 가로막고 있어서 탈출로는 어디에도 보이지 않았다. 물은 점점 불어 올라와 좁은 모래사장을 금방이라도 온통 다 삼킬 것 같았다. 이젠 죽을힘을 다해 가파른 벼랑을 기어오르는 도리밖에 없었다.

셋은 비탈진 언덕에 납작하게 배를 붙이고 기어오르기 시작했다. 난 두세 번 팔다리를 휘적대며 기어오르다가 멈추고는 팔꿈치를 살짝 들고 팔과 가슴 사이로 아래를 내려다보았다. 저기 발 아래로 시퍼런 바다가 보이는 게 아찔했다. 그러자 오금이 저려서 꼼짝할 수가 없었다. 아이들과 싸우다가 눈을 얻어맞아도 좀처럼 울지 않는 나였으나 그만 울먹이기 시작하였다. 그래도 동무의 형은 두어 살 나이를 더 먹었다고 훨씬 침착하고 용감했다. 동생과 나를 번갈아 가며 업어다 한 두어 길씩 올려다 놓기를 몇 번 거듭했다. 바로 그때였다. 저기 위 중턱에 웬 큰 아이들이 우리를 내려다보며 소리를 질렀다.

"야 얘들아, 너희들 어떻게 거길 내려갔지?"

"아, 저건 영준이 동생 아냐?"

난 위로 치켜다 보았다. 다들 낯익은 형의 동무들이었다. '아, 저 형들이 어떻게 여기에 와 있지?' 난 그들이 무척이나 반가웠다. 그러나 비탈이 너무 가파르므로 그들도 우리를 데리러 내려올 엄두는 못 내고 그냥 우리를 격려하며 그들에게 다가 올라오기를 기다리고만 있었다. 얼마 후 마침내 아래로 뻗은 그들의 손을 붙잡았을 때 나는 속으로 '이젠 살았구나' 하며 안도의 숨을 내쉴 수가 있었다.

한번은 비가 많이 와서 공장 북쪽 저 멀리에 있는 저수지 둑이 무너져 홍수가 났다. 사택은 든든하게 지은 벽돌 건물이어서 허물어지거나 물에 떠내려갈 염려는 없었다. 부엌 쪽 입구 문 틈새로 물이 스며들어 인부들이 와서 모래주머니를 쌓아 막아 보았으나 아무 소용이 없었다. 바깥마당은 온통 흙탕물이 넘쳐 강을 이루었다. 물은 점점 불어나 마루 위로 차올라와 발목까지 물에 잠겼다. 방에는 다다미가 둥둥 떴다. 철벅거리며 복도 끝으로 가서 사무실로 통하는 문을 여니까 책상들이 둥둥 떠 있질 않겠니. 나는 순간 훌쩍 뛰어 책상 위에 타고 싶은 충동을 느꼈다. 그러나 꾸중을 들을까 봐 차마 그럴 수 없었다. 그리고 그것은 아주 위험한 일이기도 했다.

아버지는 인부들을 데리고 소금을 저장해 둔 창고에 물이 침투해 들지 않도록 안간힘을 다 쏟고 계셨다는 얘기를 나중에 들었다. 우리는 발목까지 차올라 온 물에 발을 담근 채로 서서 이웃집에서 가져다주는 주먹밥으로 끼니를 때웠다. 다다미와 책상이 뜨는 일, 서서 주먹밥을 먹던 일 등이 마냥 신기하고 즐거웠으니 그 때 나는 아직 그냥 짓궂은 철부지 어린애였다.

한나절이 지나면서 물이 서서히 줄어들더니 저녁 무렵에 물은 완전히 빠졌다. 먹구름은 사라지고 비가 그쳤다. 바람에 불려 밀려나는 구름 사이로 여기저기 푸른 하늘이 보이기 시작했다. 구름은 저녁 햇살을 받아 주황색으로 물들어 갔다. 난 형과 함께 집을 나서서 저쪽 창고 너머로 산책을 했다. 저녁노을이 점점 짙어져 갔다. 우리는 논두렁 가에 발길을 멈추었다. 논은 논인지 늪인지 알아볼 수 없을 정도로 물이 고여 마치 넓은 저수지처럼 보였다. 우리는 얇은 작은 돌을 집어 들어 잠수함식 투구로 물팔매질을 하고는 돌이 수면을 스치며 몇 번 튀는지 세었다.

"하나, 둘, 셋, 넷··· 야 여섯 번을 튀었다."

"다시, 하나, 둘, 셋, 넷··· 여덟 번이야."

형은 나보다 네 살이나 위였으므로 자기 동무들과 놀고 나는 내 또래들과 어울렸다. 나는 때때로 형 동무들이 모여 얘기하는 것을 옆에서 듣기도 하였다. 얘기들을 시작하면 음담패설이랑 온갖 얘기를 다하는 것이었다. 그래서 난 일찍이 그런 것을 알게 되었다. 이제 생각하면 그들이 겨우 초등학교 3학년밖에 안 되는 조그마한 녀석들인데 모이면 그런 얘기를 했던 것이다. 그러나 그때 내게는 그들이 아주 크게만 보이는 형들이었다.

형은 가끔 나와 놀아 주기도 했다. 과자나 사탕을 먹을 때면 형은 곧잘 먹던 걸 남겨 두었다가 내가 다 먹고 나면 나머지를 끄집어내어 "용용 먹고 싶지?" 하면서 약을 올렸다. 그래서 한번은 나도 복수를 해야지 하고 나머지를 숨겨 두었다가 형이 늘 하던 대로 날 놀리고 난 뒤 "자 이것 봐." 그러면서 약을 올려 주었다. 고소한 일이다. 그런데 웬걸 나의 놀림이 끝나자 형은 숨겨 두었던 나머지를 슬그머니 꺼내 보이면서 또 한 번 나를 골려 주는 것이었다. 형은 역시 한 수 위였다. 그러나 이런 놀이는 내가 아직 초등학교에 들어가기 전에 하던 일이다.

형과 나는 잠자는 리듬이 달랐다. 형은 밤늦게 자고 아침 늦게까지 잠을 잤으나 나는 초저녁이면 잠에 떨어지는 대신에 새벽잠이 없는 편이어서 늘 일찍 일어났다. 식구들이 저녁에 담소를 나눌 때도 나는 그냥 옆에 쓰러져 자곤 했다. 과자랑 먹을 걸 사왔을 때 식구들이 나를 깨웠으나 난 자다 말고 일어나 과자를 먹어 본 적이 거의 없었다. 옥실이네 집에 있을 때부터 그랬다. 식구들은 날 깨우다 말고는 그대로 자게 내버려두었다. 그러나 나는 '와삭 와삭' 과자를 깨물어 먹는 소리에 잠이 깨곤 했다. 하지만 괜한 자존심 때문에 일어나지 않고 그냥 자는 척했다. '아이 참, 조금 전에 깨울 때 일어날걸 그랬지' 하고 후회하면서. 그러다가 '와삭 와삭' 과자를 씹는 소리와 웃고 즐겁게 얘기하는 소리를 들으면서 한두 번 뒤척이다가는 어느새 그냥 다시 잠들어 버리곤 했다.

나는 형 앞에서는 그저 작은 동생일 뿐이었다. 여러 점에서 나보다 형이 훨씬 잘났기 때문이었다. 형은 아버지, 어머니의 잘생긴 외모를 다 가지고 태어났다. 형은 눈도 크고 속눈썹도 길고 남자답고 준수하게 생졌을 뿐 아니라 머리도 좋다고 사람들에게 늘 칭찬을 들었다. 그림도 잘 그리고 글씨도 잘 썼다. 형의 글씨에 비하면 내 글씨는 너무 서툰 것이어서 부끄러웠다. 형은 중학교 때도 머리 좋은 친구로 알려졌을 뿐 아니라 운동도 잘하여 농구선수로 여학생들 간에 인기가 대단했다.

형이 중학교 2학년 때였던가 보다. 형과 나는 위로 구부러져 있는 형의 긴 속눈썹이 얼마나 위력이 있는지를 시험해 보기로 했다. 나는 성냥개비를 형의 속눈썹 위에다 올려놓았다. 가지런히 다섯 개비를, 무질서하게 걸쳐놓자니까 스물 한두 개비를 올려놓을 수 있었다.

나도 초등학교 때 반에서 일이 등 할 정도로 공부를 잘하는 편이었으나 사람들이 늘 형과 비교하는 바람에 주눅이 들었다. 그래서 열등감도 갖게 되었다. 사람들이 나더러는 여자같이 얌전하게 생겼다고들 했다. 그것은 자존심을 상하게 하는 듣기 싫은 말이었다.

나는 다소의 열등감에도 불구하고 초등학교 때까지는 활달한 소년이었다. 그러나 아버지가 일찍 돌아가신 일, 할머니와 삼촌을 이별하는 일, 형이 집을 떠난 일, 자주 이사하는 일 등을 경험하면서, 그리고 중학교에 들어가 문학 서적들을 탐독하면서 나는 내성적인 성격의 소유자가 되었다. 초등학교 때 헤어졌다가 중학교 때 처음으로 만나는 친구들은 나더러 딴 아이가 됐다고들 했다.

아버지의 죽음

아버지는 1943년 1월 21일에 발진티푸스로 돌아가셨다. 내가 여덟 살 때 초등학교 1학년 마지막 셋째 학기가 끝날 무렵이었다. 형과 나는 학교 때문에 할머니와 갓 혼인하신 삼촌과 함께 진남포에 살고 있었다. 아버지는 어머니와 신포에 사시면서 회사 일을 보고 계셨다. 어머니의 둘째 오라버니 되시는 나의 외삼촌이 중국에서 돈을 많이 벌어서 귀국하시다가 일본 관헌에게 검속되어 조사를 받게 되었다.

마산에 계시는 외할아버지가 멀리 신포에 계신 아버지를 친히 찾아오셔서 국경 도시 정주로 가서 외삼촌이 풀려나올 수 있도록 힘써 달라고 부탁하셨다. 명태잡이는 겨울이 한철이므로 회사와 공장이 한창 바쁠 때였다. 그러나 외삼촌 일이 위급하므로 아버지는 그곳으로 가시기로 하셨다. 가시는 길에 진남포에 들르셨다.

나는 영문도 모르고 아버지가 갑자기 오신다는 얘기를 듣고 좋아라 했다. 역에 마중하러 가기로 했다. 방학 때여서 그럴 수 있었다. 기차역은 집에서부터 약 15분 거리에 있었다. 나는 1월 초순의 추운 날씨에도 불구하고 아침부터 역에 가서 내리는 손님들이 다 없어질 때까지 서 있기를 반복했다. 아직 오실 때가 아니고 저녁에야 오실 것이라고 어른들이 말씀해 주셨으므로 그런 줄 알면서도 나는 정거장에 나가기를 반복했다. 내가 아버지를 얼마나 기다리는지 정성을 확인하고 싶어서 그랬던 것 같다. 아니, 그렇게 정성을 들여야 할 것 같은 생각에서였다.

아버지는 오후 늦게도 오시지 않았다. 지친 나는 저녁밥을 먹고는 언제나 그랬듯이 일찍 잠이 들었다. 한참 자고 있는데 깨워서 눈을 떠보니 아버지가 아랫목에 무릎을 세우고 등을 벽에 기댄 채 앉으셔서 식구들과 담소하고 계셨다. 날 보고는 웃으면서 머리를 만져 주셨다. 그것이 내가 아버지를 본 마지막 모습이었다. 나는 역에서 아버지를 마중하지 못한 것을 애석하게 여기며 잠시 앉았다가 다시 잠이 들었다.

이튿날 아침에 깨어 보니 아버지는 계시지 않았다. 일찍 만주 접경에 있는 정주로 떠나신 것이었다. 나는 아주 서운했으나 아무에게도 말은 하지 않았다. 얼마 후 아버지는 정주에서 발진티푸스 병에 걸려 바로 신포로 가셔서 보름 동안 앓으시다가 돌아가셨다. 임종이 가까워 올 때 형의 이름을 크게 부르며 찾으셨다고 한다. 나의 이름을 부르셨다는 이야기는 듣지 못해서 서운했는데 나의 이름도 역시 부르셨다는 이야기를 내 나이 70이 넘은 늘그막에야 연로하신 어머니와 마주 앉아 커피를 나누는 시간에 듣게 되었다. 옛날 그때 너무 갑자기 불행이 닥치는 바람에, 또 전염병이 무서워서 애들에게는 알리지도 않았다고 한다. 할머니와 삼촌만 신포로 가셨다.

어느 날 초저녁부터 잠을 자고 있는 나를 식구들이 깨워 고모 집으로 데리고 갔다. 집에 들어서니까 모두들 울고 있었다. 그러나 무슨 일이 있었는지 아무도 내게 말해 주지 않았다. 난 불행한 일이 생긴 것이라고 짐작은 했으나 영문도 모르고 남 따라 울 수는 없어서 그냥 시무룩하게 고개를 숙이고 있었다. 그래서 난 아버지의 죽음을 애도할 수 있는 기회를 놓치고 말았다. 이튿날 나는 아버지가 돌아가신 것을 어렴풋이 알게 되었으나 여전히 울음이 나오지 않았다.

보름 전에 그렇게 기다리던 아버지가 오셔서 방 아랫목에 다리를 굽혀 무릎을 세우고 벽에 기대어 얘기하시던 모습이 눈에 선할 뿐 눈물이 나지 않았다. 울음이 나지 않아 낭패스럽고 민망한 생각까지 들었으나 별 도리가 없었다. 첫 날 누군가 내게 얘기해 주었더라면 나도 울었을 텐데, 내게 아무 말도 해 주지 않은 식구들이 원망스러웠다. 내가 초등학교에 입학하느라 진남포로 오기 전에 아버지가 나의 '하이칼라' 머리를 이발 기계로 손수 깎아 주시던 일, 작년 여름 방학 때 형을 따라 기차로 하루 종일 걸려 신포에 다녀온 일 등이 생각났다.

할머니가 이런 말씀을 하신 것이 기억난다.

"영재가 아비를 마중하러 가느라고 하루 종일 몇 번이나 역에 나가곤 하면서 기다렸지. 마치 아비가 그렇게 허무하게 갈 줄 미리 알기라도 했다는 듯이 말이다."

2월 초순이었던가? 방학이 끝나 학교에 가 잠자코 앉아 있을 때였다. 담임이신 야마지(山池) 여선생님이 부음을 전해 듣고는 나를 껴안고 눈물을 지으셨다. 야마지 선생은 자그마하고 얌전하게 생긴 분으로 몇 명의 우리 반 어린이들을 과수원을 하는 자기 집으로 불러 사과도 나누어 주시던 좋은 분이시었다. 선생님이 우등생들과 함께 찍은 기념사진은 해묵은 앨범에서 볼 수 있다.

아버지가 돌아가신 후 우리는 할머니와 삼촌 내외분과 1년 남짓 함께 살았다. 진남포 비석리 55번지의 집은 아버지가 삼촌 이름으로 산 집이었다. 아버지와 어머니는 신포에 계실 때이므로 동생부터 먼저 집을 장만하도록 하셨다고 한다. 나의 할아버지가 돌아가신 후 아버지는 가장으로서 삼촌에게 아버지 노릇을 해 오셨던 것이다. 집은 디귿(ㄷ)자로 지은 집으로 안채에는 나의 고모 집 식구가 살고 있었다. 겨울이면 안마당 한가운데 땅에 묻은 김칫독 위에 짚으로 엮은 원추형 덮개를 세워 두었던 것이 생각난다.

아버지는 사업가 형의 인물이면서 멋이 있는 분이셨다. 나의 둘째 이모가 혼인할 때 있었던 이야기다. 나의 할머니는 이모의 혼인예식에 아버지 혼자 마산에 다녀오고 며느리인 어머니는 그냥 진남포에 머물러 있는 것이 좋지 않겠느냐고 말씀하셨단다. 세상에 그런 법이 어디 있단 말인가. 동생 혼인예식에 언니가 가는 것이 마땅하거늘. 어른 말씀을 거역할 수도 없고 해서 어머니는 몹시 속이 상하셨단다.

그런데 때마침 외가에서 아버지와 어머니 두 사람의 차비를 전보 환으로 보내왔다고 한다. 어머니는 친정에서 보내 주신 돈을 받고 너무 고마웠다. 할머니도 어쩔 수 없이 둘이 같이 다녀오도록 허락하셨다. 아버지와 어머니는 나를 데리고 가셨다. 내가 다섯 살 때였다. 평양에서 만주로부터 오는 급행열차로 갈아탔다. 경의선과 경부선을 달려 부산까지 가는 열차에는 만주에서 자기네 고향으로 가는 많은 일본 군인들이 여기저기 앉아 있었다. 나더러 일본말도 잘하고 똑똑하다고들 말하던 것을 기억한다.

외가댁에 이르러 어머니는 차비를 보내 주신 일에 대하여 감사하다는 말씀을 드렸다.

"잔치를 앞두고 돈 쓸 일도 많을 텐데 차비를 보내 주셔서 고맙습니다."

그러자 어머니는 뜻밖의 말씀을 듣게 되었다.

"아 그건 김 서방이 전보 환으로 보낸 돈을 우리가 도로 보내 준 건데···, 니 정말 그런 줄 몰랐나?"

내가 아직 학교에 입학하기 훨씬 전 진남포에서였다. 할머니와 아버지, 어머니, 삼촌, 그리고 형과 나 온 가족이 나들이를 하며, 내가 세 살 때 부산서 가족사진을 찍었듯이, 사진을 찍고 진남포 화신백화점에 들렀었다.

백화점에는 가졌으면 하는 물건들이 많았다. 발로 저으며 운전하는 어린이용 무개 자동차는 탐나는 물건이었다. 아마도 4층 아니면 5층이었을 게다. 제일 위층에 있는 식당에 들러 온 식구가 커피를 마셨다. 어린이에게 커피를 마시게 해서는 안 된다는 사실을 부모님은 아직 모르셨던 것 같다. 그래서 나도 커피를 마시게 되었다. 오목하게 단지 형으로 생긴 고급스런 사기잔에 따라 주는 연한 원두커피를 입에 대는 순간 너무 뜨거워 혀와 입천장을 데었다. 그러나 그 때 맛본 커피 향과 맛은 지금도 입에 맴도는 듯 잊혀지지 않는다.

삼촌은 진남포에 와서도 제재소에서 사무원으로 일하셨다. 나중에 들은 말로는 나무를 사들이려 여기저기 산판으로 출장을 자주 가곤 하셨다고 한다. 해방이 되어 일본 사람들이 모두 떠날 때는 공장 소유권을 다 떠맡게 되었다. 그러나 그런 걸 인정하지 않는 공산 치하에서 그나마 숙청은 면하고 운영 책임을 맡게 되었으니 천만다행이었다.

제재소는 꽤 규모가 큰 공장으로 나는 두어 번 구경을 갔었다. 레일 위로 바퀴 달린 차가 엄청나게 큰 원목을 싣고 '윙' 하며 회전하는 큰 원형 톱에 다가가면 원목이 톱에 닿는 순간 굉음이 나면서 나무는 길게 두 동강으로 혹은 원하는 두께로 잘리는 것이었다.

삼촌은 내가 초등학교 1학년 때 혼인하셨다. 숙모는 이따금씩 친정에 가면 며칠이 지나서야 돌아오곤 하셨다. 한번은 내가 모시러 간 적도 있었다. 숙모의 친정이 있는 곳은 진남포에서 평양 쪽으로 두 정거장 더 가서 있는 진지동이라는 곳이었다. 나는 정거장에서 내려 5리 이상이나 시골길을 걸어 숙모의 친정댁이 있는 과수원을 찾아갔던 일을 기억한다. 숙모가 친정에 자주 가신 것은 삼촌과의 불화 때문에는 전혀 아니고, 친정에 가서 옛날처럼 과일이랑 쌀밥이랑 실컷 먹고 싶어서 그랬다고 하시더라는 얘기를 어머니에게서 들었다.

진남포의 명물은 시에서 멀리 떨어져 있는 금 제련소의 높은 굴뚝이었다. 동양에서 제일 높다는 큰 굴뚝이 3분의 1 높이의 작은 굴뚝 둘을 옆에 거느리고 우뚝 솟아 있는 모습은 산으로 가리지 않은 곳에서는 어디서나 멀리서도 볼 수 있었다. 거기서 나오는 연기는 늘 구름처럼 띠를 이루어 바람 부는 방향을 따라 하늘을 가로질러 멀리까지 뻗혀 있었다.

진남포에서 다니던 초등학교의 이름은 대동초등학교로 새로 시작한 학교였다. 내가 이 학교에 들어가게 된 데에는 곡절이 있었다. 처음 신포에서 와서 입학에 응시하도록 지정을 받은 학교는 시내 중앙에 위치한 제일 좋다는 풍정초등학교로 그 고장에서 괜찮게 사는 집 아이들이 가는 학교였다. 다른 도의 어촌에서 온 나는 입학시험에 떨어져 신포로 갔다가 새 학교가 생겨 학생을 추가로 모집한다는 소식을 듣고 다시금 급히 와서 약간의 열등감을 무릅쓰고 입학하게 된 것이다.

첫해에는 시 외곽에 형이 다니는 가덕초등학교에 더부살이를 하다가 학교가 시내 한가운데로 옮기는 바람에 나는 2학년에 올라가면서 시내까지 집에서 좀 더 멀리 걸어 다녀야 했다. 학교로 오가는 길에 볼거리는 많았다. 중락관(당시 진남포에 있던 영화관) 앞을 지날 때는 늘 영화 광고판이 눈에 띄었다. 시장 옆으로 난 신작로에서는 자전거를 타고 냉면을 배달하는 식당 종업원이 마치 곡예를 하듯 여러 개의 냉면 대접을 얹은 기다란 널빤지를 이중으로 포갠 것을 한 손으로 어깨 위로 받쳐 들고 다른 손으로는 자전거 핸들을 잡고 쏜살같이 '찌르릉' 대며 거리를 내달리는 광경은 자주 볼 수 있는 풍물이었다.

이사 온 학교에는 학교 같지 않은 건물 두 동에다 정구장만한 마당이 있었다. 학생 수는 1, 2학년에 각각 한 반이었으니까 애들이 뛰놀 수 있는 운동장으로는 충분하였다. 2학년 우리 반을 맡은 와따나베 선생님이 바로 교장이었다. 나이가 좀 들어 보이는 분으로 늘 웃는 얼굴로 우리를 대하는 친절한 분이었다.

마산 초등학교 시절 맞이한 8·15 해방

1944년 3월에 형이 중학교에 입학하게 된 것을 계기로 어머니와 형과 나 세 식구는 할머니를 모시고 사는 삼촌과 만삭이 가까운 숙모를 하직하고 마산으로 이사하였다. 당시는 새 학기 시작이 4월이었다. 형은 마산중학교에 입학하였다. 입학생은 일본 학생 80명에 한국 학생 40명이었다. 한 반에 60명씩 두 반이었다.

난 마산 성호초등학교 3학년에 전학하였다. 초등학교 1, 2, 3학년은 시내에서 떨어져 있는 회원동에 위치한 분교까지 먼 길을 걸어 다녀야 했다. 분교는 옛날 창신학교였다. 창신학교는 역사와 전통이 있는 기독교 사립학교인데 일제가 폐교하고 강점한 것이다. 해방 이후에 학교재단이 다시 복구되어 1948년에 창신중·고등학교가 시작되었고 나중에는 창신대학교로 발전하였다.

학교가 들판에 외따로 서 있었으므로 겨울이면 북쪽에서 쌩쌩 불어오는 찬바람을 마주 거스르며 걸어가야 했다. 많은 아이들이 방석을 접어 한 쪽을 기워 만든 것을 방한모로 쓰고 다녔다. 목 언저리에 단 줄을 졸라매면 귀와 볼을 얼지 않도록 감쌀 수 있었다. 어린 학생들은 먼 길을 다니게 하고 큰 학생들은 시내 안에 있는 본교에 다니게 했으니, 그런 것도 어쩌면 불합리한 조처가 아니었나 싶다.

여름에는 모두들 '게다'를 신고 다녔는데, 끈이 어떻게나 자주 떨어지던지. 끈이 떨어지면 게다를 벗어 들고 다녔다. 게다란 발을 억지로 평발을 만들기 위해서 고안해 낸 작품이라고 해야 할 그런 물건이다. 발을 얹어 놓을 정도로 큰 장방형 나무토막 바닥 아래쪽을 깎아, 롤러스케이트라면 바퀴가 달릴 자리에, 앞뒤로 굽이 나오게 만든 나막신이다. 나무토막 바닥 앞쪽에 난 구멍으로 올라온 끈은 엄지발가락과 둘째 발가락 사이에 끼게 되어 있으며, 발가락 사이로 올라오는 끈은 둘로 갈라 발등 양쪽을 가로질러 게다 바닥 양옆에 난 구멍으로 내려 바닥 아래쪽에서 매듭을 만들어 고정시키게 되어 있다. 말하자면, 달가닥거리며 끌고 다니게 만든 샌들형 나막신이다. 일제를 상기시켜 주는 상징물의 하나인 '게다'는 해방과 더불어 우리나라에서 거의 자취를 감추었다.

마산 학교는 진남포 학교와는 분위기가 많이 달랐다. 진남포 아이들은 마산 아이들에 비하면 양반이었음을 기억한다. 마산 학교의 반에서는 애들 가운데 싸움 잘하는 순위로 서열이 정해져 있었다. 애들이 텃세를 하느라 서열 다섯 번째가 내게 싸움을 걸어왔다. 우리는 결투를 위해서 넓은 운동장으로 나가 관전하러 따라 나온 반 아이들이 빙 둘러 에워싼 격투장 한가운데서 서로 마주하고 섰다. 한 두어 차례 서로 주먹질을 교환하다가 내가 그 애를 들어 눕히자 싸움은 끝났다. 신고식을 성공적으로 치른 셈이었다. 난 교무실로 담임선생님을 찾아가 싸움을 했노라고 자백하였다. 선생님들이 나더러 정직한 애라면서 모두들 웃었다.

아마 첫 학기가 다 가기 전이었던 것으로 기억한다. 담임선생님께서 나를 급장을 시켜 주셨다. 당시는 1년이 세 학기로 나뉘어 있었으며 신학기의 시작은 4월이었다. 분교에는 여자 선생님들이 많았는데, 거의 모두가 어린 학생들을 거칠게 다루었다. 그 가운데서도 분교장이었던 나이 좀 많은 모리이(森井) 선생은 '암호랑이'란 별명대로 사나웠다. 나의 담임선생 아라끼(荒木)는 매끈하게 잘생긴 편이었으나 학생들에게 벌을 줄 때는 표독했다. 학생 하나가 잘못하면 단체 기합이라면서 걸핏하면 아이들 모두에게 손을 내밀라고 해서는 손바닥 아닌 손등을 매로 두 대씩 때렸다. 손을 '호호' 불어야 하는 겨울에 손등이나 손가락의 뼈마디를 얻어맞는 것은 죽을 맛이었다. 아이들은 얼굴을 잔뜩 찌푸려 울상을 하면서 손등을 비벼댔다.

이런 일도 있었다. 오후반 공부를 하게 된 어느 날이었다. 학교에 일찍 오면 나무 그늘에서 모두 조용히 예습을 하고 있으라는 선생님의 말씀을 우리는 깜박 잊고 운동장에서 신나게 놀았다. 멀리 학교로 오는 길에서 이 광경을 본 선생님이 자기 말을 따르지 않았다는 이유로 우리 모두를 벌주기로 한 것이다.

모두들 꿇어앉아 머리 위로 손을 쳐든 채로 30~40미터는 됨직한 거리를 토끼뜀을 해서 가라는 것이었다. 여름이어서 우리는 모두 반바지를 입고 있었다. 약삭빠른 애들은 선생님의 시선이 딴 데로 향하고 있을 때를 틈타 슬금슬금 기어갔다. 선생님으로부터 먼 쪽에 있는 아이들은 눈을 속이기에 유리했다. 그러나 고지식하게 시키는 대로 뛴 애들은 크게 상처를 입었다. 목적지에 다다라 일어서서 무릎에 묻은 흙을 털려니까 흙이 떡덩이처럼 붙어 떨어지지 않았다. 살이 패여 흙으로 메워진 것이었다. 무릎이 곪아 며칠을 결석한 애들도 있었다. 초등학교 3학년 귀여운 개구쟁이들이 운동장에서 신나게 논 것이 도대체 무슨 죄란 말인가. 선생이 자기가 맡아 가르치는 애들이 파상풍에라도 걸리면 어쩌려고 어떻게 그런 식으로 벌을 줄 수 있었는지 이해가 되지 않는다. 이런 체벌에도 불구하고 항의하는 학부모도 없었다.

어느 날 나는 세 급우와 함께 본교에 공책을 가지러 갔다. 돌아오는 도중에 한 녀석이 기어이 공책 한 장을 찢어 갖겠다고 떼를 썼다. 그 애 이름을 난 지금도 기억하고 있다. 난 그러지 말라고 말리다가 하도 우기는 바람에 내버려두었다. 선생님은 공책 한 권에서 종이 한 장이 찢겨 나간 것을 용케도 알아내셨다. 그래서 네 아이는 공책에서 종이 한 장을 찢기 위해 작당이라도 했다는 듯이 애들이 다 앉아 있는 교실에서 앞으로 불려나가 벌을 받게 되었다.

선생님이 벌 받을 우리 중 한 아이에게 매를 구해 오라고 하셨다. 한데 그 녀석이 주워 온 것이 회초리가 아니라 굵직한 막대기였다. 하필이면 잔가지를 미처 말끔히 밀어내지 않은 울퉁불퉁한 굵은 막대기였다. 공책을 찢은 애와 건네준 애가 먼저 매를 맞았다. 커다란 막대기를 위에서 아래로 검도라도 하듯이 내려치는 것이었다. 세 번째가 내 차례였다. 선생님은 나를 급장이 돼 가지고 그걸 말리지 않았다면서 악을 쓰며 때렸다. 머리를 맞지 않으려고 팔로 머리를 감쌌으나 팔이 아파 약간 비끼는 틈에 그만 막대기에 머리를 두세 차례나 얻어맞았다. 그러자 얼굴이 축축해짐을 느꼈다. 피가 흘러 얼굴로 타 내렸다. 머리에 두 군데나 상처가 난 것이다. 때리던 선생님도 움찔 놀라 매질을 멈추었다. 마지막 녀석은 한 대만 때려 주고는 내 얼굴로 타 내리는 피를 닦아 주었다. 피가 나는 것을 보고도 마지막 남은 아이마저 비록 한 대지만 때릴 수 있는 여유를 가지다니 그는 선생이 아니라 마녀였다.

집에 돌아오니 할머니가 머리에 붕대를 감은 내 꼴을 보시더니 서럽게 우셨다. 할머니는 마침 진남포에서 다니러 오셔서 같이 계시던 때였다. 맹장염 수술을 받으신 후 집에서 섭생을 하고 계셨다. 이튿날 나는 학교에 결석했다. 나의 이종사촌 박재인의 아버지이신 이모부는 나를 데리고 선생님 댁을 찾아갔다. 선생님의 어머니가 일본 사람들이 으레 그러듯이 무릎을 꿇은 채로 정중하게 우리를 맞아 주시며 선생님은 집에 돌아오지 않았다고 하셨다.

이모부는 선생님 어머니에게 항의하셨다.

"장래의 새싹인 어린이의 머리를 이렇게 때리는 법이 어디 있습니까?"

선생님 어머니는 어쩔 줄을 몰라 하셨다.

그 이튿날 아침에 선생님이 우리 집을 찾아와서 사과했다. 그리고는 우리 반에 배당된 2장 중 하나라고 하면서 양산을 살 수 있는 배급표를 하나 주셨다. 이모부는 어머니에게 날 학교로 보내지 말고 며칠간 버티라고 하셨으나 선생님이 집에까지 오셔서 사과하는데 그럴 수가 없었다. 나는 마지못해 선생님을 따라 학교로 갔다. 그런데 이 체벌은 그다음 받게 된 것에 비하면 약과였다.

어느 추운 겨울날 방과 후였다. 학생들이 거의 다 퇴교하고 늦게 남아 있을 때였다. 무슨 일 때문인지 강당에 들렀더니 두세 명의 다른 반 아이들이 있었다. 그런데 그중 한 녀석이 강당 뒤쪽 마루 구멍 난 곳에다 오줌을 누고 있었다. 나도 조건 반사에서 그랬는지 갑자기 오줌이 마려워 구석 모서리에 가서 방뇨를 했다. 뒤따라 들어오던 친구 녀석도 덩달아 문 바로 옆에 놓여 있는 들통에다 오줌을 누었다. 때마침 아래층에서는 3학년 국화반 여학생들이 오후 늦도록 수업을 하고 있었다. 그런데 수업을 하던 선생님이 바로 그 암호랑이 모리이였다. 물이 천장에 배는 것을 보고 선생님이 급히 올라오셨다. 우리는 그만 현장범으로 붙들리고 말았다.

날씨가 추운데도 그는 우리를 옷을 벗겨서는 여학생반으로 끌고 들어가 여학생들 앞에 사과하게 하고, 학교 현관 앞에 세워 물을 한 통씩

퍼붓고는 운동장을 여러 바퀴 돌리는 것이었다. 난 부끄럽고 분해서 울면서 마지못해 천천히 뛰었다. 다른 아이들은 개구쟁이여서 그런지 히죽거리면서 뛰는 게 아닌가. 그러면서 날 보고 말했다.

"인마, 빨리 뛰어. 그래야 그게 안 보이지."

그 때의 그 벌은 나의 성격 형성에도 치명적인 영향을 미쳤다. 그 후로 나는 여학생을 만나면 얼굴이 빨개졌다. 본래 수줍어하는 편인 데다 그런 일을 당했으니 수줍어하는 것이 병이 된 것이다.

얼마 후 난 형한테서 어떤 용감한 중학생 얘기를 들었다. 중학교에서 훈육선생이 한 학생에게 벌을 주려고 하자 그 학생은 유도 초단의 솜씨를 발휘하여 선생님을 메어꽂고는 달아났다. 선생은 유도 삼단에다가 그 학생에게 유도를 가르치는 선생이었는데도 불의의 일격을 당한 것이었다. 넘어졌던 선생님은 일어서더니 달아나는 학생을 노려보면서 "아이츠 깃또 모노니 나루!"(저 녀석 반드시 물건이 될 거야.)라고 하며 오히려 칭찬을 하셨다는 얘기였다. 꽤 괜찮은 선생이었던가 싶다. 난 그 얘기를 듣고 더 열등감에 사로잡혔다. 선생이 벌을 주려고 할 때 나도 달아났어야 하는 건데, 왜 그러지를 못하고 꼬박 그 치욕의 벌을 받았단 말인가 하고 거듭 후회하면서 자신을 못난이라고 나무랐다.

일제 정부는 전쟁 말기에 별 우스꽝스럽고 악랄한 짓을 다 했다. 마을 뒷산에 굴을 파게 하거나 평지에다 방공호를 만들게 하였다. 부녀자들에게 '몸뻬'를 입히고 애국부녀회라는 이름으로 모이게 해서는 미군이 상륙하면 대항하여 싸워야 한다면서 대창을 소지하게 할 뿐 아니라 발길질로 국부를 차야 한다면서 육박전을 하는 방법을 가르치기도 하였다. 어머니도 동원되어 나갔으므로 들은 이야기이다.

일제 강점기에 우리는 위에서 말한 그런 체벌 말고도 정상적인 수업을 폐하고 근로봉사를 위하여 동원되는 일이 자주 있었다. 비행기나 군용차에 쓸 기름을 마련한다면서 관솔을 따오라고 하여 어린 초등학생들은 산을 누비며 관솔을 수집하여 학교에 가져다 바쳐야 했다. 관솔은 소나무 잔가지를 치고 남은 곳에 송진이 엉겨 있는 삐죽한 가지를 말한다.

어떤 날은 수업을 전폐하고 신마산 저쪽 끝 갑포에 일본 1개 연대가 주둔하고 있는 연병장으로 가서 고사포 진지를 구축하는 일을 돕도록 동원되기도 하였다. 산아래서부터 산 정상까지 초등학교 3, 4학년 학생들이 개미떼처럼 두 줄로 서서, 옆에 선 아이에게 물과 모래를 받아 반대편에 선 아이에게 건네주며 날랐다. 중학생들은 3인 혹은 4인이 한 조가 되어 소나무를 베고 난 나무 그루터기를 뿌리째 캐어 내는 작업을 해야 했다. 그 통에 그렇지 않아도 나무가 잘려 민둥산이 된 산에는 곰보딱지처럼 파인 구덩이가 생겨 멀리서도 그 자국들을 볼 수 있었다. 일제 정부는 한국의 산에 사태가 나건 말건 그런 것은 전혀 개의치 않았다. 나중에 책을 통하여 알게 된 일이지만, 일제 식민지 시대에 우리나라는 여러 방면으로 일본에 수탈을 당하였다.

일본이 한국을 합병하게 된 것이 1910년이라고 하나 외교권을 박탈했던 1905년에 이미 일본은 우리 한국의 행정을 장악하고 있었다. 연호도 명치(明治) 연호를 쓰게 하였다. 일본인 자본가들은 앞다투어 농업회사를 설립해서 곡창지대인 삼남 지방을 위시하여 전국 각지에 많은 농토를 점유하였으며, 1908년에는 동양척식주식회사를 만들어 1년 6개월 사이에 약 3만 정보(9천만 평)의 토지를 소유하게 되었다. 몇 해 후에 이 회사가 소유한 토지가 11만 정보(3억 3천만 평)에 달하였다. 조선 총독부는 1912년 토지조사령을 포고하여 토지 신고를 하게 했는데, 이를 이행하지 않은 지주들의 토지를 전부 몰수하여 1930년에는 총독부가 888만 정보를, 즉 국토의 40%에 해당하는 전답과 임야를 소유하게 되었다.

일본은 한말에 있었던 공공시설을 독점했을 뿐 아니라 1905년에 이미 한국의 재정에 관한 광범한 권한을 갖고 실질적으로 지배하고 있었다. 당시 한국에는 엽전과 백동화가 주로 유통되고 있었는데 화폐개혁을 단행하여 백동화를 갑, 을, 병 3종으로 나누고 갑종은 2전 5리, 을종은 1전으로 교환하되, 병종은 무효로 하여 교환해 주지 않았다. 화폐를 강탈한 것이었다. 병종이 백동화의 3분의 2나 되었으므로 이를 소유하고 있던 한국의 상공업자들은 막대한 손해를 보게 되었으며 경제적인 경쟁력에서 뒤지게 되었던 것이다.

그 밖에도 여러 가지 불리한 조건을 부과하는 바람에 한국의 생산업자들은 일본인에 뒤떨어지게 되었다. 1917년 당시 공장 숫자는 뒤지지 않았으나, 한국인의 자본금은 일본인 것의 18분의 1이었고, 생산액은 10분의 1에 지나지 않았다. 1920년 이후 일본은 자본주의가 발전함에 따라 급격히 불어나는 식량 수요를 채우기 위해 한국에서 쌀을 수탈해 갔다. 그리하여 쌀의 수출량을 늘려 1922~26년에는 연평균 수출량이 434만석이었고, 1932~36년에는 876만석으로 증가하였다. 즉 당시 연평균 생산량 1,700만석의 반 이상에 달하는 양이 반출되었던 것이다.

그 결과 일본인은 쌀 소비량이 1년에 1석 2두(160킬로그램)인데 비하여 한국인은 그것의 3분의 1에 해당하는 4두에 지나지 않게 되었다. 그리하여 우리네 사람들은 만주에서 들여온 조, 수수, 콩 등의 잡곡으로 배를 채워야 했다. 일본은 그 밖에 광업, 수산업 등 산업 전 분야에 걸쳐 수탈을 감행했으며, 임금에 있어서도 현격한 차이를 두었다. 1929년의 통계에 따르면, 한국인 성년공이 하루 1원을 받는 데 비하여 일본인 성년공은 2원 32전을 받았으며, 한국인 여공이 59전을 받는데 비하여 일본인 여공은 1원 1전을 받았다. 유년공일 경우 한국 남자가 44전, 여자가 32전 받는데 비하여 일본인 남자는 71전, 여자가 61전이었다. 일본의 여자 유년공이 한국의 여자 성년공보다 더 많이 받았으며, 일본의 여자 성년공이 한국의 남자 성년공보다 상징적으로 1전을 더 받았던 것이다. 이런 이야기는 이기백 씨의《한국사신강》에 쓰여 있다.

일제 강점기 말엽에 와서 족보를 자랑하는 우리 민족의 자존심은 여지없이 짓밟히고 말았다. 일본 이름으로 창씨(創氏, 일본식 성명 강요)를 하게 한 것이다. 우리말을 쓰지 못하게 하고 일본말만 쓰도록 한 일, 온 겨레가 신사참배를 하게 함으로써 일본 황실의 조상신을 섬기도록 하여 한 민족의 얼을 말살하려고 꾀한 일 등은 너무나 치가 떨리는 일이었다. 징병 혹은 징용에 차출되어 국내에서 일한 사람이 2,616,900명, 외국으로 끌려 나간 사람이 723,000명이었다. 그 밖에 젊은 처녀들은 정신대로 끌려가 성노예로 말로 다할 수 없는 곤욕을 치렀다. 일제가 저지른 만행과 잔학상이 드러나 온 국제 사회가 성토하지만, 일본정부는 끝내 자신들의 잘못을 시인하려 들지 않는다. 그래서 곤욕을 당한 정신대 할머니들은 아직 그 아픔을 치유받지 못하고 있다.

초등학교 4학년 방학 때였다. 1945년 8월 15일 일본 천황이 항복한다는 말이 전파를 타고 방송되자 우리나라 방방곡곡에서 사람들은 만세를 외치며 해방이 되었음을 기뻐하였다. 나라와 사회에는 큰 변혁이 일어났다. 학교에도 변화가 왔다. 아침 첫 시간에 반에서 공부를 시작하기 전에 먼저 일어서서 동쪽을 향하여 궁성요배를 하고 뒤돌아서서 주먹을 내뻗으며 "에이 베이 게끼메츠 야망."(영국과 미국을 격멸하기를 마지않는다.)고 외치던 일도 이제 다시는 없게 되었다. 단체로나 개별적으로 학교를 드나들 때마다 발걸음을 멈추고 서서 천황의 칙어를 보관하고 있는 '호완뎅'을 향하여 경례하는 일도 없어졌다. 일본말로 수업을 받던 우리는 해방과 더불어 우리말로 수업을 받게 되었으며, 우리말을 한다고 해서 벌 받는 일도 없어졌다.

그러나 일본 사람들이 남겨 준 여러 가지 관행의 폐단을 행정기관이나 학교는 대체로 그대로 답습하였다. 이승만 박사가 마산을 방문한다고 해서 동원된 어린 학생들이 비 오는 데 서서 두세 시간이나 기다렸던 일을 비롯하여 학생들은 짜증이 날 정도로 여러 행사에 동원되었다. 중학생들의 머리를 박박 깎는 일은 일본에서도 하지 않는데 우리 학교에서는 일본이 남겨 준 폐습을 부끄럽게도 1960년대 초까지 철저하게 지켰던 것은 참으로 한심한 일이다.

우리는 이미 4학년이므로 성호초등학교 본교에 다니고 있었으나 마산 시내의 학교들이 개편되어 학생들이 반을 따라 서로 나누어지는 일도 있게 되었다. 일본 사람들이 본국으로 돌아가자 그들이 주로 살던 신마산에 있는 학교들이 비게 되어 담임선생님들이 추첨한 대로 그 반 학생들이 본교를 떠나 새 학교로 따라가야 하는 희한한 운명을 감수해야 했다. 그리하여 이를테면 4학년의 '마츠구미'(松組), 즉 솔반(松班) 학생들은 몽땅 완월초등학교로 가게 되었다. '마츠'(松), '다께'(竹), '기리'(桐), '우메'(梅), '사꾸라'(櫻), '기꾸'(菊)라고 하던 반 이름도 1반, 2반 등으로 바뀌었다.

글짓기에 대한 두려움

난 공부는 잘했으나 노력파는 아니었다. 초등학교 3학년 때 한자를 익히게 하기 위하여 선생님이 교과서에 나오는 글자를 열 번씩 써 오라는 숙제를 내주시면, 난 도저히 그런 주문을 따를 수가 없어서 종이에 줄을 쳐서 네 번씩 정성스럽게 써 가지고 갔다. 선생님은 그냥 '수'를 주면서 통과시켜 주셨다. 그리고 작문은 써 낸 적이 없는데도 통지표에는 늘 좋은 점수를 받았다. 선생님들은 내가 작문을 제출하지 않았으리라고는 미처 생각을 못하고 국어의 읽기, 쓰기 시험 성적을 따라 점수를 주셨던 걸로 이해한다.

난 고등학교 졸업하기까지 작문을 써서 제출한 적이 없었다. 작문 시간만 되면 난 마치 자폐증이 있는 아이처럼 늘 빈 종이를 들고 있다가 구겨서는 호주머니에 집어넣곤 했다. 시험이라면 백지를 낸 셈이다. 그런데도 한 번도 지적을 당해 본 적이 없었다.

내가 글짓기에 자신을 잃어버린 것은 초등학교 2학년 때 형의 조언을 듣고서부터였다. 작문한 것을 선생님이 칭찬해주시더라고 하면서 형에게 자랑스럽게 얘기를 하며 읽어 보라고 주었더니, 형은 작문은 실제로 있었던 일, 경험한 일을 그대로 쓰는 것이지 얘기를 지어내어 쓰는 것이 아니라고 말해 주었다. 형은 5학년 때 시를 써서 신문에도 나고 평안남도 도지사상까지 받은 적이 있었다. 그렇지 않아도 형의 말은 내게는 언제나 권위가 있었으므로 형에게서 그 말을 들은 이후로 난 더 이상 글짓기를 할 수가 없었다. 지어내지 않고는 쓸거리가 없었기 때문이다. 지어내 쓰는 것이 어떤 의미에서는 창작일 텐데, 날 그대로 내버려 두었더라면 우스갯말로 혹시 내가 작가가 되었을지도 모를 일이 아닌가? 중학교 시절에 그 방면을 동경하기도 했으니까 말이다. 그러나 난 작문을 못한다는 생각에서 그런 꿈은 그냥 접어 두기로 했다. 그러면서도 초등학교 6학년 때부터 중학교 3학년 때까지 일기를 쓰곤 했으며, 글을 잘 쓸 수 있기를 동경하면서 김기림의《문장론신강》을 사서 읽기도 했다. 옛날에 가졌던 책들이 거의 다 없어져 버렸는데도 그 책은 아직 내 서가에 꽂혀 있는 몇 안 되는 책 중 하나이다.

난 일찍부터 소설을 즐겨 읽었다. 초등학교 3학년 때부터 형이 빌려다 읽는 소설을 훔쳐 읽었다. 모험 소설이랑,《미야모또 무사시》,《잇신다스께》같은 일본 사무라이 소설도 읽었다. 형은 그걸 알면서도 날 그냥 내버려두었다. 우리 집에 놀러 오는 형의 친구들은 "요것 봐라, 쬐끄마한 녀석이 벌써 이런 걸 읽어?" 하며 한마디씩 했다. 해방 후 4학년 때는 일어로 쓰인《어린 시절의 예수》,《성경이야기(聖書物語)》도 즐겨 읽었다.

내가 중학교에 입학하고 얼마 후였다. 형은 내가 일어 책을 손에 드는 경우가 별로 없는 것을 보고는 나더러 일어로 책 읽는 것은 포기하라고 했다. 아마도 내가 일본말을 잊어버렸는가 싶어서 그렇게 말했던 것 같다.

북으로 떠나간 형

내가 초등학교 6학년 때 중학교 4학년이었던 형은 남로당(남한의 공산당)에 연루되어 반정부 운동을 했다고 해서 학교에서 퇴학을 당했다. 해방 이후 남과 북에 있는 젊은이들이 현실에 만족하지 못해서도 그러하고 또 비판적이다 보니까 자기들이 살고 있는 곳의 체제에 대한 불만에서 반정부 운동을 추종했다. 남에서는 북의 체제를 동경하고, 북에서는 남의 체제를 좋아하는 젊은이들이 많았던 것이 당시의 현실이었다. 학교에서 우수한 학생일수록 더욱 그런 운동에 가담했던 것이다.

형은 서울에 있는 중학교로 옮겨 볼 생각으로 어머니와 함께 서울로 갔으나 여러 가지 여건이 여의치 않아서 그냥 집으로 돌아왔다. 내가 중학교에 갓 입학한 때였다. 형은 경기중학교 학생들이 드는 가방을 사서 내게 선물했다. 가방에다 마산중학교의 로고를 직접 그려 주었다.

마산서 가까운 진해에 어머니와 우리 가정을 사랑해 주시는 목사님이 계셨다. 마산 문창교회를 담임하셨던 이약신 목사님이신데 형도 존경하는 분이었다. 일제 강점기에 오스트레일리아에 한국 교회 대표로 다녀오기도 하고 영어도 잘하며 키도 크고 코도 커서 풍채가 좋으신 분으로 한국 장로교회의 분열 이후부터는 고려파 교회의 지도적인 목사님이셨다.

그분은 진해에서 목회를 하시는 한편 고아원도 경영하고 계셨다. 그 목사님과 사모님이 형을 좋아하셨으므로 진해로 와서 지내며 공부하도록 했으면 좋겠다고, 꼭 그렇게 하자고 제안을 하셨다. 형은 전혀 생각이 없는 것은 아니었으나 남에게 신세지기 미안하다면서 그 제안을 사양했다. 어머니는 형의 등을 떠밀어서라도 그곳으로 보내야 했는데 그렇게 하지 못한 것을 평생을 두고 후회하셨다.

형은 1949년 초겨울 어느 날 새벽에 북으로 간다면서 마산 상남동에 있는 집을 떠났다. 장사할 물건을 떼려고 서울로 가신 어머니에게는 달랑 편지 한 장을 남겨 둔 채로 말이다. 난 형을 집 대문 앞에서 우리 집에 와서 같이 기거하시던 외숙모와 함께 전송했다. 아직 어두운 골목

길로 총총걸음으로 사라져 가는 형의 뒷모습이 그를 본 마지막 모습이 될 줄이야. 집에 돌아오셔서 그 사실을 알게 된 어머니는 눈앞이 캄캄했음에 틀림없다. 그 후 나는 어머니의 한숨과 눈물로 호소하는 기도 소리를 들을 때면 늘 마음이 아팠다.

어머니는 서른한 살 젊은 나이에 과부가 되셔서 한국의 많은 어머니들과 마찬가지로 슬픈 일도 겪고 어려움도 극복해야 하는 고달픈 삶을 사셨다. 우리가 진남포에서 마산으로 이사할 때 철도 화물로 부친 짐 가운데 비단 등 값나가는 물건들을 싼 짐이 없어져 버렸다. 어머니가 짐을 찾아보려고 백방으로 알아보셨으나 허사였다. 어머니는 두 아들을 키우며 사시느라 많은 고생을 하셨다. 재봉틀을 돌려 삯바느질도 하시고, 수저나 양재기도 떼다 팔고, 대구를 접으로 사다가, 즉 백 마리씩 사다가 말려서 팔기도 하고, 서울로 왕래하면서 옷감 등을 시장 상인에게 갖다 넘기는 장사도 하셨다. 그런 모든 수고가 큰아들이 떠나 가 버렸으므로 허사가 되어 버린 것이다. 그리하여 한때 삶에 대한 흥미를 잃으셨다.

내가 영국에 있을 때, 1964~65년에 어머니는 형의 소식을 듣게 되었다. 부산 군정보부에서 어머니를 찾아 형의 소식을 전해 주었다. 북쪽에서 해군 장교로 있다는 것이었다. 정보부에 호출당한 어머니는 겁을 먹고 계셨는데 그곳 직원이 아들이 살아 있는 것을 알았으니 다행한 일이 아니냐고 하면서 도리어 어머니를 위로하더라는 것이다. 아무런 죄 없는 너희 엄마도 시어머니를 모시고 같이 갔는데 우람한 체격에 험상궂은 얼굴을 한 요원들을 보고는 겁에 질렸단다.

1981년에도 북에서 온 사람이 별을 단 제복을 입고 시커먼 눈썹을 가진 사람의 사진을 들고 마산 할머니가 사시는 집으로 찾아와 우리를 찾더라는 소식을 들었다. 그 후로 우리는 아무것도 들은 바가 없다. 나는 가끔 형이 돌아온 꿈을 꾸곤 했는데, 꿈속에서도 그것이 현실이 아니라 꿈 같아서 아쉽고 불만스러워했다. 어머니는 정말 아까운 아들을 잃으신 것이다. 형이 있었으면, 정말 마음 든든하셨을 텐데 말이다.

전쟁 중에 마산에 남아서

형이 떠나간 후 내가 중학교 2학년 때 나는 형이 남기고 간 일어 책들을 챙겨 다시 읽기 시작하였다. 이와나미(岩波) 문고의 책들과 가이조샤(改潮社)의 세계문학전집 등을 읽었다. 입센의 〈인형의 집〉, 비요른손의 〈아르느〉 등을 수록하고 있는《북구 3인집》, 안톤 체호프, 고고리, 고르키 등의 작품을 수록하고 있는《러시아 3인집》, 모파상의《여자의 일생》과 단편들, 알렉산더 듀마 후이의《춘희》등도 읽었으며, 문학 월간지도 자주 사 보았다. 그리고 영어 공부를 위해서는 일어로 쓰인 오노게이지로의《영문법》을 가지고 공부했으며, 사전도 산세이도(三省堂)의 영어사전을 사용했다. 형이 쓰던 일어사전이 있어서 필요할 때는 도움을 얻었다. 고등학교 1학년 때는 우리말로 번역된 메도레(A. W. Medley)의《삼위일체 영어》로도 공부하였다. 혼자 과외 공부를 한 셈이다.

1950년 6·25 전쟁이 일어났을 때 나는 중학교 3학년이었다. 북의 인민군은 사흘 만에 서울을 함락시키고 파죽지세로 낙동강 전선까지 밀고 내려와 마산 주변까지 들이닥쳤다. 마산서 지척인 고성, 함안까지 북한군에게 점령되었으며, 마산 외각의 진동과 중리에는 마지막 방어선이 구축되어 치열한 전투가 계속되었다.

10만 마산 시민의 절반이 피난 간 상황에 어머니와 나는 어머니의 연상이신 친구 조일영 집사의 부탁으로 그분의 딸집에 가서 살게 되었다. 비워 둔 집을 지켜 주기 위해서였다. 오른쪽으로 한 집 건너에는 활 쏘는 터가 있어서 활시위를 당기는 곳에서 과녁까지의 긴 공터 양 옆으로 비켜 늘어선 키 큰 나무들이 우거져 있었다. 집 왼쪽으로는 언덕을 따라 좁은 길이 있었고, 언덕 아래로는 깊숙이 북마산과 신마산을 잇는 철길이 있었다.

우리가 살게 된 집은 자그마한 정원을 가진 아담한 일본식 남향집인데 생울타리로 둘러싸인 집이었다. 마루에서 내다보면 생울타리 너머로 호수 같은 합포 바다와 커다란 고래같이 생긴 돌섬이 보였다. 합포 바다는 이은상이 읊은 "내 고향 남쪽 바다"이다.

어머니는 털실 장사를 하는 한편 털실로 옷을 짜게 해서는 팔아 꽤 돈을 버셔서 약 2년 후에 우리가 집을 보아 주러 와서 살던 바로 그 집을 사게 되었다. 옛날 중국에서 돈을 많이 벌어 오시다가 일본 관헌에게 걸렸던 바로 그 둘째 외삼촌이 조명방직이라는 회사의 전무로 계셔서 어머니가 털실 뭉치를 살 수 있는 특혜를 누리셨던 것이다.

집주인 되시는 분은 마산상업고등학교 영어선생이었는데 6·25 전쟁이 휴전선 근방에서 남과 북이 대치하여 소강상태로 접어들자 부친의 사업을 도와 어업에 종사하느라고 그 집을 팔게 되었다. 그의 장모이신 조일형 집사님이 알선하여 우리가 살고 있던 그 집을 유리하게 살 수 있었다. 어머니가 기도도 많이 하시고 인덕이 많은 덕택이었다. 어머니가 집을 날리고 돈 한 푼 없는 신세가 된 지 2년 만에 다시 집을 장만하게 되었으니 참으로 하나님의 은혜였다.

우리가 상남동에 살 때 일이다. 어머니는 형이 북으로 훌쩍 떠나버려 마음이 상해 있던 때였다. 설상가상으로 이북으로 오가며 장사하는 사람에게 돈을 빌려주었던 것이 그만 펑크가 나는 바람에 집을 날리게 되었던 것이다. 빚쟁이가 재봉틀까지 들고 가 버려 우리는 무일푼의 신세가 되었다.

내가 중학교 1학년 때였다. 상심한 어머니는 나를 이모 집에 맡겨 두고 한 두어 달 서울 어머니의 친구 강경봉 씨 댁에서 지내셨다. 그래서 난 한동안 고아처럼 살았다. 어머니가 마산으로 돌아오신 이후 우리는 셋집에서 살았다. 6·25 전쟁으로 위에 말한 아담한 이 집으로 이사 온 이후 어머니는 새벽 4시면 기도하러 가셨으며 때로는 철야 기도도 하셨다. 돈이 잘 벌릴 때 어머니는 늘 연보할 돈을 따로 모아 두셨다가 특별히 연보를 청하러 오시는 목사님이 계시면 드리기도 하셨다. 마산 문창교회 출신으로 부산 범천교회에서 목회하신 최익우 목사님은 늘 그것을 간증으로 말씀하셨다고 들었다.

우리는 그 집에서 살 때 여러 가지 일들을 경험하였다. 어머니가 김영삼 씨를 손명순 여사에게 중신한 것도 이 집에 살 때였다. 김영삼 씨가 당숙 되시는 분과 함께 우리 집을 찾아 오셨다. 이 댁에 가면 좋은 규수를 소개해 줄 것이라는 말을 듣고 왔다고 했다. 어머니는 당장 손명순 씨를 머리에 떠올렸다. 고무신 공장을 하는 그 댁 어른들을 잘 알고 있었을 뿐 아니라, 전쟁으로 위기를 맞은 시기에 이화여대를 다니다가 고향에 와 있던 손명순 씨는 교회에서 어머니 바로 뒷자리에 앉아 밤을 새며 기도하곤 해서 더 친근히 알게 되었기 때문이었다. 어머니는 헌신적으로 그들의 혼인을 위해 심부름을 해 드렸다. 그래서 그분들도 어머니를 잊지 않으시고 오랜 세월 동안 변함없이 찾아 주시고 대통령이 되어 청와대에 계실 때에는 명절에 빠짐없이 화분도 보내 주시고 안부해 주셨다. 덕분에 어머니와 나 그리고 아내와 순자 이모 넷이서 김영삼 씨의 재임시에 청와대로 초청을 받아 가기도 했다. 대통령을 만나고 있는 분들이 위층에서 그 유명한 칼국수로 식사하고 있을 때, 우리는 아래층 영부인의 영빈실에서 갈비찜 백반으로 칙사 대접을 받았다.

김영삼 씨 모친이 괴한에게 총을 맞아 돌아가신 이후 그 댁에서는 어머니께 청혼한 일이 있었다. 내가 대학을 졸업하기 직전이었다. 어머니도 그 일을 두고 내게도 말씀하셨다. 어머니의 행복을 위하여 재혼을 하시도록 적극 말씀을 드렸어야 하는데, 그러면 그것이 어머니를 치우려는 것이 될까 봐 나는 어머니가 알아서 결정하시도록 말씀드렸다. 이런 경우는 아들이 어머니를 업어다 드려야 하는 것인데, 난 그만 진정으로 효자 노릇을 할 수 있는 기회를 놓친 것이다. 난 어머니를 위해서는 때로는 후회하면서도 날 위해서는 다행이었다고 생각한다. 만일 그때 그 댁과 인연이 맺어졌더라면, 내가 시민으로서 그리고 주의 교회를 위하여 부르심을 받은 사람으로서 누리는 자유를 충분히 누리지 못했을 것이라는 생각을 해 보았다. 이를테면, 선거 운동이 있을 때 동생 된 사람으로서 그냥 모른 척하고 지낼 수는 없었을 테니 말이다.

우리가 전쟁 때 추산동 집으로 간 지 얼마 후 CIC 군속이 집을 내놓으라면서 가족을 데리고 들이닥쳤다. 그의 말로는 집주인의 사상이 불온하므로 집을 접수한다는 것이었다. 6·25 전쟁이 일어나기 얼마 전에 정부는 보도연맹이라는 것을 조직하여 그간에 좌익 활동을 했거나 거기에 연루되었던 사람들은 자수하도록 권고하여 연맹에 가입하게 하였다. 북괴군이 전쟁을 일으켜 남으로 밀고 내려오자 좌익 사상을 가진 사람들이 북괴군에 호응할 것이라는 우려에서 이를 사전에 저지한다는 명분으로 모두 소집하여 처형함으로 말미암아 마산에서만 해도 많은 사람이 억울하게 죽임을 당하였다. 사상이 불온하다는 말을 듣게 되면 꼼짝없이 당하던 그런 시절이었으므로 군 첩보 기관 사람이 집을 접수한다고 하면서 집으로 밀고 들어왔을 때 더욱이 주인도 아닌 우리로서는 속수무책이었다. 마산에 있는 중등학교들은 모조리 군에서 육군병원으로 사용하던 그런 때였다. 마산중학교의 경우 보통 때는 학생들은 얼씬도 못하게 하던 극장에서 수업을 진행하기도 했다. 그러다가 학교 뒤편에 있는 기숙사 건물 내부를 개조하고 마당에 천막을 쳐 교실로 사용하였다. 우리는 1954년 졸업할 때까지 본교 건물에 다시 들어가 보지도 못하고 가건물에서 수업하였다.

어머니는 안방과 부엌을 내어 주고 우리가 마치 그 사람들에게 셋방살이를 하듯 지냈다. 비가 올 때는 어머니가 바깥에서 처량하게 비를 맞으며 밥을 지으셔야 했다. 얼마 후 집주인이신 선생님이 나타나 노발대발하며 군속을 가택불법침입죄로 고발하겠다면서 호통을 쳤다. 통쾌한 일이었다. 선생님이 군복을 입고 나타난 것을 보면 자기 재산을 보호할 정도로는 힘을 가지고 있음을 알 수 있었다. 기세등등하던 군속 가정이 며칠 후 마침내 집을 비우고 나갔다.

그들이 나간 후 다른 가정이 와서 우리와 근 8개월을 같이 지냈다. 어머니의 친구 강경봉 선생과 그의 동생 창봉 선생과 그의 아들과 딸, 그리고 아직 미혼인 막내 동생 원봉 씨와 강 선생님의 큰오빠의 딸 인숙, 이렇게 대식구가 함께 살았다. 강창봉 선생은 얼마 후 마산여고 가사 선생으로 봉직했으며, 원봉 씨와 인숙이는 미군 부대에서 일했다. 그들이 가끔 미군 부대에서 음식 남은 것을 가져와 함께 맛보기도 하였다. 인숙이는 나와 동갑이었는데 풍문여중에 다니다가 고모들과 함께 피난 온 것이었다. 서울이 수복되어 그들은 서울 자기네들 집으로 돌아갔다. 그 이듬해 인숙이는 대학에 입학할 나이에 애석하게도 당뇨병으로 죽었다는 소식을 들었다.

이사 온 집 다다미방 벽장에서 책 더미를 발견하고 탄성을...

어머니와 내가 처음 그 집으로 이사한 후였다. 난 다다미방의 미닫이 벽장문을 열어 보고는 깜짝 놀랐다. 탄성이 절로 나왔다. 난 책에 굶주려 있을 때였다. 벽장에 책이 가득 들어 있는 것이 아닌가. 오른쪽에는 영어 책, 왼쪽에는 일어 책들이 수북이 쌓여 있었다.

난 멀리서 '쾅' 하고 울려오는 대포 소리, '탕탕 따르르' 거리는 총소리와 기관총 소리를 들으며 독서삼매경에 빠졌다. 레오 톨스토이의 《부활》과 민화들, 알렉산더 듀마의 《몬테크리스토 백작》, 빅토르 유고의 《레미제라블》, 괴테의 《파우스트》와 〈베르테르의 슬픔〉, 〈헤르만과 도로테아〉 등이 수록되어 있는 작품집, 월터 스콧트의 《아이반호》, 《소년시절의 루터》, 헨리크 솅키비치의 《쿠오바디스》, 아나톨 프랑스의 《다이스》, 토머스 하디의 《도버빌의 테스》와 단편소설 등, 그 밖에 많은 희곡 책이랑 소책자들을 닥치는 대로 읽었다. 밥 먹고 잠자는 시간 외에는 내내 책만 읽었다. 나중에 주인의 허락은 물론 받았다. 형이 남기고 간 세계사상전집에 있는 레오파르지와 레싱의 글들도 읽었다. 그 밖에 우리말 책도 읽었다. 이광수의 《흙》, 심훈의 《상록수》, 김동인, 김동리, 황순원, 이효석, 염상섭, 백제현 등의 단편, 중편, 장편이랑 김진섭의 《교양인의 문학》, 모윤숙의 《렌의 애가》, 로맹 롤랑의 번역판 《베토벤의 생애》도 읽었다.

집에서 시장까지는 약 10분 거리였다. 신마산쪽 시장 입구에 '우리 서점'이라는 책방이 있었다. 거기서는 헌책도 사고팔 수가 있었다. 난 돈만 생기면 책방으로 가서 책을 샀다. 돈이 없을 때는 두세 권의 책을 가지고 가서 원하는 책과 교환했다. 홍난파의 《음악만필》도 그런 식의 물물교환으로 구해 읽은 책이다.

강창봉 선생의 아들 이소량 씨는 형과 같은 나이인데 희문중학교 재학 중에 난리를 만나 군에 입대하여, 국군 정훈음악대에서 근무하고 있었다. 휴가를 받아 집으로 오면 늘 "흠, 흠" 하면서 목을 가다듬어 발성 연습을 하거나 노래를 했다. 나는 그 형에게서 음악 얘기를 많이 듣고 나누었다. 나도 음악을 좋아했으므로 서로 통했다.

난 그 무렵 노래 연습곡집인 《콜위붕겐》과 《콘코네 50번》을 집에서 혼자 습득하였다. 속도계가 없었으므로 한 곡의 총 박자 수가 얼마인지를 계산하여 시계를 보고 속도감을 익혔다. 그래서 나는 독보력에서는 이소량 씨보다, 그리고 교회 찬양대 지휘자보다 더 자신이 있었다. 난 화성학 책도 사서 독습을 하려 했으나 악기가 없이는 불가능하다는 것을 곧 알게 되었다. 그럼에도 두어 번 시도하다가 포기하고 말았다.

홍난파의 《음악만필》은 이소량 형에게 빌려주었는데 결국 아주 선물하고만 셈이 되었다. 내가 대학에 입학했을 때 그는 서울 음대 4학년에 재학하고 있었다. 그의 집 서가에 내가 즐겨 읽었던 《음악만필》이 꽂혀 있는 것을 보고도 차마 달라는 말을 할 수 없었다. 이소량 형은 전문가이고 난 아마추어니까 양보해야지 하는 생각을 했다.

이소랑 형은 나더러 성악 레슨을 받으라고 권유했으나, 난 그럴 여유도 없었고 용기도 없었다. 그 형은 학교를 졸업하기 전에 이탈리아 로시니 음악학교로 유학을 떠났다. 1963년 내가 영국으로 가게 되었을 때 나는 가는 길에 프랑크푸르트에 살고 있는 그를 방문하였다. 독일에 살 때 서로 오가기도 했는데, 1994년 우리가 산본에 살 때 독일에서 63세로 작고하였다. 그가 로시니 음악학교를 졸업했을 때였다. 그의 어머니 강경봉 선생은 아들이 나오면 대학에서 가르칠 수 있도록 알선을 해 두기도 했으나, 그는 우유부단하게 그냥 독일에 눌러 앉고 말았다. 당시만 해도 이탈리아 음악학교를 졸업한 학력을 가진 사람이 드문 때여서 한국에서 유용한 인물로 활동할 수 있었을 터인데 애석하게 한 번 빛도 보지 못하고 이국에서 우여곡절 끝에 생을 마감하였다.

외국어 학습에 열중하다

난 추산동 집에 살 때 영어 책도 읽을 욕심으로 영어공부를 열심히 했다. 중학교 2학년 2학기 때부터 일어로 쓰인 오노 게이지로의《영문법》을 가지고 시작하였다. 고1 때부터는 메도레(A. W. Medley)의 국어 번역판《삼위일체 영어》로 공부하는 한편, 밀른 등의 수필집, 토머스 하디의 단편 등도 영어로 읽었다.

고등학교 1학년이 되면 독일어를 배우게 될 것이므로 난 혼자 먼저 배우기로 했다. 마침 형이 구해 둔 일어로 된《독일어 4주간》이 있어서 그걸 가지고 공부했다. 그 책은 본래 구제도의 중학교 4학년과 5학년을 마친 수재들이 들어가는 일본 고등학교 학생들을 위해 만든 책이라는 얘기를 들었다. 나는 그들과 경쟁도 하며 도전한다는 생각에서 4주간 만에 다 학습하기로 했다.

매일 새벽 4시에 어머니가 새벽기도 가시는 시간에 나도 같이 일어났다. 당시는 전기 사정이 좋지 않아 저녁에만 시간제로 전기를 보내 주던 시절이었다. 책상머리에 있는 석유남포에 불을 켜고 빛이 눈으로 직사하는 것을 막기 위하여 종이쪽지 끝에 침을 발라 남포를 씌우는 구형 유리 표면에다 붙이고는 책을 보았다. 주일에는 쉬어야 하니까 한 달 좀 더 걸려 독일어 4주간을 일독하였다. 그리고는 이홍무 친구에게 독일어로 편지를 썼다. 독일어를 모르는 친구에게 독일어 편지를 보내는 것은 오해를 살 만한 일일 수도 있다. 그러나 우리는 서로의 장점과 실력을 잘 알고 존중하는 터이므로 내가 독일어를 공부한다는 사실을 주저 없이 알릴 수 있었던 것이다. 나중에 이야기할 텐데 그는 사회 활동을 하면서 이중(李中)으로 개명하였다. 우리는 집이 멀리 떨어져 있었음에도 불구하고 늘 함께 학교에 오갔다.

그러나 학교의 독일어 시간이 뒷받침해 주지 못했으므로 나는 배운 것을 그대로 간직할 수 없었다. 2학년이 되었을 때 현재 연변 과기대 총장으로 있는 김진경 친구가 기무라 긴지(木村謹治)가 쓴 여섯 권으로 된 《독일어대강좌》를 구해 주어서 다시 독습하였다. 5권까지 공부를 하고 6권째에 가서는 쉬면서 하다가 나머지는 미루어 두었다. 5권 중반부터 스테판 츠바이크 등 독일 작가들이 쓴 작품들을 소개하고 있었다. 그 책은 대학 다닐 때 독문과의 이용태 친구가 하도 달라고 조르는 바람에 그에게 선물하였다. 그는 졸업 후 고등학교에서 독일어를 가르쳤으니, 하긴 그 책이 옳은 주인을 만난 셈이다. 헤르만 헷세의 〈청춘은 아름다워라〉(Schön ist die Jugend)는 분량이 많지 않아서 부담 없이 읽었다.

1950년 내가 중학교 3학년이 될 때 중학교의 학제가 다시 바뀌었다. 5년제 중학교가 6년제로 바뀌었으며, 중학교가 다시금 3년제 중학교와 3년제 고등학교로 분리되었다.

난 고등학교 시절에 그냥 집에서는 책 읽고 영어와 독일어를 공부하는 것 외에 학교 공부는 거의 하지 않았다. 학교 수업 시간에도 집에 가서 책 읽을 궁리만 하는 적이 많았다. 졸업할 때 영어와 독일어는 만점을 받았으나 이과 과목의 성적 부진으로 우등생은 되지 못했다. 중학교 때까지 일반과학은 잘했다. 과학 선생은 더러 내 눈치를 보기도 하셨다. 난 음악 책과 일반과학 책은 받는 대로 집에서 마치 소설 보듯이 그냥 끝까지 통독하였다. 그러나 고등학교에 와서는 사정이 달라졌다. 음악 책은 여전히 통독할 수 있었으나, 과학 책은 더 이상 그럴 수가 없었다. 물리와 화학 교과서가 더 이상 그냥 재미있게 읽을 수 있는 수준의 책이 아니었기 때문이다. 과학 과목이 이제는 상식이 아니고 물리와 화학으로 나뉘면서 나와는 점점 거리가 멀어져 가는 과목이 되었다.

수학도 미적분의 의미를 묻다가 결국 뒤지게 되었다. 시간을 투자하지 않고 그냥 따라가는 것은 불가능하므로 그럴 수밖에 없었다. 1952년 고등학교 2학년이 될 때였다. 학교에서는 문과와 이과로 구분하여 반을 편성하였다. 그런 제도가 그때 처음으로 시행되었다. 그러다 보니 일부 인문계를 지망하는 학생들은 더욱 한편으로 치우쳐 공부하게 되었던가 싶다.

고3 여름 방학이 끝날 무렵 홍근섭 전도사님을 모시고 수양회를 열었다.
셋째 날 새벽 로마서 6장의 강해를 들을 때였다.
성령께서 임하셔서 우리 각자를 품어 주시는 것 같았다.
나는 하나님을 믿지 않고 고집을 부린 것이 너무나 죄송스러워 회개하였다.

03 마산 문창교회와 우리 집안 이야기

주기철 목사님께 세례 받은 나의 할머니와 어머니

내가 신학에 관심을 갖게 된 것은 신앙을 얻기 위해 씨름하면서부터이다. 나는 소위 모태 신앙이라고 하지만 중학교 때는 불효하지 않기 위하여 억지로 교회에 나가고 있었다. 초등학교 1, 2학년 때 진남포 비석리교회에 할머니를 따라 예배당에 가면 늘 어른 예배에 참석했다. 주일학교 예배에는 문 앞에서 텃새를 하는 아이들 중 한 녀석에게 눈에 불이 번쩍 나도록 한 대 얻어맞고는 다시는 들어가 볼 생각을 않았다. 그 애가 검을 잡은 손을 보호하는, 일본 말로 '츠바'라고 하는 칼코등이를 손에 쥐고 주먹질을 했던 것이다. 그래서 난 예배당 아래층에는 들어가 본 적이 없어서 구조가 어떻게 생겼는지도 몰랐다.

당시 한국 교회는 일본 식민정부의 포수(捕囚)가 되어 있었다. 예배를 시작할 때면 온 회중이 일어서서 먼저 동쪽을 향해 일본 천황에게 절하는 궁성요배를 하고 이어서 전몰장병을 위한 묵념을 했다. 그리고는 황국신민의 선서를 말한 뒤 예배를 시작하였다. 국민의례를 하려고 모두 일어서는데 할머니는 그냥 엎드려서 울고만 계셨다. 반 이층이어서 보는 사람이 많지 않아서 다행이다 싶었다. 난 집에 와서 할머니께 왜 그냥 엎드려 계셨는지 여쭈어 보았으나 할머니는 아무 말씀도 하지 않으셨다. 다 커서 나중에 알게 된 일이지만, 할머니는 신사참배를 반대하다가 순교하신 주기철 목사님의 영향을 받으셨기 때문에 그러셨던 것이다.

내가 태어나기 전 이야기다. 아버지를 따라 우리 식구 모두가 욕지에서 마산으로 이사 온 이후 할머니는 문창교회에 출석하셨다. 당시 담임 목사는 주기철 목사님이었다. 할머니는 1934년에 주기철 목사님에게서 세례를 받으시고 얼마 있다 서리집사가 되셨다.

나의 어머니는 어릴 때 주일학교에 다녔으나 커서는 교회에 다니지 않다가 시집와서 시어머니이신 할머니를 따라 다시 교회에 나가면서 신앙생활을 하시게 되었다. 마산으로 이사한 후 할머니께서 마산 문창교회에 나가실 때였다. 할머니가 어머니에게 오래 망설이시다가 "너 교회에 한번 가 보지 않을래?" 하고 넌지시 물어보셨단다. 어머니는 그 말씀을 기다렸다는 듯이 얼른 "예, 가겠습니다." 하고는 할머니를 따라 나서서 교회 생활을 하게 되셨단다.

어머니도 1936년에 주기철 목사님에게서 세례를 받으셨다. 두 분이 세례 받은 연대는 마산 문창교회 100년사에 있는 기록을 보고 알게 된 것이다. 주기철 목사님은 그해 문창교회를 떠나 평양 산정현교회로 가셔서 신사참배를 반대하시다가 1938년부터 세 번이나 검속 당하셨으며, 1940년 5월 네 번째로 검거되어 평양 감옥에서 혹독한 고문을 당하는 등 옥고를 치르다가 옥중에서 1944년 4월 21일에 순교하신 목사님으로 한국 교회가 길이 기억할 역사적인 분이시다.

학교에 강의가 없어 집에 있는 날이면 아내가 집에 있든 없든 나는 늘 오후 2시나 3시가 되면 연로하신 어머니와 마주 앉아 커피를 나누었다. 아마 2002년이었던가 보다. 어느 날 어머니께서 여태껏 아무에게도 이야기하지 않고 마음에 간직해 오던 이야기라며 내게 들려주셨다.

어머니는 둘째 아이가 들어서지 않아서 기다리던 중 김익두 목사님이 마산 문창교회에서 부흥회를 인도하실 때 새벽기도 시간에 가서 아이를 가질 수 있도록 기도해 주시라고 간청을 했단다. 날이 어두워지면 무서워서 부엌에도 잘 들어가지 못했는데 아직 캄캄한 어두운 새벽길을 혼자 몰래 예배당까지 무서운 줄도 모르고 가셨다고 한다.

"젊은 여자가 좀 기다리지 않고 그러느냐?"고 김익두 목사님은 퉁명스럽게 대꾸하시면서 거칠게 머리에 손을 얹고 기도하시더란다. 어머니는 이튿날 다시 가서 또 기도를 받으셨다.

김익두 목사는 성령께서 특별히 같이하시고 역사하심으로 말미암아 1930년대에 전국을 다니면서 부흥회를 인도하고 치유의 은사도 나누신 분으로 한국 교회사에서 초기 부흥 목사이신 길선주 목사나 순교하신 주기철 목사와 마찬가지로 유명한 목사님이시다.

1944년, 그러니까 나라가 해방되기 바로 전 해에 형의 중학교 입학을 계기로 어머니는 형과 나를 데리고 진남포에서 마산으로 이사하셨다. 어머니는 마산에 오셨을 때만 해도 교회 생활을 별로 그 의미도 모르면서 하셨단다. 나는 주일학교가 있는지를 몰랐으며 관심도 없었다. 그러다가 해방을 맞이하여 1946년 고려신학교가 개교되기 이전부터 회

개운동이 한창일 때 어머니는 회개하고 믿음의 도리를 아시게 되었다. 그래서 나도 주일학교로 나가게 되었다.

1945년, 우리 나라가 일제에서 해방된 해가 내가 초등학교 4학년 때였다. 나는 12월 성탄절이 다 됐을 무렵에 주일학교가 있다는 것을 알게 되었다. 그런데 성탄절에 가면 과자나 얻어먹으러 왔다고 할까 봐 성탄절을 지난 다음 주일, 즉 그해 마지막 주일에 주일학교에 갔다. 애들은 한 50명 남짓 되었다. 문창교회 널찍한 교육관이 썰렁할 정도였다. 그러나 선생님들은 우리를 따뜻이 맞이해 주셨다. 이약신 담임목사님의 사모님께서 학생들에게 사과 한 개와 미제 드로프스 네 알씩을 나누어 주셨다. 사모님께서는 어머니에게 "못 보던 얌전한 학생이 누군가 했더니 집사님 아들이었군요." 하시면서 사과랑 사탕을 평소에 늘 출석하는 아이들에게 주려고 두었다가 그날 나누어 준 것이라고 말씀하시더라나.

난 염치가 많은 편이어서 손해 보는 일도 많았다. 어릴 때, 아마 세 살 때였던 것 같다. 마산 선창가에서 멀지 않은 곳에 있는 마쯔바라(松原) 제재소에서 일하시는 삼촌 사무실에 들렀을 때다. 일본 아줌마가 내게 캬라멜 한 곽을 주셨다. 난 체면을 차리느라고 사양했으나 굳이 가지라고 하면서 책상머리에 놓아두고 나갔다. 때마침 일본 아이가 사무실로 들어오더니 그걸 집어 드는 것이 아닌가. 난 내가 언제 사양했느냐는 듯이 그걸 가로채 가려는 애와 격투를 벌였다.

진남포초등학교 2학년 때 하야시(林)라는 음악선생님이 내가 음악에 소질이 있음을 인정해 주셨다. 나는 늘 화음을 알아 맞혔으며, 형이랑 모두들 부르는 노래를 음정과 박자를 잘 맞추어 불렀기 때문이었다. 선생님은 내가 음악에 재능이 있다고 생각하고 그것을 개발해 주고 싶으셨던 것이다. 그래서 하루는 학교가 끝나자 나를 데리고 시내 화신백화점 근처에 있는 악기점에 가서 실로폰을 사 주시면서 매주 한 번씩 자기에게 가져와서 배우라고 하셨다. 그런데 난 그것을 한사코 사양했다. 선생님은 난감해 하셨다. 물론 나는 곧 후회했으나 다시 주시라는 말씀을 드리지는 못 했다. 그 후 학교 이층 음악교실에서 흘러나오는 전에 듣지 못하던 실로폰 연주 소리가 들리면 난 운동장에서 애들과 놀면서도 미안함과 후회와 자책이 뒤섞인 묘한 마음에서 나의 귀로는 그 소리를 좇던 일을 기억한다.

해방 후 미군들은 지프차나 스리코터 무개차에서 애들이 몰려들면 껌이나 드로프스 등을 닭 모이 주듯이 공중으로 뿌리곤 했다. 애들은 와락 달려들어 너도나도 그걸 받으려 손을 치켜들거나 땅에 몸을 굽혀 줍느라고 머리들을 맞대며 마구 뒤엉켰다. 난 그 애들 속에 끼이기는커녕 근처에도 가지 않았다. 자존심 때문이었거나 아니면 수줍음 때문이었을 것이다. 그러고 보면 난 치열한 생존 경쟁에서 체질적으로 일찌감치 탈락한 낙오자였나 보다. 초등학교 시절에 애들은 소매 없는 러닝셔츠만 입고 거리를 활보하고 다녔으나 난 그렇게 다녀본 적이 없다. 언제든지 반소매 노타이셔츠를 입고야 거리로 나섰다.

예배당 쟁탈전으로 분쟁을 치른 최초이자 대표적인 교회, 마산 문창교회

형은 교회에 정말 마지못해 나갔다. 예배가 끝나면 친구들과 어울리느라 성경과 찬송가를 내게 안겨 주고는 부리나케 교회를 빠져나가곤 했다. 나 역시 그런 영향을 받아 초등학교 6학년 때부터 주일학교 선생님께 신앙적인 회의 때문에 질문을 하곤 했다. 그때 주일학교 담임선생은 마산상업고등학교 4학년에 재학 중이었던 우병규(禹炳奎) 씨였다. 우병규 씨는 서울대학교 문리과대학 정치학과를 나와 1980년도 초반에 마산 주민을 대표하는 국회의원으로 활동한 분이다. 대학 다닐 때는 문리대 캠퍼스에서 종종 지나치다 만나곤 했다.

마산 문창교회는 역사가 있는 교회이며 담임한 목사들 가운데는 유명한 분들이 많았다. 이승만 정부 때 부통령을 지낸 함태영 목사, 신사참배를 반대하여 옥중에서 순교하신 주기철 목사, 그의 후임으로 오신 한상동 목사, 그와 함께 옥고를 치른 황철도 목사 그리고 이약신 목사 등 여러 분이 마산 문창교회에서 목회하신 분들이다.

1952년 장로교회 고려파가 분립하게 되었을 때, 경남에서는 고려측과 총회측이 대립하면서 여러 곳에서 서로 예배당을 차지하려는 분쟁이 일어났다. 6·25 전쟁이 한창일 때였다. 지역 교회의 예배당 쟁탈전은 교회의 분열이 있을 때마다 일어났다. 1953년 기독교장로교가 분립하게 되었을 때와 1959년 총회측 장로교회가 통합측과 합동측으로 분열했을 때도 지교회의 분쟁은 치열하였다. 마산 문창교회는 그런 분쟁을 치른 최초이며 대표적인 교회이다.

처음에는 양측이 예배당 안에서 동시에 예배를 드린다면서 각기 다른 찬송을 불러 댔다. 한 편에서 "만세 반석 열린 곳에···"를 부르면, 다른 편에서는 "내 주는 강한 성이요···" 하고 소리를 높였다.

목사 두 사람이 서로가 강도상을 차지하려고 서서 버티는가 하면 힘깨나 쓰는 신자들은 상대방의 설교자를 끌어내리느라 몸싸움을 벌였다. 이를 보는 교인들은 서로에게 욕설을 퍼붓다 못해 주먹질을 하거나 서로를 메다꽂는 일이 벌어지기도 하였다. 한번은 싸움을 말리러 급히 출동한 순경들이 호각을 불며 구두를 신은 채로 예배당 안으로 들이닥쳤다. 당시는 예배당 안에서 신을 벗고 마룻바닥에 앉아 예배하던 때였으므로 교인들은 순경들의 갑작스런 돌입에 경악하며 그러한 지경에까지 이르게 된 사태를 개탄하였다.

때로는 양측의 교인들은 각자의 목사 사택이나 장로 댁에 새벽부터 모여 또 있게 될 싸움에 대비하여 작전을 짜기도 했다. 거기에는 청소년들도 동원되었다. 나도 한번 낀 적이 있다. 마치 성탄절에 마을을 돌며 크리스마스 캐럴을 부르기 위해 떠나기 직전과 같은 분위기였다. 모두들 흥겨워하며 들뜬 기분이었다. 여집사들은 노래대원들에게 하듯이 따끈한 국밥을 끓여 먹이며 우리더러 잘 싸우도록 격려했다. 아니, 이건 그리스도인들이 할 짓이 아니지 않는가. 난 예배당에 가기를 기피할 좋은 구실을 얻은 것이었다. 예배당에 가서 싸움판에 한몫 끼기보다는 초연하게 물러나 머물러 있는 것이 낫다고 생각하고 바야흐로 이를 실천하려고 할 즈음, 홍근섭(洪根燮) 목사님을 만나게 되었다.

홍근섭 목사님은 당시 전도사로 이북에 가족을 두고 내려와 고려신학교에서 공부하고 계셨다. 이북 공산 치하에서 신앙을 지키며 여러 곳으로 다니면서 부흥 집회를 인도했으며 많은 신앙 체험을 가지신 분이었다. 내가 교회 가기를 기피한다는 얘기를 듣고 추산동에 있는 우리 집으로 오셔서 나에게 믿음에 관해 얘기해 주셨다. 난 그에게서 어떤 영적인 힘이 있음을 느껴서인지 그에게 끌렸다. 홍근섭 목사님은 천안에서 염광교회를 세워 목회하시다가 서울 종로구 내수동교회에서 목회하셨고 나중에 부천 화랑교회를 세워 목회하시다가 소천하셨다. 여러 곳으로 다니며 부흥회를 인도하셨고 목회하는 곳마다 예배당을 세우셨다.

문창교회 싸움은 백리언 목사님이 계실 때 시작되었다. 그분이 총회측을 대변하게 되자 다수파인 고려측 교인들을 위하여 장경재(張敬宰) 목사님이 오셨다. 장경재 목사님은 합동신학대학원대학교 이사장으로 계시다가 2001년 소천하신 귀하신 목사님이시다. 그러나 장 목사님은 예배당 쟁탈을 위한 싸움을 반대하셨을 뿐 아니라 전혀 싸움을 할 체질의 목사님이 아니셨으므로 곧 이웃 교회를 맡아 떠나시고, 대신에 송상석(宋相錫) 목사님이 오셨다. 총회측의 백리언 목사님 역시 학자풍의 목사이신 데다 마음이 여려 싸움에는 부적한 분이었다. 그래서 그분도 떠나시고 그 자리에 김석찬(金錫贊) 목사님이 오셨다. 송상석 목사와 김석찬 목사는 신학교 동기 동창으로 서로 말을 놓는 사이였다. 두 분은 양측을 이끄는 감독이 되어 서로를 법정에 고소하면서 장장 10여 년을 끈질기게 싸웠다.

송상석 목사는 1933년에 평양신학교를 졸업했으며 시도 쓰고 문장을 잘 쓰시는 목사님이었다. 한번은 목사님이 설교 원고를 운문으로 쓰셔서 시 낭송을 하듯 설교하신 적도 있었다. 기독신문에서는 교회 노선 문제를 두고 수차례에 걸쳐 김인서 목사와 지상 논쟁을 벌이기도 하신 것을 기억한다. 1934년 조선장로교회가 희년, 즉 선교 50주년을 기념하기 위하여 화보를 출간했을 때 송 목사님이 편집위원회 총무로 편집을 맡아 일하셨다. 해방 이후 1947년 부산 고려신학교가 설립된 지 얼마 후에 불편한 교통과 여러 어려운 여건을 무릅쓰고 만주 심양에 가서 교장으로 내정된 유명한 박형룡 목사님을 모시고 온 일은 잘 알려진 이야기이다.

무학산 중턱에서의 나의 회심 사건

한창 교회 싸움이 진행 중에 있을 무렵에 문창교회는 홍근섭 전도사로 하여금 산호동에 기도소를 열어 새로 교회를 설립하도록 허락하였다. 어머니는 싸움을 싫어하는 몇몇 교인들과 함께 새 교회 설립에 참여하려고 홍근섭 전도사님을 따라 나섰다. 홍근섭 전도사와 같이 여전도사로 일하던 정씨는 어머니에게 집을 팔고 교회 가까이로 오라고 집요하게 설득하였다.

어머니는 마침내 이를 받아들였다. 그리하여 우리는 많은 사연과 아름다운 추억이 담긴 추산동의 그 아담한 집을 떠나 산호동 산자락에 있는 절간처럼 큰 집으로 이사하였다. 집 앞과 뒤로 마당도 넓고 방이 네 개나 되는 집이었다. 그리고 집 왼편에는 또 하나의 큰 집터가 될 수 있는 다른 사람 소유의 땅이 있어서 집터가 꽤 넓어 보였다. 어머니는 그 땅도 사들이려 했으나 소유주가 응하지 않아 단념해야 했다.

이사하자 곧 앞마당을 경치돌 두 트럭분을 사다가 정원으로 꾸몄다. 집이 삼사층 높이의 언덕에 자리 잡고 있었으므로 대청마루에서 울타리 너머로 내다보는 조망이 좋았다. 교회는 약 10분 미만의 거리에 있었다.

나는 새로 선 교회에 와서 낯선 청소년들을 친구로 사귀게 되었다. 문창교회의 많은 친구들을 떠나 구석진 곳에 왔으나 여기서 너희 엄마 이후한 씨를 만났으니 나의 생애에서 가장 귀한 보화를 얻은 것이다. 어머니도 우리가 그곳으로 이사와 나중에 집도 다 잃고 말았으나 엄마를 며느리로 얻었으니 감사할 일이라고 종종 말씀하셨다. 종로구 인사동에 있는 승동교회 목사로 20여 년을 봉직하고 1990년 그 교회의 원로목사가 된 박일웅(朴一雄) 씨도 거기서 만나 같이 신앙 교육을 받으며 자랐던 친구이다. 내가 고등학교 2학년이고 엄마는 중학교 3학년이었다. 박일웅 목사는 학교는 달랐으나 나와 같은 학년이었다.

나는 문창교회에 있을 때부터 세례 받으라는 권유를 받았으나 늘 회피하였다. 내가 유아일 때 아버지가 교회에 출석하지 않았으므로 유아세례를 받지 못했다. 목사님께서 침례교회에서 하듯이 그냥 축복기도만 해 주셨다고 한다. 당시의 교회 관례로는 양부모가 다 세례교인이어야 유아에게 세례를 주었다. 웨스트민스터 신앙고백서(28장 4항)에 보면 양부모 중 한쪽만 믿어도 유아에게 세례를 줄 수 있다고 규정하고 있는데, 한국 교회는 그걸 몰랐던지 그 점에 더 엄격하였던 것이다. 부모 중 한 쪽만 믿어도 세례 주게 된 것은 해방이 된 지 한참 후에 있게 된 일이다.

만일 한국 교회가 좀 더 일찍 이런 요건을 알았더라면 내가 주기철 목사에게서 유아세례를 받았을 뻔했다. 이렇게 말한다고 해서 누가 세례를 베푸느냐 하는 것이 중요하다는 이야기는 전혀 아니다. 세례는 성부와 성자와 성령의 이름에 연합하는 세례를 받는 것이므로 그 사실이 귀하지 누가 세례를 베풀었느냐 하는 것은 중요하지 않다.

문창교회에 있을 때의 일이다. 난 초등학교 때부터 주일학교가 끝나면 늘 어른 예배에 출석했다. 윤리적인 설교를 들을 때면 행실을 바로 가지며 살아야지 하는 생각을 했으며, 가라지 비유의 설교를 들을 때면 그것이 마치 나를 두고 하는 설교로 들려 마음에 걸렸다. 학생회 회원들은 거의 예외 없이 기도도 잘하고 교회 생활에 적극적이었으므로 나는 늘 자신이 어설픈 새내기거나 아직 신앙의 문턱을 넘어 들어서지 못한 아웃사이더라는 느낌을 지울 수가 없었다.

나로서도 믿음을 얻기 위해서 무던히 애를 썼으나 별 소용이 없었다. 소설을 많이 읽은 것이 신앙을 얻는 데 크게 걸림돌이 된 것 같았다. 내가 어릴 때 어디 다녀오신다는 어머니께, 돌아와서 혹시 내가 울고 있거든 달래 달라고 했다니까 어릴 때부터 내게 그런 소지가 있었던 것 같다. 여하튼 내가 나 자신을 쉽게 객관화해서 보곤 하는 것이 정신을 집중하는 데 방해가 되었다. 기도할 때 엎드려 있는 내 모습을 내가 보고 있으며, 나 자신을 보고 있는 나를 응시하는 또 다른 나를 의식하게 되어 괴로웠다. 마치 사면이 유리로 된 방안에서 거울 안으로 이중, 삼중으로 비치는 자신의 모습을 보는 경우와 같이 말이다.

이상(李箱), 김유정(金裕貞) 등과 같은 작가들의 자의식이 투영된 글들이 정신 건강에 별로 좋지 않았던 것이라고 여긴다. 한국의 많은 작가들이 일제의 압제와 감시 아래 나라 잃은 서러움을 안고 자유롭게 기를 펴 보지도 못하고 더욱이나 더러는 병에 시달리며 살았으므로 그들의 삶과 글이 침울할 수밖에 없었다고 생각한다. 토마스 만이 소년 시절의 자기를 모델로 했다는《토니오 크뢰겔》같은 자전 소설도 나를 더욱 내성적으로 만드는 데 영향을 주었던 것 같다.

난 산호동 교회로 와서는 교회 생활을 충실히 했다. 우리 집이 바로 상업고등학교 교사에서 가까운 곳에 있었고, 교회는 운동장 옆을 따라서 한참을 걸으면 운동장이 끝나는 곳에서 만나는 사거리를 지나 약 100미터 되는 지점에 있었다. 상업고등학교 역시 다른 중·고등학교와 마찬가지로 육군병원이 점유하고 있었다. 거기에는 6·25 전쟁 중에 보충병으로 징집된 방위병 장정들 가운데 병을 얻은 사람들이 수용되고 있었다.

후퇴할 당시 옳게 먹지를 못 해 수많은 장정들이 병들어 죽는 등 희생을 당하였다. 이들은 살아남았으나 결핵환자가 된 사람들이었다. 지휘관들이 방위병들에게 배당된 양식을 가로채 팔아 자기 배를 불리느라고 그들을 굶겨서 많은 청년들이 그 지경이 되었던 것이다. 부정을 자행한 다섯 사람의 책임자가 사형을 당한 것은 당시에 만 사람이 다 알게 된 이야기이다.

결핵 요양소는 일반적으로 격리된 곳에 두는 법인데도 불구하고 주거지 가운데 있는 학교를 결핵환자의 요양원으로 사용하였다. 그것은 상식 밖의 일이었으나, 전시이므로 무얼 제대로 가릴 여유가 없었던 것이다.

우리 교회에는 그 병원 청년들이 여럿 출석하였다. 교회에 열심히 출석하던 박용원이란 청년은 병이 심해져서 세상을 떠났다. 왜소한 체구를 가진 이로 수척한 얼굴에 수염을 기르고 있어서 꽤 나이 들어 보였는데 27세밖에 안 되는 청년임을 그가 간 후에야 알게 되었다.

당시에 마산 근교에는 한센병 환자들이 집단을 이루어 사는 마을들이 있어서 홍근섭 목사님은 그들의 교회에도 종종 가셔서 집회를 인도하셨다. 그럴 때면 청소년인 우리도 따라가곤 했다. 양성 환자들이 모인 그런 곳에 가면서 학생들을 대동한다는 것은 지금 생각하면 목회자로서는 삼가야 할 일이었다.

홍근섭 전도사님은 이북에 계실 때 주기철 목사님의 장남이신 주영진 전도사로부터 성경을 배웠다고 했다. 우리는 홍 목사님에게서 계시록을 두 번, 로마서를 세 번을 읽어가면서 배웠다. 난 집에서 변홍규 박사의 《신학원론》도 읽고, 발행된 지 얼마 안 되는 박윤선 목사의 《요한계시록》도 읽었다.

부산서 세 번째로 열린 전국 SFC 집회에 참석하였을 때였다. 나는 닷새 밤을 무릎을 꿇어 엎드린 채로 지새우기도 했다. 믿음을 얻기 위해 고행을 한 셈이었으나 별 소득이 없었다. 새벽기도 시간이 끝나면 방에 돌아와 아침식사 시간까지 로마서 1장에서 16장까지를 통독했다. 진화론에 대하여 기독교 신앙을 변증하는 함일돈 선교사의 강의도 흥미 있게 듣고 일어로 출판한 그의 책도 사 보았다. 학교 앞에서 책을 파는 노점에서 일어로 된 철학사전이 보이기에 그것도 샀다.

박윤선 목사님의 열정적인 강의와 진지하게 외치는 설교는 많은 학생들에게 감명을 주었다. 그는 또한 학생들에게 열심히 공부하라고 당부하면서 의욕을 북돋우기 위해 독일어 한 문단을 읽어 보이기도 하셨다. 그러나 한상동 목사의 영적 감화력은 단연 돋보였다. 새벽기도 시간에 그분의 설교가 끝나면 예배당은 통성으로 기도하는 소리로 가득했다. 그럼에도 거기에 합류하지 못하는 나 자신을 한심스럽게 여겼다.

고3 여름 방학이 끝날 무렵이었다. 우리 교회는 홍 전도사님을 따라 마산고등학교와 여자고등학교 뒤로 높이 솟아 있는 무학산 중턱에 위치한 큰 바위 그늘에 천막을 치고 수양회를 열었다. 전도사님은 로마서를 세 번째로 강해하셨다. 교인들 수는 4, 50명이나 되었다. 요양소의 청년들도 있었고, 학생들도 참석하였다. 여름이었으나 새벽의 산 공기는 싸늘했다. 셋째 날 새벽으로 기억한다. 로마서 6장의 강해를 들을 때였다. 우리는 모두가 성령의 감동하심을 체험했다. 성령께서 임하셔서 우리 각자를 품어 주시는 것 같았다. 많은 이들이 이구동성으로 그렇게 말했다. 나는 하나님을 믿지 않고 고집을 부린 것이 너무나 죄송스러워 회개하였다. 통곡하며 깊이 뉘우쳤다. 그 후 한동안 나는 교회에서도 감격에 겨워 찬송을 끝까지 다 부르지 못하곤 했다.

“영 죽을 나를 살리려 그 영광 버리고
그 부끄러운 십자가 날 위해 지셨네.
주님의 보좌 있는 데 천한 몸 이르러
그 영광 몸소 뵈올 때 내 기쁨 넘치리.”

1954년 1월말에 나는 마침내 박일웅과 엄마 이후한과 그의 친구들, 그리고 초등학교 동창인 강판호와 몇 명의 친구들과 함께 당회장 송상석 목사님에게서 세례를 받았다. 홍근섭 목사님은 아직 전도사로 계실 때였다.

마산 문창교회 (1903년 건립)

"마산 문창교회는 역사가 있는 교회이며
담임한 목사들 가운데는 유명한 분들이 많았다
이승만 정부 때 부통령을 지낸 함태영 목사
신사참배를 반대하여 옥중에서 순교하신 주기철 목사
그의 후임으로 오신 한상동 목사
그와 함께 옥고를 치른 황철도 목사
그리고 이약신 목사 등 여러 분이 마산 문창교회에서 목회하신 분들이다"

마산 문창교회 (1919년 입당한 석조 예배당)

앞으로 신학을 하기 위하여 무엇을 전공으로 택하는 것이 좋을지를 고려해야 했다.
독문과로 갈까 하는 생각도 해 보았다.
내가 종교학과로 가기로 마음을 굳히게 된 것은 SFC 겨울 수련회에서
종교학과 대학원 선배인 조용석 씨와 졸업반이었던 이원홍 씨의 상담을 받고서이다.

04 친구들 이야기

청소년 시절 친구들

나는 산호동으로 이사를 와서부터 학교 갈 때면 늘 7, 8분 거리에 있는 벗 이중 집에 들러서 같이 학교로 갔다. 내가 추산동에 살 때는 이중이 늘 우리 집에 들렀었다. 추산동의 집은 자기 집에서 약 20분 거리에 위치해 있어서 학교까지는 우회하는 길이었음에도 불구하고 빠짐없이 우리 집까지 와서 같이 학교로 가곤 했다.

6·25 전쟁 이전에 우리가 제비산이라고도 하는 노비산 아래 있을 때는 늘 박남인이와 함께 학교로 갔다. 남인이는 내가 초등학교 6학년 때 그가 고성에서 전학 왔을 때부터 친하게 지냈다. 그때 나와 친하게 지낸 벗들이 유성진, 허재영, 김철년, 박일균 등이었다. 박남인은 졸업할 무렵에 합류하였다. 모두 집들이 구마산 여기 저기 흩어져 있어서 다섯이 다 모이려면 구마산을 한 바퀴 돌아야 했다. 별달리 집에서 공부할 일이 없었으므로 우리는 거의 매일 모이다시피 했다. 중학교에 진학하면서 다들 흩어졌으나 남인이는 같은 학교에 다녔으므로 계속 친하게 지냈다.

이중은 중학교에 입학하면서부터 단짝 친구가 되었다. 그때 1학년이 한 반에 60명씩 3반으로 편성되었다. 우리는 같은 반에 들어 있었다. 그가 급장이 되고 내가 부급장이 되는 바람에 친하게 되었으며, 한때 내가 큰이모댁에 기숙하고 있을 때 그의 집이 바로 앞집이었으므로 학교도 같이 가고 '앞산'으로 알려진 뒷산으로 등산을 겸한 산책도 같이 다녔다. 말이 통할 뿐 아니라 서로가 존중하는 문자 그대로의 외우(畏友)이다. 은유를 섞어가며 하는 둘의 이야기를 옆에 있는 다른 친구들은 못 알아듣는 경우가 많았다. 이중은 그 때부터 시도 쓰고, 중3 때인지 고1 때 고등고시에 응시한다면서 준비하여 예비고사에 합격하기도 하였다. 나중에 대학을 나와서는 일찍 시인으로 등단했는가 하면, 경남일보사 사장과 조폐공사 이사를 역임하였다. 연변 과기대 부총장으로 김진경 벗과 함께 일하다가 숭실대 총장을 역임하고 현재는 다시 연변 과기대 총장 상임고문을 거쳐 명예총장으로 있다. 시집 외에 모택동, 주은래의 전기를 써서 한국에서는 물론 중국에서 더 높이 평가를 받아 연변대학교에서 명예교수의 칭호를 받은 자랑스러운 친구이다.

내가 추산동에 있을 때는 김병옥과도 자주 왕래했다. 김병옥은 영어만 하는 학생으로 온 학교에 소문이 났었다. 그도 일본말을 읽었으므로 서로가 읽는 책에 대한 정보를 나누었다. 일본어를 읽는 친구가 우리 학년에 김병옥이와 나 말고 또 한 친구가 있었다. 시를 쓰는 변재녕이었다. 고려대학교에 입학했으나, 입학한 지 얼마 안 되어 유명을 달리했다. 나는 김병옥을 따라 서울대부속병원으로 가서 서늘한 지하 안치실에 흰 보자기를 덮어 둔 그의 시신을 보았다. 집을 떠나 서울 와서 공부하다가 급성 맹장염인지 아니면 복막염에 걸렸으나 얼른 손을 쓰지 않아 죽게 되었던 것이다. 나와 가까운 사람 중에 다른 두 사람, 함강훈과 고태수도 이 친구와 비슷하게 횡사하였다. 함강훈은 나보다 한 살 아래인 외오촌 아재로 영화배우 지망생이었으며, 고태수는 서울 법대 3학년에 재학 중이던 고등학교 선배였다. 둘 다 나를 찾아 주고 챙겨 주던 이들이었다.

김병옥은 서울대 영문과를 나와 오랫동안 인하대학교 영문학과 교수로 재직하였다. 중·고등학교 시절에 늘 나를 찾아 주는 편이었는데 내가 외국에서 세월을 보내느라 그를 가까이 챙기지 못한 것을 미안하게 여긴다. 옛 벗으로 잊을 수 없는 친구이다.

김진경은 나와 유년주일학교에서 연극도 같이 한 오랜 친구이다. 내가 초등학교 5학년 때 우리는 성탄절에 동방박사가 별을 보고 아기 예수님을 찾아가는 연극을 같이 했다. 김진경은 세 동방박사 중의 한 사람이었고, 난 헤롯왕이었다. 연극이 성공적이었으므로 다른 교회로 지방 공연을 갈 것이라고 하여 잔뜩 기대에 부풀어 있었으나 무산되고 말았다. 그래서인지 그해는 성탄절을 보내는 것이 유난히 아쉽고 허전하였다.

김진경은 초등학교에서는 나보다 한 학년 아래였으나 5학년에서 월반하여 새로 시작하는 기독교 학교인 창신중학교에 입학하였다. 그리고 3년 후에 마산고등학교에 입학해서는 이중과 함께 매일 만나다시피 했다. 그의 어머니는 나의 어머니보다 열 살이나 나이 많은 연배였으나 어머니랑 친하게 지내셨으므로 나를 친아들처럼 여기시고 늘 위해서 기도해 주던 분이시다.

김진경은 보스로 타고난 사람이다. 중학교 시절에 학도호국단 대대장이었으며, 대학에서는 학생회장으로 활동하였다. 그는 교회에서도 내내 학생회 회장으로 봉사하였다. 6·25 전쟁이 일어나자 학도병으로 자원하여 출전한 애국심과 의협심이 강한 친구이다. 고등학교에 와서는 약간 풀이 죽어 있었으나 아마 더 힘찬 도약을 위하여 약간 웅크리고 있던 시절이었다고나 할까. 언젠가 그가 고등학교 시절이 제일 울적한 시절이었다고 하던 말이 생각난다. 그것은 자기뿐 아니라 나를 포함하여 많은 젊은이들에게도 마찬가지였으리라고 생각한다. 사춘기에 심리적 변화와 갈등을 겪기도 하는 청소년 시절에 입시 준비의 스트레스도 벅찬데 학교에 등교하는 교문 앞에서는 늘 복장이 단정한지 점검을 받아야 하고, 박박 깎아야 하는 머리가 조금이라도 길면 훈육실에 불려가야 했으며, 어쩌다 영화관에 들렀다가는 크게 처벌을 당하는 등 여러 가지로 규제를 받던 학교생활이 마냥 즐거울 수는 없었다.

고3 때였다. 학교에서 기독학생회를 조직하게 되었는데, 뭘 모르는 후배들이 나를 회장으로 선출하지 않았겠나. 나는 한사코 사양하여 김진경이 회장을 맡도록 하였다. 후배들이 자기들의 의사를 무시한다고 좀 불쾌하다는 표현을 하기도 했다. 김진경과 나는 성격이 상반인데도 불구하고 서로 친하게 지내는 것이 희한하다고들 말했다. 그런 직책은 당연히 김진경이 맡아야 한다고 생각했을 뿐 아니라 나는 그런 직책을 맡는 것을 고역으로 생각했다.

김진경은 위에서도 이야기한 것처럼 책도 구해 주면서 나를 늘 아껴주고 챙겨 주는 친구이다. "영재는 이담에 유명한 신학자가 될 거야." 그런 말도 했다. 난 중학교 입학 구두시험 때 장래 희망이 무엇이냐고 묻는 선생님들의 물음에 "선량한 시민이 되겠습니다."라고 대답했던 위인이고 보니 속으로 무슨 당치도 않은 말을 하는고, 자기가 워낙 외향적이고 대망을 가졌으니 그렇게 말하는 것이겠거니 했다. 그러면서 "천재는 경탄의 대상이고, 인격자는 존경의 대상"이라고 한 괴테의 말을 떠올리며, 천재는 아무나 될 수 있는 것이 아니지만, 인격을 갖추는 것이야 누구든 힘쓰면 될 수 있는 것이니까 인격을 갖추기 위하여 정진하는 사람이 되어야 한다는 생각을 가졌다. 둘은 같은 믿음으로 살아왔으므로 교우 관계를 평생 이어 오는 것이다.

신학 공부 위해 서울대 종교학과를 선택하다

우리가 고등학교를 졸업하기 이전 1953년 11월에 대학입학 자격시험이 전국적으로 일제히 실시되었다. 현재의 수능시험의 효시였다. 우리가 가야 할 시험장이 부산이었으므로 대부분의 학우들이 하루 전에 부산으로 갔으나, 난 여관에 투숙하기도 그렇고 해서 당일 새벽에 버스로 부산 대신동에 있는 시험장으로 갔다. 시험장에서 만난 학우들 중에는 타고 오는 버스가 고장이라도 나면 어쩌려고 그런 위험한 모험을 감행하는지 이해가 안 된다면서 고개를 갸웃거리는 친구도 있었다. 여러 날을 지나서 우리는 성적도 없는 합격 통지서만을 받았으나 낙방한 학우는 거의 없었다.

그런데 얼마 지나지 않아서 자격시험 합격과는 관계없이 대학 입시를 치를 수 있다는 통보가 학교로 내려왔다. 정부와 학생들이 많은 시간과 돈을 들여 시험 본 것을 황당하게도 무효화한 것이었다. 그것은 문교부(교육부)가 대학 입시 문제를 두고 우왕좌왕하는 행정을 보여 준 최초의 사례이다.

내가 응시한 종교학과는 서울대 문리과대학에서 입학 점수가 낮은 학과였으므로 이변이 없는 한 합격할 것이라고 담임선생님도 말씀해 주셨다. 내가 응시하는 그해에는 선택과목이 마침 150점이어서 독일어를 선택한 나는 득을 본 셈이었다. 국어, 영어, 수학, 선택 이렇게 네 과목으로, 만점은 450점이었다. 종교학과의 입학 정원은 10명이었다. 나중에 들은 얘기지만 내가 종교학과에서는 제일 좋은 성적으로 합격했다던가.

대학에 들어가자 전공으로 히브리어와 헬라어를 배웠다. 히브리어반은 주로 종교학과 1학년에서 4학년까지의 전 학생들이 같이 수강했으며, 헬라어는 1, 2학년 학생과 여러 다른 학과 학생들이 와서 강의실이 가득 찰 정도로 많은 학생들이 청강했다. 학기말 시험에서 내가 두 클래스에서 다 제일 좋은 점수를 받았음을 나중에 내가 휴학할 때 들어 알게 되었다.

우리가 대학에 응시할 때만 해도 학생들은 여유가 있었다. 서울대학교 문리대 같은 데는 모든 과목을 다 잘하지 않고도 들어갈 수 있었다. 난 입학시험을 앞두고도 일어로 번역된 도스토옙스키의 《죄와 벌》, 프로이드의 《정신분석학》 등을 읽었으며, 메이천(Gresham Matchen)의 영어 원서, *The Christian Faith in the Modern World*(기독교 신앙과 현대 세계)를 사나흘 걸려서 독파하였다. 영어로 책을 읽을 수 있다니! 여간 기쁘고 뿌듯한 일이 아니었다.

앞으로 신학을 하기 위하여 대학에서 무엇을 전공으로 택하는 것이 좋을지를 고려해야 했다. 독문과로 갈까 하는 생각도 해 보았다. 내가 종교학과로 가기로 마음을 굳히게 된 것은 SFC 겨울 수련회에서 종교학과 대학원 선배인 조용석 씨와 졸업반에 재학 중이었던 이원홍 씨의 상담을 받고서이다.

조용석 씨는 SFC 초대 회장도 하고 체구도 크고 헌칠하게 잘생긴 분이었다. 그는 미국서 웨스트민스터 신학교를 졸업하고 시카고대학교에서 박사과정을 하는 도중에 뇌종양에 걸려 애석하게도 공부를 중단해야 하는 불운을 맞이하여 오랜 세월 동안 내내 병상에서 지내다가 생을 마쳤다. 이원홍 씨는 음악에도 조예가 있을 뿐 아니라 다재다능한 분으로 한국일보사 기자로 활동하였으며, 나중에 전두환 대통령 정부에서 문공부 장관을 지낸 분이다.

1954년 2월 대학 입학시험을 치를 때 서울에 가서 친구들과 함께 기숙한 일도 잊을 수 없는 추억이다. 이중, 김진경, 최규섭 그리고 나 이렇게 넷이서 근 2주간을 계동에 있는 이소량 씨 어머니 집에서 함께 기숙하며 지냈다. 서울이 수복된 지 얼마 되지 않은 때였으므로 우리는 아직 주인이 돌아오지 않은 빈 집에 들어가 작은 방을 차지하였다. 식사는 골목에 있는 작은 '짬뽕' 구멍가게 음식점에서 해결했다. 주일 성수를 하느라 토요일에 일요일 먹을 음식값을 미리 지불하던 일도 잊지 못한다.

우리가 계동 그 집에 묵게 된 바로 첫날 저녁이었다고 기억한다. 우리는 짐을 풀고 '짬뽕' 집에 가서 저녁을 먹고 나서 집에 있는데, 누군가가 대문을 두드리기에 문을 열었다. 배낭을 짊어진 어수룩한 잠바 차림의 중년 신사가 집 안으로 들어섰다. 우리 방으로 들어오더니 대뜸 이것이 자기 방이라면서 우리더러 방을 비우라는 것이었다. 행색은 초라했으나 점잖게 보이는 분이었다. 우리는 엄연히 주인의 허락을 받고 와서 방을 점유했는데 난데없이 알지도 못하는 사람이 불쑥 나타나 방을 비우라니 어안이 벙벙했다. 시골에서 올라온 가난한 학생들이 방을 비우고 이 밤에 어디로 간단 말인가. 더구나 대학 입시를 앞두고 있는 시점에 말이다.

우리는 그냥 버티며 한참을 그 사람과 그래도 조용히 언쟁을 벌였다. 한참을 우기던 그 사람이 결국 양보하고 집을 나섰다. 막상 그 사람이 밤도 어두운데 대문을 나서는 모습을 보게 되었을 때는 마음이 언짢았다. 며칠 후 서울로 온 이소량 씨가 그 사람이 어떤 분인지 말해 주면서 우리가 혹시 그에게 불손하게 대했을까 봐 걱정을 했다. 우리는 그런 일은 없었다면서 안심시켰다. 그 사람은 그 방에 세 들어 살던 분인데 피난 생활을 하다가 공교롭게도 그날 자기가 살던 곳으로 돌아왔던 것이다.

칼빈학사에서 만난 친구들

나는 대학을 7년 만에 겨우 졸업했다. 1학년 2학기를 시작하다가 몸이 좋지 않아서 진찰을 받으니 폐 침윤이라는 것이었다. 홍치모 선배가 나를 데리고 의사인 자기 누님께 데리고 가서 진찰을 받게 해 주었다. 그 누님은 오래 전에 이민하여 뉴욕에 사셨다.

내가 병이 나게 된 건 몸조심을 하지 않고 무리를 한 때문이었다. 처음 대학에 입학하여 서울로 올라올 때 어머니의 말씀을 따라 옷을 따뜻이 입어야 했는데 그렇게 하지 않은 것이 불찰이었다. 감기를 얻은 것이 떨어지지를 않았다.

처음 서울 와서 칼빈학사를 시작하는 데 참여하자는 제안이 있어서 도움도 받고 서로 힘이 되어 주기도 했다. 첫째로 돈을 절약하느라고 그랬으며, 둘째로 친구 따라 강남 간다는 마음에서 그러기로 하였다. 그러나 학사라는 것이 상도동에 있는 손영준 씨의 부모님 집에서 네 사람의 대학 신입생들이 함께 기숙하는 것이었다. 손영준 씨는 종교학과 3학년에 재학 중이었는데, 전국 SFC의 초창기 임원으로 활동한 분이다. 대학 졸업을 하지 않고 바로 미국으로 유학 가서 신학을 공부하고 미국인 부인과 혼인하여 정통장로교회(Orthodox Presbyterian Church) 선교사로 한국에 나와 총신대학교 신학대학원에서 교수하면서 사역하신 분이다. 학사 기숙생은 김진경, 김정기, 이용태 그리고 나, 이렇게 이제 대학에 입학한 네 사람의 새내기였다.

김정기는 서울 법대를 나와 처음에 공무원으로 근무하다가 총신대학교 교수로 은퇴했으며, 이용태는 서울대학교 문리대 독문과를 졸업하고 양정고등학교에서부터 교편생활을 시작하였다. 김정기 장로와는 종종 만나지만, 이용태의 소식은 알 길이 없다. 늘 언제 한번 만나 보았으면 하는 친구이다.

우리가 대학에 입학한 해가 1954년이었으니까 휴전이 되어 수도가 재차 수복된 지 불과 한 해도 채 안 된 때였으므로 서울 전역에 전쟁의 상흔이 아직 남아 있던 때였다. 상도동에서 종로구 동숭동에 있는 학교까지는 무려 1시간 45분이나 걸렸다.

한강대교는 아직 파괴된 채로 방치되고 있었다. 교량 한편에 널판자를 깔아 보도를 만들어 사람이 다닐 수 있게 해 두고 있었다. 임시 보도 다리로 한강을 건너면 거기서 전차를 탈 수 있었다. 한강대교는 당시 소위 강북의 서울과 현 강남을 잇는 유일한 교량이었다. 6·25 전쟁이 발발한 지 사흘 만에 북의 군대가 서울로 진입하자 국군이 후퇴하면서 서울 시민들이 피난할 수 있는 기회를 주지도 않고 조급하게 서둘러 폭파하였다. 그 바람에 많은 사람들이 희생되었을 뿐 아니라 수많은 시민들이 서울을 탈출할 수가 없게 되었다. 요행히 배를 얻어 탈 수 있었던 사람들은 강을 건너 피난길에 올랐으나 많은 시민들이 서울에 갇혀서 북괴군 치하에서 전전긍긍하며 살아야 했다. 납북된 사람들도 있었고 북괴군에 징집당하여 끌려간 사람도 헤아릴 수 없이 많았다.

학사가 있던 상도동에서 노량진을 지나 인도교로 한강을 건너 전차 타는 데까지 30여 분을 걸어야 했으며, 거기서 약 한 시간을 전차를 타고 가서 종로5가에 내려 학교까지 또 15분을 걸어야 했다.

통학하는 것 자체가 내게는 너무 과한 일이었다. 게다가 음식은 밥하고 거의 콩나물국만 먹다시피 했으니 체력을 유지할 수가 없었다. 다른 친구들은 밥이라도 많이 먹는데, 난 본래 소식이었으므로 부족한 부분을 양으로 보충할 수가 없었다. 학교에서는 오후 시간이 되면 졸기도 했다. 이태극 교수의 국어 강의 시간에 미안하게도 졸다가 핀잔을 듣기도 했다. 어떤 때는 흑판에 쓰인 글이 보이질 않았다. 나중에 알게 되었지만 그게 바로 영양실조의 증세였던 모양이다.

1954년 가을 학기에 학사는 손영준 씨 집을 따라 혜화동으로 이사하였다. 혜화동로터리에서 성북동 방향으로 올라가는 길 왼편에 위치한 점포형의 이층집이었다. 그때는 아직 한길에 전차가 다니던 때였다. 길 건너 맞은편에는 가톨릭대학이 있었다. 집 출입구에 '칼빈학사'란 자그마한 간판을 달아 놓았다. 학사가 대학촌으로 옮겨왔으므로 식구가 늘었다. 이층 툭 트인 방에 여덟 명의 대학생들이 함께 기숙을 했는데, 얼마 있지 않아 열 명으로 불어났다. 기숙생들은 김진경, 김정기, 이용태, 강해민, 김현곤, 정낙섭, 강호경, 이원희, 홍치모, 윤종하 그리고 나였다.

김현곤은 마산고등학교 한 해 후배였으나 대학검정고시를 거쳐 같은 해에 서울법대에 입학한 수재이다. 그는 초등학교 때도 5학년에서 바로 중학교에 입학한 친구이다. 늘 타임 잡지를 읽곤 하더니 외교관이 되었다. 내가 영국으로 유학 갈 무렵에 외무부에 근무하고 있었으므로 편의를 보아 주었다. 여권을 얻는 데 3개월씩이나 걸리던 때였는데 한 달 만에 여권을 손에 쥐게 되었으니 말이다. 그가 애틀랜타에 총영사로 오게 되었을 때가 1991년, 아내와 내가 아이들을 미국에 둔 채 오랜 떠돌이 생활을 끝내고 귀국한 바로 그 이듬해였다. 우리를 생각해 우리 아이들, 선희와 형일, 주희를 두 번이나 자기 관저로 초대해 주었던 고마운 친구이다. 아내와 내가 1992년 과천에 살 때 부인과 함께 방문해 주어서 만나 본 것이 마지막이었다. 2007년에 소천했다는 소식을 1년이 지나서야 들어 알게 되었다.

정낙섭이는 하동 출신으로 부산고등학교를 나와 서울대 의과대학에서 의학박사와 전문의 과정을 마치고 서대문 적십자병원에서 근무하다가 미국으로 가 오하이오 주에 있는 병원에서 일했다. 은퇴 후 플로리다 템파베이에서 여생을 보내고 있었다. 1960년대 초에 그가 서대문 적십자병원 레지던트로 있을 때였다. 내수동교회에서 나는 찬양대 지휘자로, 그는 베이스 파트를 맡았던 든든한 대원으로 함께 봉사하면서 가깝게 지내던 친구였다.

강호경은 부산에서 건민치과 원장으로 있으면서 장로로 교회를 열심히 봉사하는 착한 시민이다. 성서유니온선교회 이사로도 수고해 왔다. 대학 시절에 난 폐 침윤을 당하면서 이빨이 상했었는데, 강 장로가 치과대학에서 임상실습을 할 때 어금니 몇 개를 치료해 주었다. 왼쪽 아래어금니 하나를 발수하였다. 이틀 후에 다시 오라고 했는데 난 어쩌다 며칠 더 있다가 갔다. 어진 강호경이 역정을 내며 날 나무랐다. 발수를 하고, 다시 말하면 치신경을 긁어내고 임시로 막아둔 부분이 부패했기 때문이었다. 그래서 더 많은 시간을 드려 다시금 신경 조직을 긁어내지 않으면 안 되었다. 치료가 끝나자 그의 말이 이빨을 한 5년은 쓸 수 있을 것이라고 했다. 그런데 내가 65세 정년이 될 무렵에 썩어 부스러져 뽑아야 했다. 5년쯤 견딜 것이라는 이를 무려 45년을 탈 없이 썼으니 꼼꼼하게 정성을 다해서 치료해 준 덕분이다. 그는 은퇴 후 파푸아 뉴기니에 선교사로 가서 5년간 봉사하다가 돌아와서 아들이 이어받아 하던 병원에서 다시 일하며 산다.

이원희는 정낙섭과 같이 서울대 의예과에 다녔는데 곧 미국으로 유학 가는 바람에 별로 사귀지를 못했다. 이듬해 그의 동생 이철희가 서울대 의예과에 입학하여 학사 식구가 되었다. 이원희는 이상근 목사님의 장남이니까 나의 막내 딸 주희의 시외삼촌이 된다. 이상근 목사님은 고려신학교와 총신대 신학대학원에서 오랜 세월 동안 조직신학을 가르치신 교수님이시다.

둥근 밥상 둘에 네 사람 혹은 다섯 사람이 둘러앉아서 주로 멀건 콩나물국과 깍두기를 반찬으로 밥을 먹었다. 어쩌다 이공계와 인문계로 나뉘어 밥상을 둘러앉은 적이 있었다.

"아, 여기는 다 형이상학도들인데 거기는 모두 형이하학도들끼리 앉았군."

형이상과 하에 힘을 주어 말해 같이 웃곤 했다. 그런데 형이하학도들은 다들 풍요롭게 사는데, 형이상학도들은 기복이 많은 생활을 하거나 떠돌이 생활을 하면서 일용할 양식에 감사하면서 살아왔다.

내가 1년을 휴학하고 1955년 가을 학기에 복학하여 다시 학사에 왔을 때는 이원희의 한 살 아래 동생 이철희가 와 있었고, 윤종대와 이유대 그리고 정총해가 와 있었다. 이철희는 서울대 의대를 졸업하고 미국으로 가 LA에서 의사로 일하면서 살고 있다. 문리대 사학과를 나온 윤종대는 사업을 하며 기복이 많은 삶을 살아오다가 이제는 LA에서 산다고 한다. 서울 잠실에 있는 남포교회에서 장로로 있을 때 두어 번 만나보았다. 강해민은 서울 중앙교회 장로로 섬겨 왔는데 사업을 한다고 들었다.

학사에서 우리는 매일 가정예배를 드렸다. 서울대 사범대학에 재학 중인 선배 김병도 씨와 연세대학에 재학 중인 선배 이영일 씨가 종종 방문하여 예배도 인도하고 좋은 말씀도 들려주곤 했다. 김병도 씨는 믿음의 열정이 넘치는 분으로 파고다공원에서 노방전도도 자주 하신 분이다. 미국 뉴저지에 있는 한인교회에서 목회하다가 은퇴하셨다.

이영일 씨는 이학인 목사님의 맏아들로서 점잖고 생각이 깊은 분이었는데, 교회 수련회 중에 산 계곡에 있는 바위에서 발이 미끄러져 냇물에 쓸려 떠내려가 익사하였다. 두툼한 안경을 쓰고 있던 걸 보아서 아마도 시력이 좋지 않아 발을 헛디뎠던 것 같다. 시신은 6~7킬로미터 하류에서 건져 올렸다고 한다. 부모 되시는 목사님과 사모님께는 말할 수 없이 큰 슬픔이었다. 1970년대 중반에 우리가 독일 살 때 그분의 동생 이정일 목사가 부모님을 모시고 우리 집을 방문한 적이 있다. 이정일 목사는 당시 미군 군목으로 하이델베르크 근방에서 근무하고 있었다. 목사님이 너무나 예절이 바르시고 체면을 차리셔서 잘 대접해 드리지 못한 것이 늘 마음에 걸린다.

이영일 씨에게서 얻은 교훈을 나는 늘 기억한다. 어느 날 진경 벗과 나는 학사 건너편에 있는 가톨릭대학 캠퍼스에 들러 운동장 가장자리를 따라 거닐며 산책을 했다. 그런데 때마침 학생들이 교실에서 나와 운동장에 모여 서자 미사가 진행되었다. 함부로 들어가서는 안 되는 남의 학교 교정에서 서성거리던 우리는 약간 당황했다. 우리는 모여선 학생들의 뒤쪽에 있었으므로 미사가 진행 중인데 설설 걸어서 학교 정문으로 빠져나왔다. 이영일 씨에게 그 이야기를 했더니 그는 점잖게 우리를 나무라셨다. 믿는 바가 어떻게 달랐든지 간에 그들이 하나님께 진지하게 예배하는 데 참여하지는 않는다 하더라도 끝날 때까지 기다렸다 나와야 했다는 말씀이었다. 상대방의 신앙을 존중하며 예의를 지켜야 한다는 것이었다.

윤종하는 고려파에서 존경 받고, 지도적인 역할을 하던 윤봉기 목사님의 아들이다. 윤종하는 부친을 닮아 성품이 온화하여 사람을 편안하게 해 주는 그런 사람이어서 모두들 그를 윤 조사라고 불렀다. 윤종하도 폐결핵으로 학교 졸업이 늦어져서 나와 마찬가지로 유급생이 되어 내가 복학했을 때는 학교 캠퍼스에서 자주 만나고 강의도 같이 듣곤 했다. 영문과 학생이지만 종교학과 강의를 많이 들어 신학에 관심이 많았다. 그는 내가 고등학교 시절에 문학 서적을 탐독한 것을 아는 터이므로 서로의 학과가 잘못 바뀌었다는 농담을 주고받기도 했다. 고려신학교에 입학했다가 건강 때문에 중단했으나 성서유니온선교회(Scripture Union)의 초창기 때부터 총무 직을 맡아 오랫동안 봉사하며 성경읽기를 궤도에 올려놓은 공로자이다.

그는 제도적인 교회에 대하여 강하게 비판하는 경향이었는데 그것이 그의 신학이 되어 버렸다. 2006년 영국에서 원이수 선교사가 서울에 다니러 왔을 때 성서유니온선교회의 설립 위원들이 모처럼 자리를 같이

하였다. 그때 식탁 맞은편에 앉은 윤종하는 나더러 학생 때는 제대로 비판적이었으나 이제는 무디어졌다면서 아쉬움을 표현했다. 그러나 나는 "너희는 그리스도의 몸이니···" 하는 말씀에서 우리가 곧 교회이고, 내가 그 지체임을 알게 되었기 때문에 교회에 대하여는 비판이 아니라 반성을 할 뿐이라고 생각한다. 그는 2007년 남미에 성경공부 인도하러 갔다가 거기서 소천하였다.

자취 생활의 추억

내가 다시 복학한 다음 학기, 즉 1956년 봄 학기였다. 얼마 지나지 않아서 학사가 해체되어 모두들 뿔뿔이 헤어졌다. 김진경과 정총해 그리고 나 셋은 서울 중구 필동에 방을 하나 얻어 자취를 시작했다. 대한극장 오른쪽 바로 옆 골목에 있는 일본식 목조건물 이층 다다미 4조 반의 작은 방에서였다.

그 집에서 자취를 하면서 나는 정총해와도 막역한 친구가 되었으며, 재미있는 일도 경험했다. 김진경은 숭실대 철학과에 다녔는데 본래 사업가로 타고난 데다가 의협심이 많은 친구여서 밤에는 야학에서 학생들을 가르치는 등 늘 바쁘게 활동했다. 그 점에서 그와 나는 너무 대조적이었다. 그는 얼마나 많이 걸어 다녔던지 바지가랑이 끝자락이 먼저 헤어졌다. 그런데 내 경우는 반대로 늘 앉아 뭉개며 지냈으므로 바지 엉덩이가 먼저 헤어졌다.

총해는 불문학을 하고 있었다. 문학을 해서인지 늘 말로 사람들을 웃긴다. 책을 읽으면서 어휘 실력을 늘리느라고 우리말 단어들을 메모

해 두곤 하는 것이 영어 단어장도 변변히 가져 본 적이 없는 내게는 퍽 인상적이었다. 아버지가 공무원으로 계시다가 일손을 놓으신 데다 형제들은 많아 가난했다. 부모님이 애들을 많이 낳아서 장남에게 마음에 짐을 지우신다고 하면서 불평하던 생각이 난다.

총해와 나는 공부할 욕심은 있었으나 가난해서 그 욕망을 채울 수 있을 것 같지가 않았다. "공부하기 위하여 우리 먼저 약학 공부라도 해서 약사 자격증을 따놓을까 보다." 하면서 넋두리를 주고받기도 했다.

나도 건망증이 많은 편이었으나 그는 한 술 더 떴다. 길에서 사람이 인사를 하면 그냥 지나쳐 보내고는 "아참, 누가 방금 인사를 한 것 같았는데···" 할 적이 많다고 했다. 우리가 살던 자취방에서 물을 길으려면 아래층으로 내려가 집 왼쪽 모퉁이를 돌아 부엌으로 가야 하는데, 한번은 그가 물 길러 가느라고 물통을 들고 비좁은 곳을 헤집고 들어가서 발걸음을 멈추고는 멍청하니 서서 "아, 글쎄 내가 여기 왜 왔지?" 하면서 정신을 차려 보니까 그곳이 바로 냄새나는 변소였다나. 변소는 부엌을 지나 몸을 비틀며 불편을 감수하고 들어가야 당도할 수 있는 곳에 있었거든···.

1980년 독일을 떠나려는 나에게 총해 형이 편지를 보내왔다. 미국 오면 건망증에서 치유를 받도록 자기 머리에 안수부터 해 주면 좋겠다는 말을 써 놓지 않았겠나. 난 답장을 보내면서 말했다.

"나도 건망증이라면 간증할 것이 많으니 형이 그 때문에 내게 안수를 받는다면 건망증이 갑절이나 악화되어 거기서 영영 헤어나지 못하게 될 거요."

자취 시절에 어느 날 우리는 내내 잊을 수 없는 추억거리를 장만하게 되었다. 난 2주에 한 번씩은 애인을 만나러 갔는데, 어느 날 밤 내가 신촌에 있는 후한 씨를 만나고 돌아왔을 때였다. 우리가 살고 있는 이층 방문 앞에 이르자 방문과 창문이 활짝 열려 있고 온 방이 수라장이었다. 방금 도둑이 왔다가 내가 층계를 밟으며 걸어 올라오는 소리를 듣고 황급히 도주한 것임에 틀림없다는 생각이 들었다. "아니 도주할 여유도 없었을 텐데···" 하면서 창문 너머 아래로 비스듬히 깔려 있는 지붕자락을 힐끗 보아도 그런 흔적은 보이지 않았다. 그렇다면 아마도 급한 김에 벽장 안으로 몸을 숨겼음에 틀림없다는 생각이 들었다.

나는 사람이 왔음을 알리는 헛기침을 하는 대신에 "아하, 손님이 왔다 갔구나." 하고 말했다. 그것은 한숨 섞인 맥 풀린 어조의 말이었다. 그리고는 "내 주여 뜻대로 행하시옵소서." 하며 찬송가 첫 소절을 불렀다. 우선 내 마음을 가라앉히기 위해서 그랬을 게다. 또 한편 누군지 벽장에 몸을 숨겼다면 하찮은 좀도둑에 지나지 않을 것이라는 생각에서 내가 신자라는 것을 알림으로써 도둑으로 하여금 마음을 놓게 만들어 우발적인 행동을 하지 않도록 하려는 생각에서 그랬다.

"어떻게 하지. 두 친구는 어딜 갔을까. 어딜 가서 이 지경을 당하게 되었지. 아, 이게 뭐야."

창문턱에 종이쪽지를 접어놓은 것이 눈에 띄기에 집어 들어 보았다. 성북동 정낙섭 친구네 집에서 저녁을 같이 먹자고 연락이 와서 둘이 함께 다녀온다면서 남긴 메모였다. 시계를 보았다. 야간 통행금지 시간까지는 아직 한참 남은 게 아닌가. 아, 당장에라도 돌아와 주었으면 하는 생각이 간절했다. 지금이라도 두 녀석이 계단을 걸어 올라왔으면 좋으련만. 그러나 저 벽장 안에는 사람이 있는 게 틀림없는 것 같은데 마냥 친구들만 기다릴 수는 없는 노릇이다. 어쩔 수 없이 나 혼자서라도 벽장 안에 도둑이 웅크리고 있는지를 확인해야겠다고 결단을 내렸다.

나는 먼저 만일의 경우를 대비하느라 구석에 있는 양산을 오른손으로 집어 들었다. 그리고 왼손으로 미닫이문을 당겼다. 문이 열리지가 않았다. 안에서 누군가가 문을 열지 못하도록 꽉 잡고 있음에 틀림없었다. 문이 확 열려 텅 빈 미닫이 안을 보게 되는 것보다 기대했던 대로 사람이 있음을 아는 것이 차라리 마음에 안도가 되었다. 미닫이문을 잡은 손가락에 힘을 주어 당기자 '흐으으응' 하는 소리가 들렸다.

"아하, 이건 여자의 흐느낌 소리가 아닌가."

난 벽장 안에 누군가 있음을 확인하고서는 바짝 긴장이 되면서도 한편 그가 여자인 것 같아 마음이 놓였다.

허리 뒤로 양산을 쥐고 있던 것이 계면쩍게 생각되었다. 그래서 쥐었던 양산을 슬며시 모퉁이에다 도로 세워두고 이번에는 두 손으로 다시 문을 열려고 힘을 주었다. 그러나 문은 여전히 열리지 않는데 '으흐흐' 하는 소리가 더 높아졌다. 나는 안에 있는 사람을 달래며 안심시키느라고 나지막하게 말했다.

"나와요. 괜찮아요."

그러면서 두 손으로 미닫이문을 힘껏 열어 젖혔다.

"아니, 이게 누구야."

벽장 아래 칸과 위 칸에서 뜻밖에도 선머슴 두 놈이 낄낄대면서 기어 나오더니 폭소를 터트렸다. 아니, 사람을 이렇게 속일 수가 있단 말인가? 애인을 만난다면서 자기들을 내버려두고 의리 없이 자주 외출하는 친구를 한번 골려 주려고 꾸민 촌극에 난 그만 어리석게도 속아 넘어가고 말았던 것이다.

그런데 나를 감쪽같이 속인 친구들이 전혀 괘씸하지가 않았다. 그런 생각은 할 겨를이 없었다. 그들이 도둑이 아니고 얼른 돌아와 주었으면 하고 바라던 친구들이므로 천만 다행이 아닌가. 날 골려 주려던 그들이 그렇게 반가울 수가 없었다.

두 선머슴이 벽장 안에 웅크리고 있으면서 내가 하는 거동에 귀를 기울이다가 마침내 내가 벽장문을 열려고 할 때는 터져 나오는 웃음을 안간힘을 다해 참느라고 입술을 깨물고 끙끙거렸다나. 웃음을 참는 신음소리가 밖으로 새어 나오면서 여자의 흐느낌 소리가 되었던 것이다.

"아니, 사람을 이렇게 속여 먹기 있나?"

"정말 그렇게 속은 거야? 전혀 눈치를 못 챘단 말이야?"

"안에서 듣자니까 '아하, 손님이 왔다 갔구나.' 하는 말소리가 너무 처량하게 들리더라."

"'내 주여 뜻대로···' 하하하. '나와요. 괜찮아요.' 그래 됐어. 됐어. 목사 될 자격 있다. 합격이야 합격."

우리는 한참을 깔깔대며 웃었다.

"2006년 영국에서 원이수 선교사가
서울에 다니러 왔을 때
성서유니온선교회의 설립 위원들이
모처럼 자리를 같이 하였다"

한국 성서유니온선교회 설립 이사회를 마치고 (1972년)

앞줄 원이수 선교사 부부, 윤봉기 목사님, 김행권 교수 부부

뒷줄 배도선 선교사, 홍치모 교수, 이중수 선생, 저자, 윤종하 총무

천안서 서울로 오는 길은 우리 둘만의 기차 여행이었다.
4년 동안이나 마음으로만 그리던 여자 친구와 단 둘만의 시간을 갖게 되었으니
얼마나 가슴 벅찬 일인가.
게다가 서로가 좋아하고 그리워해 온 것을 확인하게 되었으니 말이다.

05 나의 아내 이후한

그녀와의 첫 만남

난 여기서 너희 엄마와 사귀게 된 얘기를 해야 할 것 같구나. 난 중학교 시절 추산동에 있을 때 서정적인 소설도 많이 읽었으며 여자를 동경하고 연애하는 환상도 그리곤 했었는데, 산호동으로 이사 와 그곳 교회에서 후한 씨를 만나게 되었다. 내가 고등학교 2학년이었고, 그는 중학교 3학년이었다. 첫눈에 반한 것은 아니지만, 얼마 지나지 않아 그는 내 머리와 마음에 자리를 잡았다. 학생회에서, 그리고 찬양대에서 서로 보기만 했지 별로 말을 건네는 적은 없었으나 나는 그에게 점점 마음을 빼앗겼다.

고등학교 3학년 때다. 부산에서 열리는 SFC 여름 수양회를 마치고 돌아오는 길에 나는 기차에서 요행히도 그의 옆에 앉게 되었다. 앉는 자리가 한 토막 잘려져 나가고 의자 쿠션을 지탱하는 뼈대만 앙상하게 노출되어 있어서 실은 앉을 만한 데가 못되는 자리였다. 뼈대에 한쪽 엉덩이만 걸치고 얘기를 나누었다. 난 무슨 얘기를 주고받았는지 생각나지 않는다. 그건 후한 씨도 마찬가지였을 게다. 어쨌든 그때 난 걸터

앉은 자리가 불편한 줄도 모르고 내내 즐겁게 얘기를 주고받았다. 저쪽 뒤편에 앉아 질시하는 다른 머슴애들이 짓궂게 물었다.

"어이, 영재야, 궁디이 안 아프나?"

난 뒤를 힐끗 돌아보고 한번 멋쩍게 히죽 웃고는 그냥 계속 얘기를 나누었다. 그것이 고등학교 시절에 내가 그리던 여자 친구와 얘기를 나눈 전부였다. 교회에 돌아와서는 다시금 아무 일도 없었다는 듯이 얼굴을 마주치면 그냥 약간 미소를 지으며 인사할 뿐이었다.

그 후 맞이한 추석 명절을 지난 토요일이었다. 아침에 내가 교회에 들렀다가 나오는 길에 예배실 안으로 들여다보니 그가 혼자서 청소를 하고 있었다. 날 보더니 미소를 지으며 반갑게 인사를 했다. 나도 창문 밖에서 인사를 했다. 돌아오는 길에 난 말을 붙이는 용기를 가지지 못한 자신을 나무라면서도 한편 괜히 싱글벙글대며 들떠 있는 자신을 발견했다.

후한 씨는 봉사부장 혹은 봉사부원으로 타고난 사람이다. 많은 처녀들 가운데서도 궂은 일, 치우는 일은 도맡아놓고 했으며, 소풍을 가서도 어린아이들을 잘 챙겼다. 게다가 예쁘고 여성다움을 갖추었으니 우리 교회의 총각들은 물론이고 이웃 교회 사람들까지도 관심을 가졌었다. 부산서 나도 잘 아는 어떤 선배가 정식으로 프로포즈를 해 왔더라나. 난 대학에 가서 첫 학기는 그를 잊게 해 달라고 하나님께 울며 기도했다.

폐 침윤으로 휴학하다

홍근섭 목사님은 내가 폐 침윤으로 휴학할 때, 내게 너무 잘해 주시고 사랑을 베풀어 주셨다. 새로 지은 예배당 반2층에 천으로 칸을 질러 방을 만들고, 거기서 같이 지내게 해 주셨으며, 개를 잡았을 때는 언제나 식사를 같이하셨다.

1955년 여름이었다. 홍 목사님과 나는 거제도와 가덕도 사이에 위치한 저도(猪島)라는 작은 섬에 가서 2개월간 휴양을 했다. 당시 우리나라 산들이 거의 다 헐벗어 민둥산들이었는데, 거기는 예외로 숲이 울창했다. 그 섬은 일제 강점기부터 해군 군용 기지여서 민간인 출입이 통제되던 곳이다. 그래서 나무들이 살아남아 있었다.

안내하는 이가 작은 배로 노를 저어 섬 북쪽 끝에 태워다 주었다. 거기에는 목장이라도 했으면 좋을 법한 축구장 크기의 반 정도 되는 평지가 있었으며, 가장자리에 섬 관리인이 살고 있는 작은 집이 한 채 있었다. 거기서 잠시 서성거리다가 안내인을 따라 우리가 묵을 숙소로 향하였다. 쭉쭉 뻗은 소나무 숲으로 덮인 나지막한 산허리로 완만히 구불거리며 산등성이에 이르는 길이 나 있었다. 자동차 한 대는 넉넉히 다닐 수 있을 만큼 넓은 길이었다. 소나무들이 뿜어내는 공기를 마시며 옆으로 간간이 고개를 돌려 나무들 사이로 바다를 내려다보면서 거닐 수 있는, 산책하기에 아주 좋은 길이었다. 그래서 우리는 산책할 때마다 아름다운 경관을 만끽할 수 있었다.

남쪽으로 제일 높은 곳에 다다르니까 멀리 수평선이 보였다. 우리가 선 곳 발아래는 절벽이었다. 거기서 150여 미터 아래로 넘실대는 파도가 바위에 부딪혀서는 흰 거품을 내며 부수어지기를 거듭하는 장관을 내려다볼 수 있었다. 놓아 기르는 흑염소들이 벼랑의 험한 바위 기슭 여기저기를 전혀 무서워하는 기색도 없이 아슬아슬하게 마구 뛰어다니는 광경은 볼수록 신기했다.

우리는 섬 동편으로 가덕도가 보이는 산 중턱에 자리 잡은 벽돌 건물 안에 모기장을 치고 캠핑을 했다. 일제 강점기에 발전소로 사용하던 건물인데 지붕이랑 벽이 일부 허물어졌으며 창문도 휑하니 뚫린 헌집이었으나 시멘트 바닥은 견고해서 대피소로는 충분히 기능을 다할 수 있는 집이었다. 집 주변도 꽤 널찍했으며, 수질도 좋고 수량이 풍부한 우물이 있어서 캠핑하기에 안성맞춤인 곳이었다. 거기서 발전된 전기는 산꼭대기에 있는 고사포 진지와 섬 북녘에 있는 기지로 송전되었다는 이야기를 들었다. 나는 우물에서 5, 6보 떨어진 곳에 버려진 벽돌들을 주워서 아궁이를 만들고 바닥을 도려낸 두세 개의 깡통을 포개 굴뚝도 세워 취사장을 마련하였다.

우리가 거처하는 곳에서 꼬불거리는 좁은 길로 약 백여 미터 내려가면 크고 작은 바위들이 물 위로 머리나 몸통을 내밀고 있는 바닷가에 이른다. 바람이 거센 날이면 파도가 바위에 부딪혀 흰 거품을 내며 포효하는 장관을 바로 곁에서 볼 수 있었다. 바닷가는 적막한 산속과는 달리 생동하는 것으로 충만함을 느끼게 해 준다. 이따금씩 오가는 여객선들이 있어 심심치 않았다. 우리가 손을 흔들면 배에 타고 가던 손님들도 손을 흔들어 화답하곤 했다. 바위 기슭에서 멀지 않은 곳에서 해녀 몇 사람이 잠수하는 광경을 거의 날마다 볼 수 있었다. 우리는 그들이 잡은 굴, 전복과 어부들이 잡은 싱싱한 바닷고기를 사 먹곤 했다.

해녀들이 잡아 온 굴은 두 손으로 들어 올려야 할 정도로 큰 돌덩이 같았다. 그렇게 큰 굴을 보기는 난생 처음이었다. 그리고 그 이후에도 그렇게 큰 굴을 다시는 구경하지 못했다. 까 놓은 굴은 손바닥 크기만 했다. 약간 질긴 살 부분과 물컹한 부분을 따로 여러 토막으로 잘라 먹어야 했으므로 한입에 넣어 두 부분을 함께 먹을 수 있는 작은 굴보다 맛은 덜했다.

홍 목사님은 평안도에서 오신 분이라 생선을 별로 좋아하지 않았는데 여기 섬에서 지내는 동안 생선과 회 맛을 알게 되었다고 하셨다. 처음 우리와 같이 와서 얼마 동안 취사를 맡아 주시던 할머니가 소나무 숲에서 송이버섯을 따 와서 우리는 생선에 고급 산나물을 곁들인 진수성찬을 즐겼다.

어느 날 난 우물가에서 취사를 하면서 수수께끼를 하나 발견하고 홍 목사님께 여쭈어 보았다.

"닫으면 나오고 열면 안 나오는 것이 무엇이지요?"

"아니 그런 게 어디 있담."

"잘 생각해 보세요."

"··· 아무래도 모르겠는걸."

"끓는 국이지요. 죽도 그렇고요. 냄비 뚜껑을 닫으면 넘쳐 나오고, 열면 안 나오잖아요."

"으흠. 넌 뇌가 좋아."

뇌가 좋다는 말씀은 홍 목사님께서 훗날 날 소개하실 때 곧잘 하시는 말씀이었다.

나뭇잎과 가지 사이로 푸른 바다를 내려다보며 숲 사이로 뚫린 길을 따라 산책하는 것은 우리의 중요한 일과였다. 산책을 하면서 우리는 자주 뱀을 만났다. 섬이 남쪽 바다에 위치한 데다 사람이 거의 살지 않는 곳이어서 뱀이 많을 수밖에. 뱀을 볼 때마다 막대기라도 하나 가지고 나올 걸 하는 생각을 했다. 그래서 모처럼 지팡이를 준비해서 산책을 나서는 날이면 이상하게도 뱀이 통 보이지 않았다. 뱀들이 아마도 지팡이 소리를 듣고 미리 몸을 숨겨서 그랬던가 싶다.

홍 목사님은 휴양이 끝나갈 무렵에 산 위쪽 멀리 수평선이 보이는 절벽 가까이에 서 있는 나무가지 위에 기다랗게 일정한 길이로 자른 작은 나무가지들을 걸치고 엮어 자리를 마련하셨다. 평평하게 만들어 앉고 누울 수 있는 자리였다. 위로는 홑이불로 햇빛을 가렸다. 그러고 나니 〈타잔〉 영화에나 나오는 나무 위에 지은 집 같았다. 목사님은 거기서 사흘을 금식하며 기도하셨다.

난 아래 캠핑하는 집에서 지내면서 혼자만 밥을 먹는 것이 죄송한 생각이 들어 덩달아 금식을 하기로 했다. 하루를 굶었더니 밤에 잠도 잘 오지 않고 밥그릇이 자꾸만 눈앞에 어른거렸다. 난 아직 섭생하는 처지이므로 조심해야 한다는 핑계로 하루 반 만에 금식하는 것을 포기했다. 나중에 홍 목사님이 말씀하셨다.

"동정 금식은 아예 처음부터 하는 게 아니었어. 금식은 기도하기 위해서 하는 거야. 그리고 첫날만 잘 넘기면 배고픈 줄 모르고 금식할 수가 있어."

내가 다시 복학하여 한 학기를 공부하고 고향으로 돌아왔을 때였으니까 1955년 겨울이었던 것으로 기억한다. 예배당을 돌로 아름답게 지은 지 얼마 되지도 않았는데 홍 전도사님은 임지를 옮기게 되었다. 고려파 총회 전도부에서 수도권 개척을 위하여 그를 천안으로 가서 일하도록 조처하였다. 그분으로 말미암아 신앙을 얻고 예수를 믿게 된 청년들과 교인들 우리 모두는 기차로 떠나는 목회자를 눈물로 전송했다. 난 서울 오가는 길에 들러 만나 뵐 수 있을 것을 알면서도 쏟아지는 눈물을 가누지 못했다.

이후한 양과의 첫 기차여행

1956년 봄 학기에 난 서울로 올라가는 길에 천안에 있는 홍 목사님 댁에 들렀다. 이틀 후에 후한 씨가 왔다. 이화대학교 의예과에 입학하러 처음으로 서울로 올라오는 길이었다. 마산의 구석진 곳에 있는 작은 교회 출신으로 서울에서 대학을 다니는 사람이라고는 내가 유일했는데, 이제 후한 씨가 여학생으로는 유일하게 가세하게 되었던 것이다. 난 그가 온다기에 마음이 착잡했다. 은근히 기다려지면서도 쑥스러운 생각도 들었다. 그가 오는 날 마중하기 위하여 역에 나가시는 목사님께 모처럼 용기를 내어 여쭈었다.

"나도 갈까요?"

"아니야, 넌 집에 있어."

목사님의 대답에 난 좀 무안을 당한 기분이었다. 이튿날 목사님과 목사님 누님이랑 온 식구가 온양에 온천 하러 간다고 했다. 우리 손님들을 위한 나들이였다. 그런데 난 가지 않겠다면서 굳이 사양했다. 내가 따라나선다면 난 군식구가 될 것 같은 기분이었다. 차를 타고 오가는 길에도 어색할 것 같았다. 난 서울로 먼저 가겠노라고 말했다. 그러나 홍 목사님은 나를 말리셨다.

"정 그렇다면 집에 있어. 서울은 내일 후한이 갈 때 같이 가."

난 하루 종일 햇볕도 들지 않는 어두컴컴한 방안에서 책을 읽으며 시간을 보냈다. 저녁이 되어서야 모두들 돌아왔다. 온천 목욕을 하고 온 후한 씨의 얼굴은 붉게 익어 더 아름다웠다. 저녁에 목사님은 심방을 가셨던가 보다. 난 옆방으로 건너가 남폿불 아래 옷가지를 꿰매고 계시는 홍 목사님 누님을 거들어 주고 있는 후한 씨와 쑥스러움을 떨쳐 버리고 얘기를 주고받았다.

천안서 서울로 오는 길은 우리 둘만의 기차 여행이었다. 4년 동안이나 마음으로만 그리던 여자 친구와 단 둘만의 시간을 갖게 되었으니 얼마나 가슴 벅찬 일인가. 게다가 서로가 좋아하고 그리워해 온 것을 확인하게 되었으니 말이다. 서울까지의 즐거운 여행은 비록 짧았으나 그것은 우리 둘이 부부가 되어 모든 것을 함께하며 살아오게 된 인생 여정의 시발이었다.

후한 씨는 효자동 친척집에 하숙을 정했다. 난 학사가 있는 혜화동에서 전차를 타고 청와대가 있는 효자동 전차 종점까지 가서 그를 만나곤 했다. 당시는 청와대를 경무대라고 했다. 둘은 인왕산 기슭에 올라가기도 하고 때로는 경복궁 주위를 한 바퀴 돌며 산책하기도 했다. 전차를 타고 떠날 때마다 나를 향해 미소를 지으며 전송하는 그의 눈빛과 표정은 언제나 나의 가슴을 뭉클하게 만들었다.

난 둘이 서로 좋아한다는 사실을 홍 목사님께 편지로 말씀드렸다. 홍 목사님은 우리 둘을 보자고 하시면서 서울로 오셔서 창경원에서 함께 만났다. 우리를 보자 대뜸 하시는 말씀이 지체하지 말고 결혼하라는 것이었다. 그것은 목사님들이 자기 아래 있는 전도사들에게 으레 하시는 그런 말씀이었다. 난 전도사도 아닐뿐더러 처녀가 이제 겨우 대학 1학년생인데 결혼을 하라니 그건 정말 당치 않은 말씀이었다. 목사님의 으름장에 깜짝 놀라 상기된 후한 씨를 달래며 그런 말씀은 따르지 않아도 된다고 안심시켰다.

그런데 그 후 6년이 흘러서야 혼인을 했으니 너무 느긋하게 안심하고 지냈던 것인가. 여하튼 난 우리 둘의 사귐이 사람들에게 알려지기 전에 우리 둘에게 사귐을 시작할 수 있도록 기회를 만들어 주셨으며 장차 혼인 주례를 해 주실 분에게 먼저 신고를 했으므로 홀가분한 마음이었다.

그 학기에 난 공부를 설쳤다. 강의실에서 멍하니 다른 데 정신을 팔고 있는 자신을 문득 발견하기 일쑤였다. 방학에 집에 가서 어머니를 만나서 후한이와 그런 사이가 되었다고 말씀을 드렸다. 어머니는 퉁명스럽게 대꾸하셨다.

"야 이놈아, 그냥 비밀로 해 두지 않고 뭐 한다고 말하노."

홍 목사님에게서 이미 전해 들어 알고 계신 어머니는 내가 진작 당신께는 말씀드리지 않은 것을 몹시 섭섭하게 여기셨던 것이다. 그러시면서 김승곤 목사님 사모님도 저 처녀 너무 좋은 처녀이니 꼭 며느리 삼도록 하라고 당부하시더라고 하셨다.

김승곤 목사님은 시골 우리 교회 담임목사로 약 8개월간 계셨던 훌륭하신 목사님이시다. 서울 원남교회에서 목회하시다가 1960년대 초에 미국으로 이민하셔서 LA에서 목회하시면서 국제신학교를 창설하여 오랫동안 교장으로 수고해 오신 분이시다. 어머니는 그런 권유를 들었음에도 불구하고 후한이를 며느리로 꼭 삼아야 하겠다는 생각은 하지 않으신 것 같았다. 처녀가 마음에 들지 않아서가 아니라 당신의 처지를 생각해서였다.

우리가 서로 사귀기 시작한 이후 난 매주 한 번씩 편지를 쓰다시피 했다. 후한 씨도 답하는 편지를 보내왔지만, 그 밖에 매달 정성스럽게 《사상계》를 사서 보내 주었다. 그 잡지는 모아둘 가치가 있고 또 오래 두고 읽거나 기념할 만한 것이었는데, 하도 이사를 다니는 통에 옛날 가지고 있었던 다른 책들과 함께 다 없어져 버린 것은 못내 아쉬운 일이다.

엄마 이후한은 1937년 4월 8일에 태어났다. 이병진(1911~1984) 씨와 박외돌(1913~2002) 씨 사이에서 난 11명의 자녀 중에 '묻지 말고 데려 가라'는 셋째 딸이다. 호적상의 생일은 같은 해 11월 10일로 되어 있다. 호적상의 생일에 우리가 엄마의 생일을 기념하는 것은 우리 식구들의 생일이 연초부터 연달아 있으므로 엄마의 제안으로 이를 피하여 그날로 옮기게 된 것이다.

너희 외할아버지는 마산에서 돈 많은 사람으로, 그리고 돈을 잘 쓰는 사람으로 알려진 분이시다. 1950년 제2대 국회의원 선거가 있었을 때였다. 전국 각지의 선거구에는 많은 출마자들이 나와 난립하였다. 마산도 예외가 아니어서 23명의 입후보자가 나왔다. 너희 외할아버지도 그 중 한 분이셨다.

사람들은 후보자들을 별명을 지어 불렀다. '니도 나왔나 박OO야' 하는 별명에서부터 온갖 웃기는 별난 별명들이 다 있었다. 외할아버지는 사람들에게 향응을 많이 베풀었다고 해서 '먹고 보자 이OO'이라는 별명을 얻으셨다. 통조림 공장 등 두세 개의 공장도 가지고 계셨으며 나중에는 금광업에도 착수하셨단다. 1950년대 지방 자치제가 처음 시작되었을 때, 지방 단체장은 지방의회에서 간접으로 선거하게 되어 있었다. 외할아버지가 그때 당선되셔서 마산의 초대 민선 시장이 되셨다. 그 후 정치에 너무 몰입하여 사업을 등한히 하다가 결국 그 많은 재산을 다 잃으셨다.

마산서는 유지이신 외할아버지가 앞으로 신학을 공부할 청년을 사윗감으로 인정하고 싶지 않으셨을 것은 불을 보듯 빤한 일이었다. 딸을 다른 데 시집보내려고 적당한 사윗감을 물색하기도 하셨다. 그런 얘기를 들을 때면 나의 심장은 쿵 하면서 충격을 받았다. 그러나 날 아주 완강히 거부하지 않으신 것만 해도 천만다행이었다. 외할아버지와 외할머니는 양반의 고장이라는 안동 어른들이어서 그런지 어진 분들이시다. 그래서 너희 엄마, 외삼촌, 이모가 다들 착하고 어지시다. 너희 외할아버지는 말년에 예수 믿으시고 1984년에 작고하셨다. 영락동산에 안장되셨으니 감사할 일이다. 외할머니는 보다 일찍부터 신앙생활을 하셨으며, 91세까지 사셨다. 외할머니랑 큰외삼촌 내외분도 영락동산에 안장되셨다. 둘째 큰이모와 건영 외삼촌 내외는 영락교회 교인이고, 만영 외삼촌 내외는 수원침례교회 교인이시다. 숙자 이모와 양자 이모는 화평교회에 다니신다. 숙자 이모 딸 소란이는 9·11 사건이 있었을 때 뉴욕 맨하탄에 있는 유명한 디자인너 학교에서 공부하고 있었다. 고층 빌딩이 무너지는 것을 지척에서 목격하고 큰 충격을 받고는 예수님을 영접하여 독실한 그리스도인으로 살고 있다. 화평교회에 성실하게 출석하고 있어서 자주 만난다.

논산 훈련소에서

나는 학교를 1년 휴학한 바람에 군에 입대하라는 소집장을 받게 되었다. 대학생들은 졸업 후에 군에 가도록 연기를 받고 있었는데, 1955년 입학생부터 재학 중에 학도병으로 복무하도록 법이 바뀌었던 것이다. 나는 1957년 6월에 입대하기 위하여 함께 자취하던 필동의 두 친구를 작별하고 논산으로 향하였다.

나는 입대하는 날부터 건망증 때문에 마음고생을 했다. 소집을 받은 장정들이 길게 줄을 서서 이 방에서 저 방으로 돌며 신체검사를 받는데 다음 방에 들어섰을 때 내가 물건을 챙기지 않고 온 것이 생각났다. 아차 하며 되돌아가 보니 물건은 이미 사라지고 없었다. 사물이 사라진 것을 확인하는 순간 말로 형언할 수 없는 묘한 불안감이 나를 엄습했다. 군에 입대하게 된 것을 실감하게 된 것이라고나 할까.

논산 훈련소의 빈틈없는 생활과 격렬한 훈련은 아직 건강을 완전히 회복하지 못한 나에게는 힘에 부치는 일과였다. 훈련이 시작된 지 얼마 지나지 않아서 나는 이틀을 의무실에서 쉬었다. 그래서 나와 같이 들어온 서울 문안 출신 중대와는 결별하고 이틀 후에 입대한 영등포 출신 중대에 합류했다. 서울 문안 출신들보다 평균키가 작아서 난 맨 앞줄 그룹에 끼어 서게 되었다. 우리 소대에는 영등포 깡패 출신들도 있었는데 그 중 한 친구가 물건을 챙기는 공급계를 맡고 있었다.

훈련장에서 조교의 강의를 들을 때는 작업모를 벗어 깔고들 앉았다. 축축한 땅의 습기를 차단해 주므로 다들 작업모를 그렇게 방석으로 이용했다. 난 "헤쳐 모여!" 하는 구령에 후닥닥 일어나서 한 걸음을 내딛다가 "아차, 모자" 하면서 뒤를 돌아보면 때는 이미 늦었었다. 앉았던 자리에 풀이 깔려 눕혀 있는 자국만 보일 뿐 모자는 사라지고 없었다.

난 그런 식으로 작업모를 세 번, 면회 나갈 때 쓰는 반듯한 약모를 두 번이나 잃어버렸다. 수류탄 투척 훈련장에서는 바가지처럼 뒤집어 놓고 걸터앉았던 철모마저 잃어버렸다. 이쯤 되면 난 벌써 수없이 기압을 받아 얻어 터졌어야 했으나 한 번도 벌을 받은 적은 없었다. 영등포 출신 공급계가 내게 자비를 베풀어서였다. 그는 키는 작으나 날렵하게 생긴 체구에 까무잡잡한 얼굴을 가진 친구로 싸움판에서 한 가닥 했음직하게 보였다.

"아이, 저 양반 또 잊어 먹었군 그래. 이봐요, 정신 좀 똑바로 차리슈."

평소에 말이 거친 그였으나 날 보고는 탕탕 나무라지 않았다. 내 나이가 그 때 23살이었는데, 27살은 돼 보인다고들 했다. 그래서 큰형처럼 어렵게 대해 준 것인지, 아니면 측은하게 보여 그랬는지 여하튼 나에게는 점잖게 대해 주었다. 그는 늘 나와 또 나 같은 얼간이가 물건을 잊어버리고 올 것에 대비하여 나를 포함한 몇 사람의 몫을 미리 '쌔벼' 두었다. 철모도 한두 개 남아돌 정도로 여유 있게 말이다. 그로 말하면 우수한 훈련병이었으며, 나는 열등하고 멍청한 '고문관'이었다. 그러나 나를 왕따 시키지 않고 기압을 받지 않도록 감싸 주었던 그의 인정을 늘 고맙게 여기며 잊지 못한다. '고문관'은 멍청한 훈련병을 가리키는 말인데, 미군 고문관들이 통역을 해야 비로소 의사가 통하고 사태를 파악하므로 그들을 빗대어 이르는 말에서 전의된 말이었다.

훈련소의 변소는 판자로 나지막하게 가려 두고 있어서 변을 보느라고 앉으면 머리 부분은 훤히 노출되어 사방에서 볼 수 있었다. 그래서 변을 볼 때는 모자를 벗어 안고 있든지 아니면 한 손으로는 머리에 쓴 모자를 꽉 누르고 있어야지 그렇지 않으면 날치기 당하기가 일쑤라는 말을 들었다. 공급품의 절대 수량은 늘 모자라는데 그 모자라는 수가 이 소대 막사에서 저 소대 막사로 돌아다닌다고 했다. 그 수를 확보해 두는 것이 바로 공급계의 책무요, 능력이었다. 공급품의 수가 모자라면 훔쳐서라도 채우도록 하는 것이 아마도 훈련의 일환이었던 게다.

난 주변 사람들의 도움으로 1년 만에 제대를 하고 복학하려고 했다. 그러나 삼촌에게 등록금을 얻는 것이 미안하기도 하고 이젠 낫살이나 먹었으니 자립을 해야 하겠다는 생각에서 자력으로 등록금을 벌어야 하겠다고 다짐했다.

거창고등학교에서 가르치다

홍근섭 목사님의 알선으로 다방에 파인주스와 오렌지주스 원료를 공급하는 일을 하기로 했다. 명동에서 시작하여 명륜동과 혜화동까지 근 한 주간을 날마다 다방을 샅샅이 뒤지며 방문했으나 전혀 반응을 얻지 못했다. 수줍음을 극복해야 한다고 이를 악물었으나 허사였다.

그때 마침 거창고등학교에서 교사를 구한다고 하여 김진경 친구의 소개로 1957년 3월 새 학기에 거창으로 갔다. 거창고등학교에서 1학년 영어와 2, 3학년 독일어를 가르치며 1년을 보냈다. 교사로 있는 분이 월 3천 원, 난 강사였으므로 2천 원을 받았다. 2천 원은 어머니와 둘이 겨우 생활할 수 있는 돈이었다. 등록금을 벌기는 틀렸음을 나는 금방 알게 되었다. 그래서 한 학기가 지나자 세월을 허송하기보다는 얼른 서울로 돌아가 어떻게든 공부를 마쳐야 하겠다는 생각이 들었다.

난 교장 선생님에게 얘기를 했다. 그랬더니 그분이 나더러 등록금은 자기가 해줄 테니 1년을 채워 달라는 것이었다. 나는 그렇게 하기로 했다. 그의 말을 약속으로 믿어서가 아니고 학생들에게 한 학기만 가르치다가 훌쩍 떠나 버리는 것이 도리가 아니라는 생각이 들어서였다.

1년을 채우게 되었을 무렵에 교장 선생님은 나에게 1년 더 해달라고 제안하였다. 1년 후에 당신의 모교인 휘튼 칼리지로 유학을 보내 준다는 얘기도 하셨다. 단, 공부를 하고 돌아오면 그 학교에서 몇 년간 봉사한다는 것을 약속해 달라는 것이었다. 교장 선생님은 많은 사람에게 신앙이 좋은 분이며 열정을 가진 교육자로 존경을 받는 분이지만, 함께 일하는 사람들에게는 섭섭하게 하신다는 얘기를 나는 이미 듣고 있었다. 나는 그의 제안을 조금도 받아들일 마음이 내키지 않아서 사절했다. 그의 말을 믿을 수 없어서도 그렇지만, 그런 식으로 또 그런 조건으로 유학 가고 싶은 생각은 추호도 없었기 때문이다. 미국 것이라면 무엇이든 다 좋다고 사람들이 껌벅하던 시절이긴 하지만 서울대학교 졸업을 포기하고 미국 지방대학으로 가다니 말이 안 되는 이야기였다.

어머니를 모시고 거창을 떠날 때, 처음 수개월간 전도사님 사택에 기숙할 때 밥을 해 주시던 이 집사 할머니가 출발하는 버스를 뒤따라오며 눈물을 흘리면서 손을 흔들어 우리를 전송해 주시던 모습이 눈에 선하다. 교장 선생님의 말씀을 약속으로 믿지 않았으므로 나는 그에게 돈 얘기는 일절 하지 않았으며, 약속을 왜 지키지 않느냐고 따져 묻지도 않았다. 그리고 난 다른 사람들 듣는 데서 그를 비난하지도 않았다. 학교는 선생과 학생이 만나 배움을 서로 나누는 곳인데 등록금을 벌겠다고 학교로 간 나 자신이 부끄러울 뿐이었다.

1974년이었던가? 우리가 독일에 살 때 교장 선생님은 우리가 사는 산골 마을까지 찾아 주셨다. 나는 프랑크푸르트에서 그를 영접하여 자동차로 두 시간을 달려 집에까지 모셨다. 그는 네덜란드 정부에 원조 신청을 하기 위하여 가시는 길이었다. 혹시 독일의 저개발국원조처(Entwicklungshilfe)에서도 도움을 받을 길이 있는지 정보를 얻기 위해 들르셨던 것이다. 그 후 귀국하셔서 얼마 후에 소천하셨다. 일에 몰두하느라 몸을 돌보지 않고 병을 방치한 것이 악화되어서였다.

거창고등학교에 있는 동안 난 이미 언급한 바와 같이 교장 선생님의 부정적인 면에 관한 이야기를 들었다. 이제 생각하면 그것은 부하 직원들에게 비쳐진 경영주로서의 그의 면모였던 것이다. 당시 나도 그런 면에 대한 심증을 갖게 되었음에도 불구하고 채플에서 하는 그의 설교에는 감동을 받곤 했다. 그는 학생들을 사랑하며 헌신하는 훌륭한 설교자였다. 한 시간 채플을 위하여 설교를 정성껏 준비하여 열정을 쏟아부으며 설교하는 그의 모습과 말씀은 참으로 감동적이었다.

선생은 대한민국 정부 수립 후 제1호 여권을 받아 들고 미국으로 가셨다고 한다. 휘튼을 거쳐 웨스트민스터에서 신학을 공부하던 중 6·25 전쟁이 발발하자 조국이 어려움을 당하고 있는데 모른 척하고 지낼 수 없다면서 조국에서 봉사하기 위하여 공부를 중단하고 급히 귀국하셨다고 한다. 장기려 박사와 함께 부산 송도에 복음병원을 세워 초창기부터 활동하시던 의협심이 강하고 열정적인 분이셨다. 1997년 연변 과기대를 방문했을 때 난 총장실에 그분의 사진이 걸려 있는 것을 보았다. 김진경 총장이 가장 존경하는 분이 바로 그분이시다. 그리고 그분도 김진경을 눈여겨보고 아끼셨던 것이다.

거창고등학교는 멀리 읍내가 내려다보이는 나지막한 언덕에 서 있었다. 선교사들이 살던 두 동의 이층집을 교실과 사무실로 쓰고 있었으며, 따로 강당 겸 3학년 교실로 쓰는 허름한 단층 건물이 또 하나 있었다. 거창고등학교는 본래 주남선 목사가 설립한 학교였는데 전영창 교장이 인수하여 새 학교로 만들다시피 했던 것이다.

주남선 목사님은 거창 태생으로 거창읍교회에서 자라 그 교회 목회자가 되었으며, 신사참배를 거부하여 옥고를 치르다가 해방을 맞이하여 다시 거창읍교회에서 목회하면서 한상동 목사님과 함께 고려신학교를 설립한 분이시다. 믿음이 좋을 뿐 아니라 훌륭한 인격의 소유자로서 많은 사람들의 존경을 받은 목사님이시다. 젊은이를 권면할 경우에는 한 주간을 그를 위해서 기도하고 심방하여 무릎을 꿇고 앉아 권면하셨다고 한다.

어느 날 교직원회의에서 학교 대지 주변 언덕에 호박을 심는 일을 두고 토의를 했다. 언덕 아래쪽에 구덩이를 파고 넘쳐나는 변소에서 분뇨를 퍼다 비료로 부어 두었다가 호박을 심으면 된다. 모든 것을 갖추고 있어서 해 볼 만한 일이라고들 했다. 그러나 논의 끝에 그 안은 부결되었다. 이웃 사람들이 호박을 따 먹을 것이라는 이유에서였다.

나는 그것이 부결된 것을 못내 애석하게 여겼다. 왜 그렇게 부정적으로 편협하게 생각하는 것일까. 이웃 사람들이 몰래 좀 따 먹으면 어떻단 말인가. 누가 먹든 생산해서 나눌 수 있는 것이 아무것도 하지 않고 나눌 것이 없는 것보다 낫지 않은가. 호박이 주렁주렁 달리면 이웃 사람들에게 나누어 주거나 익거든 같이 따서 먹자고 할 수도 있을 것이고, 그럼으로써 학생들에게 이웃을 위하는 봉사 정신도 실천적으로 교육할 수 있을 터인데 말이다.

여하튼 우리의 편협한 생각 때문에 호박 구덩이를 파는 일은 없었다. 그래서 호박씨가 심겨져 싹이 나고 넝쿨이 뻗어나 꽃을 피우고 열매를 맺는 일도 없었으며, 사람들이 몰래 따 먹는 일도 없었고, 따 먹을까 봐 염려할 일도 없었다.

나는 매일 수업 중간에 쉬는 틈을 타 한 시간씩 영문 타자하는 것을 배웠다. 그래서 2학기에는 방과 후에나 쉬는 시간에 교장 선생님이 미국에 있는 후원자들에게 편지를 보내기 위해 일일이 타자하는 일을 다른 선배동료들과 함께 돕기도 했다. 나는 거창읍을 가로질러 흐르는 넓은 내 건너편에 하숙을 했다. 그쪽에는 읍교회에서 개척해 세운 창남교회가 있었다. 전도사님과 또 한 분 선생님과 함께 지냈다. 창남교회에서는 예배를 위하여 서툴지만 오르간 반주를 했다. 학교 서무 일을 보시는 이재술 장로가 그 교회를 섬기고 계셨다. 이재술 장로는 나중에 부산 복음병원에서 서무 책임자로 오래 봉사한 분이시다.

그곳 교회에서 단독 목회를 하는 전도사님은 나보다 세 살이나 위였으나 성숙하지 못한 면이 있어서 아쉬웠다. 한번은 주일 낮 예배에 전도사님은 너무 속이 상한 나머지 설교를 않고 일찍 예배를 마친 일이 있었다. 실은 별것도 아닌데 분을 삭이지 못해 그런 실수를 범한 것이다. 전도사님은 마을에 사는 교인들 집을 심방할 때 차려 드리는 음식이 깔끔하지 않다 싶으면 손을 대지 않는 위인이었다. 그리고 누추한 방에는 들어가기를 꺼려했다. 그럴 수 있지 않느냐고 동의를 구하듯이 내게 이야기하므로 알게 된 일이다. 어떻게 그런 자세로 예수님의 제자가 되겠다고 목회 길로 나선 것인지 이해가 되지 않았다.

내가 거창을 떠난 얼마 후 씁쓸한 이야기를 들었다. 전도사님이 새벽에 교인들에게 온다간다는 말없이 훌쩍 떠나 버렸다는 소식이었다. 어머니와 나는 사실 같지 않은 그 소문을 전혀 의심하지 않았다. 1963년 내가 칼빈대학 강사로 가 있을 때 신학교에서 목사가 되기 위하여 신학 공부를 하고 있는 그를 만났으며, 또 서울에서 목회하고 있는 그를 만났다. 그러나 그는 별로 변한 것이 없어 보였다.

2학기에는 어머니가 거창으로 오셔서 나와 함께 단칸방에 세 들어 살고 있을 때, 후한 씨가 와서 2, 3일 같이 지냈다. 그렇게 그는 나의 가슴을 벅차게 만들었다. 거창에는 폭이 넓은 시내가 읍을 가로질러 흐르고 있다. 읍으로 흘러 들어오는 맑은 냇물을 거스르며 우리는 한적한 시냇가를 함께 거닐었다. 우리를 본 여학생들이 이튿날 학교에서 입을 모아 하는 말에 난 함박웃음을 지었다.

"아, 선생님 애인 아주 예쁘더라."

내가 거창고등학교를 떠난 후 내가 있을 당시의 2학년 학생들 가운데 다섯 명이나 서울대학에 붙었다는 소식을 들었다. 학생들이 시가행진을 하는 등 온 읍내가 떠들썩했다는 이야기였다. 그때부터 거창고등학교는 서서히 기독교 명문 고등학교로 알려지게 된 것이다.

우리가 1960년대 말경에 부산에서 살 때 부산대학에서 교수하고 있는 이숙희 씨를 우연히 만나 반가웠다. 그는 내가 거창에 있을 때 고등학교 1학년 가운데 공부 잘하는 여학생이었다. 1987년 내가 시카고 어느 한인교회에서 사경회를 인도했을 때였다. 내가 거창고등학교에서 가르칠 때 1학년 여학생이었던 한 부인이 남편과 함께 저녁 대접을 해 주면서 동창들의 소식을 들려주어 기쁨을 나누었다.

거창고등학교에 있을 때 학회지에 글을 써 달라는 청탁을 받고 편집부에서 요청하는 대로 "나의 수학기"라는 글을 썼던 일을 잊지 못한다.

학회지는 등사지에 글을 쓴 것을 등사판에 밀어 책으로 엮은 것이었다. 이중이 그 글을 보고 칭찬을 해 주었으니 괜찮게 썼던가 보다. 문예부장으로 시도 쓰고 하는 3학년 학생이 독일어를 배워야 하는 것이 부담스러웠든지, 아니면 독일어가 창작 활동을 위해서는 별로 도움이 안 된다고 생각해서였든지 수업을 받는 태도가 좋지 않았다. 때로는 선생도 눈 아래로 보인다는 자세를 취하는 것 같았다. 남보다 무얼 하나 잘하면 그렇게 될 수도 있는 것이거니 하고 생각했다. 그러던 그가 내가 학교 문예지에 글을 쓴 이후부터는 나를 대하는 태도가 완연히 달라졌다. 존경하는 눈으로 싹싹하게 대하는 것이었다.

아내와 함께 (1993년 경주에서)

"아내가 고생한 것은 말로 다 못 한다
날 선비로 살게 하느라고 자기는 온갖 궂은일을
아무런 불평도 내색도 하지 않고 다 하면서
온 식구들에게 웃음을 선사하며 살아왔다"

내가 담임한 반에는 기독신자인 학생들이 몇 명 있었는데도
나는 그들의 신앙 양심은 몰라라 했으니 떳떳하지 못했던 것이다.
그것은 위선이거나 모순이었다고 해야 할는지,
아니면 인간으로서 소극적으로 대응할 수밖에 없는,
어쩔 수 없는 한계 상황에서의 처신이었다고 자위할 수 있는 일인지 알 수가 없다.
여하튼 하나님의 자비를 빌 뿐이다.

06 4·19 학생의거와 5·16 군사혁명의 격동기에

최루탄 김주열 사건에 격분한 학생들의 시위가 전국으로 확산되다

삼촌이 등록금을 주셔서 2년 만에 다시 복학했다. 그 학기에 나는 마포에 있는 어느 가정에서 가정교사를 했다. 집주인은 통통하니 어질게 생긴 이로 두터운 검은 테 안경을 낀 장사하는 사람이었다. 안주인도 좋은 사람으로 아들이 둘이었다. 나를 이 댁에 소개해 준 전번 가정교사가 미리 귀띔을 해 준 터이지만, 큰애가 중학생이었는데 공부를 옳게 따라 하지를 못해 나는 어찌할 바를 몰랐다. 한 3개월을 씨름하다가 책임을 다하지 못하고 있다는 자책에서 결국 그 집에서 나오고 말았다. 난 심신이 피곤해 있었다.

천안에 계시던 홍근섭 목사님이 교인들과 함께 백마강 가에서 캠핑을 한다고 오라고 해서 그리로 갔다. 낙화암 건너편 모래밭에 천막을 치고 있었다. 낙화암은 백제가 망하자 마지막 왕인 의자왕이 거느렸던 소위 삼천 궁녀들이 절벽에서 아래로 흐르는 강물로 뛰어 내려 산화했다는 전설의 곳이다. 궁녀가 삼천이나 되었다는 것은 물론 과장이라는 어느 역사학자의 말이 생각났다. 내가 처음 가 보았을 때 낙화암 아래는 물이 좀 있고 깊은 것 같았으나 삼천 명이나 빠져 죽을 수 있을 정도로 강의 폭이 넓고 물이 많지 않았다. 그러나 약 50년이 지난 2005년 아내와 함께 마산에 갔다가 하동을 둘러 오는 길에 낙화암을 보자고 들렀을 때는 강폭이 큰 호수처럼 엄청나게 넓어져 있었다. 그래서 옛날 캠핑을 했던 모래사장도 물에 잠겨 자취를 감추어 버려서 캠핑했던 장소가 어디였는지 가늠할 수가 없었다.

백사장에서 나를 맞아 준 목사님과 교인들이 모두 내 몰골이 여위어서 말이 아니라고 했다. 백사장에서는 한 어부가 낚은 큰 물고기 한 마리를 사서 곰탕을 만들고 있었다. 길이가 너끈히 1미터는 됨직한 큰 농어였다. 기름기가 너무 많아 바닷가에서 먹던 작은 농어 맛은 나지 않았으나 보신은 되었던가 보다. 2, 3일 지나니까 내 얼굴이 훨씬 나아져 보인다고들 했다.

흐르는 강물을 가로질러 수영도 했다. 비스듬히 흘러가면서 강 건너편으로 헤엄쳐 가는 것이 스릴이 있어 즐거웠다. 그러나 강 아래 쪽 낙화암이 있는 곳은 물이 깊고 소용돌이가 치는 데도 있어서 종종 사고가 나는 곳이므로 거기서는 수영을 못하도록 금하고 있었다. 그래서 거기는 수영하는 사람은 없고 배들만 몇 척 물에 떠 있을 뿐이었다. 강폭은 넓지 않았으나 난 거기서 오랜만에 고깃배를 저어볼 수 있어서 좋았다. 한 열흘 만에 몸이 좋아져 기운을 회복했다. 내가 고깃배를 처음 저어 본 것이 초등학교 4학년 때였으나 두어 번 시도 끝에 노가 별로 흐트러지는 일 없이 저을 수 있었던 걸 기억한다.

마산에 계시던 어머니가 서울로 올라오셔서 우리는 한동안 서울 공설 운동장 관리소장 집 담벼락 쪽에 붙어 있는 작은 방에서 함께 살았다. 강경봉 선생의 제부가 소장이었다. 집이 운동장 구내에 있었으므로 무슨 경기든 구경하려면 얼마든지 할 수 있었으나 난 한 번도 구경을 한 적이 없었다. 우리가 어디서 살든지 후한 씨는 변함없이 나를 찾아 주었다.

거기서 얼마 동안 살다가 우리는 만리동으로 이사했다. 서울역 뒤에 양정중·고등학교로 올라가는 언덕 길 옆에 닮은 꼴 양옥 이층집이 나란히 서 있었는데, 그 중 위쪽에 위치한 집에 살게 되었다. 옛날 6·25 때처럼 남의 집을 보아 줄 겸해서 살게 된 것이다. 어머니는 가진 것은 없어도 인덕이 있어서 우리는 그런 은혜를 입으며 살았다. 하나님께서 자비를 베푸신 것이다. '욕쟁이 고모'라는 분의 집이었다. 그분은 "야, 이 문둥아." 하며 어머니를 친조카처럼 반기며 좋아해 주시던 정이 많은 분이셨다.

집에서는 멀리 아래로 서울역 거리의 일부가 보였다. 1960년 6월 아이젠하워 대통령이 두 번째 방한했을 때였다. 나는 우리가 살고 있는 집 창문을 통하여 국빈 대통령의 안위가 걱정될 정도로 열렬하게 환영하는 사람들이 한길을 가득 메우다시피 운집해 있는 광경을 내려다볼 수 있었다. 1960년 4·19 학생 의거 때는 총소리와 함성 소리를 들었다. 난 졸업반이어서 8학점만 신청해 두고 매일 학교에 가지 않았으므로 세상이 어떻게 돌아가는지 몰랐다. 나는 1961년 5·16 쿠데타도 그 집에서 경험했다.

4·19 학생들의 의거는 부정선거를 저지른 자유당 정부에 대한 항의 시위에서 비롯되었다. 1960년 2월 28일 대구에서 학생시위가 있었으며, 3월 15일에는 마산에서 시위가 시작되었다. 시위하는 학생들 중 김주열

이 희생되었다. 시위를 저지하려고 경찰이 쏜 최루탄이 눈에 박혀 죽은 것이다. 경찰이 바다에 던져 유기한 그의 시체가 물위로 떠올라 발견되자 격분한 학생들이 경찰에 항의하는 시위를 벌였다. 정부에 대한 마산 학생들의 항의 시위는 전국으로 확산되었다.

4월 19일 서울에서는 경찰이 대통령 관저로 몰려오는 시위대를 저지하느라 무차별 발포를 하는 바람에 백 수십 명의 중·고등학생들과 대학생들이 목숨을 잃었다. 그러나 시위는 수그러들기는커녕 더 격렬해졌다. 시민들도 동조하고 교수들도 거리로 나섰다.

마침내 이승만 씨가 하야 성명을 하고 대통령 권좌에서 물러남으로 말미암아 자유당 정권은 무너졌다. 그리고 부통령이면서 정치적인 세도를 부리던 이기붕 씨의 일가족은 자택에서 몰사하는 비극적인 종말을 맞이했다. 그의 부인 박마리아는 이화여자대학교 부총장이었다. 이승만 씨의 양자로 알려진, 당시 육군 장교로 있던 이기붕 씨의 아들 강석이 먼저 가족을 권총으로 쏜 다음 자결했다는 소식이 호외 속보로 세상에 알려졌다.

자유당 정권은 권력을 이어받을 정치세력에 의하여 무너진 것이 아니고 학생들에 의하여 제풀에 붕괴되다시피 무너졌으므로 나라는 혼란을 겪게 되었다. 허정(許政) 씨를 수반으로 하는 임시정부가 국정을 담당하여 3개월 후에 총선을 실시하였다. 야당이었던 민주당이 압도적으로 승리하였다. 그리하여 새롭게 내각책임제가 실시되었다. 대통령은 국가를 대표하는 원수로서 입헌군주국의 왕과 같이 상징적인 존재이고, 국회의 다수를 차지하는 집권당의 당수가 수상이 되어 실권을 장악하여 나라를 다스리는 제도이다.

윤보선(尹普善) 씨가 대통령이 되고 장면(張勉) 씨가 수상이 되었다. 그러나 이러한 제도에 익숙하지 않은 두 사람과 그들을 지지하는 세력들 간에는 권력을 장악하고 행사하는 일을 두고 서로 줄다리기를 하는 통에 정국은 안정을 찾지 못하였다. 게다가 민주화 또는 자유화의 거센 바람으로 온 사회는 어지러웠다. 신문사, 잡지사 등 수많은 언론기관들이 생겨나고 정당들도 난립했으며 거리에는 데모가 꼬리를 물고 일어나 끊일 줄을 몰랐다.

자유화와 데모 바람은 대학에도 불어 닥쳤다. 종교학과에서는 그간에 오랫동안 주임교수로 계시던 신사훈 교수님이, 반대하는 학생들로 인하여 곤욕을 치르셨다. 선생을 반대하는 학생들과 이를 저지하려는 학생들이 서로 맞서서 농성을 벌였다.

난 착오로 학점이 모자라 한 학기를 더 등록하여 공부하지 않으면 안 되었다. 옛날 아파서 휴학할 당시의 학점이 삭제된 것을 모르고 있었기 때문이다. 난 춘천 기독교 상업고등학교에 교사로 일하기 위하여 며칠 다녀오는 통에 소식을 몰라서 그렇게 되었다. 춘천에 가 있다가는 촌사람이 되고 말 것 같기에 난 더 좋은 친구를 소개해 준다고 하고서는 서울로 돌아왔다. 문리대 교무처에서는 나를 찾으려고 무던히 애를 썼음을 그때서야 알게 되었다. 뜻하지 않게 한 학기를 더 등록해야 했으니 춘천을 떠나온 나의 결정이 명분을 얻게 된 셈이었다.

춘천에는 정총해 형이 가게 되었다. 군복무를 마치고 마침 일자리를 구하고 있던 중이어서 춘천으로 가도록 소개하였다. 정총해를 따라 그의 여동생도 춘천으로 갔다. 여동생은 동덕여대 약학과를 나왔으므로 춘천에서 약방을 열어 일하다가 거기서 남편을 만나 결혼했다.

정총해 형은 그후 부산 고신 대학부에서 영어와 국어국문학을 가르치다가 1966년에 도미하여 미네소타 세인트폴에 살면서 세인트 토마스 대학에서 2년간 미술을 공부하고 이어서 미네소타 대학에서 조각 전공 미술 석사(MFA)를 받고 같은 대학에서 일본문학으로 박사학위를 받았다. 미네소타에서 잘 알려진 칼톤 대학과 세인트 올라프 대학에서 일본어와 일본문학을 가르쳤다. 그가 고신에서 가르칠 때 이화여자대학교 사회사업과를 나온 김종례 양과 혼인하였다. 김종례 씨는 아내 이후한의 고등학교 한 해 선배이며 평생 우정을 나누어 온 절친한 친구이다.

정총해는 불문학, 미술, 조각, 일본문학으로 전공을 바꾸어 가며 공부하며 교수하였으나, 유랑민처럼 살아 온 나와는 대조적으로 부럽고 존경스럽게도 붙박이처럼 한 곳에서만 살아왔다. 그는 교수하는 한편 부인과 함께 세인트폴의 화이트베어 레이크에서 '파고다' 중국 식당을 열어 품위 있게 성공적으로 경영하였으며, 그 고장과 미네소타 교민사회의 유지로 교회의 장로로 살아 왔다. 80이 넘은 나이에 고국에서 소설가로 등단하여《여리고로 가는 길》,《하늘 사다리》등 단편집을 내었다. 나는 대단하다고 축하면서도 좀 더 일찍부터 그가 바라던 대로 작가로 활동했더라면 하고 아쉬워한다.

그의 아버님 정진생 목사님과 어머님, 그리고 7남매의 대가족은 1960년대 후반에 모두 다 그를 따라 미국으로 이민하였다. 그의 아버님은 100세에, 어머님은 그보다 먼저 소천하셨다. 그의 형제와 자매들은 미네아폴리스-세인트폴에, 더러는 시카고와 뉴욕에 살고 있다.

대학을 졸업하고

대학을 졸업할 무렵 신사훈 교수님은 나에게 대학원에 들어와 한 1년 준비하여 당신의 모교인 뚜르 대학교로 가지 않겠느냐고 물으셨다. 1년 장학금을 준다고 학생을 추천하라는 부탁을 받았다고 하셨다. 그것은 아무에게나 제시하지 않는 특별한 배려였다. 그러나 나는 7년이나 걸려 겨우 공부를 마치게 된 터이라 지쳐 있어서 사양했다. 난 후한 씨보다 한 해 늦게 1961년에 졸업했다.

당시에 취직을 하는 것은 오늘날과 마찬가지로 쉬운 일이 아니었다. 민주당 정부가 국토건설 사업을 벌이면서 요원들을 모집했다. 3개월 후에는 정부 각 부서에 배치한다는 것이었다. 행정, 재경, 외무의 세 부류 가운데 하나에 응시하도록 되어 있었다. 외무행정 시험 과목은 영어, 국어, 상식 그리고 외교사였다. 신문 광고를 보고 외교사 책 한 권을 사서 읽었다. 공부할 시간은 한 주간 밖에 없었다.

신문에 난 발표를 보니까 일반 행정과 재정 행정의 합격자는 각각 천여 명씩이나 되었다. 그러나 외무 행정 합격자는 약 180명이었다. 내 수험번호와 이름이 네 번째에 있었다. 그것이 성적순임을 곧 알게 되었다. 강습을 받을 때도 우리는 그 순서대로 앉았다. 내 앞에 1번 자리는 이미 다른 데로 가고 없어서 늘 비어 있었다. 그래서 난 외무부로 가게 되겠거니 하고 탄탄히 믿고 있었다. 주위 동료들도 다 그렇게들 말했다. 가고 싶어 하는 정부 부서명을 쓰라는 지원서에 나는 1지망만 써 넣고 2, 3지망 난은 그냥 비워 두었다.

3개월간 우리는 국토건설요원으로 전국에 배치되어 주로 삼림녹화 사업을 위하여 농민들을 설득하고 동원하는 일을 맡아했다. 난 서울서 가장 가까운 경기도 지정면에서 여러 마을을 돌며 농촌 사람들을 만나 정부 방침을 알리는 전도사 일을 했다. 새삼스럽게 지정면의 위치가 어딘지 알아보려고 지도를 보았으나 지도상에 그런 이름이 보이지 않는다. 벌써 오래 전에 서울에 편입된 것임에 틀림없다.

3개월 후 발령된 걸 보니 난 일반 행정의 경기도청으로 떨어진 게 아닌가. 알고 보니 외무부에서는 둘째와 셋째만 데려간 것이었다. '아하, 참 내가 종교학과 출신이란 걸 깜박하고 있었지.' 외무부를 겨냥하고 오래 공부한 것도 전혀 아니므로 그것은 당연한 귀결이기도 했다.

신학을 하려던 녀석이 외교관이 되겠다니 그건 안 될 일이었다. 그럼에도 불구하고 난 외무부로 가서 얼마를 버티든 거기로 발령되기를 바랐다. 장인 될 어른이랑 삼촌의 인정을 받고 싶은 마음에서 더 그런 생각을 했던 것이다. 그러나 일단 그런 부서에 들어가면 그만두기가 쉽지 않다. 그래서 하나님께서 쉬운 길로 가도록 하신 것으로 안다. 한번 인정을 받아 보고 싶어 했던 자신이 부끄러웠다.

2년 후 영국 유학을 위하여 외무부에 들렀을 때, 바로 나와 나란히 앉아 교육을 받으면서 외무부로 같이 가자고 하던 동료가 벌써 10여 명을 데리고 일하는 자리에 있었다. 연세대학교 영문과를 나온 이였다. 나와 경기도 지정에서 함께 기숙하던 나보다 몇 살 위 연배인 H 동료는 자기가 원하는 외자청으로 갔다. 성적이 좋지 않다면서 걱정하는 그에게 나는 외자청 인사 담당자를 찾아가 부탁해 보라고, 나 자신이라면 실천할 엄두도 못 낼 일을 엉뚱하게도 조언을 했다. 만나서 면담을 하게 되면 경험을 가진 유능한 사람이라는 것을 알게 될 것이라면서 말이다. 그는 내 말을 받아들여 득을 본 셈이다.

우리가 발령을 받기로 한 날을 보름쯤 앞두고 5·16 쿠데타가 일어났다. 나는 주말이어서 만리동 집에 와 있을 때였다. 거창에서 국회의원으로 당선된 젊은 L씨가 우리가 살고 있는 큰방을 쓰기로 하여 이사와 있었다. 그 바람에 우리는 부엌 옆 좁은 방에서 살아야 했다. 댕그라니 방 하나만 있는 이층은 우리가 사용했다. 그는 친절하게도 나를 밀어주겠다면서 내 이름을 자기 수첩에 적었다. 그런데 그 밤이 새기 전 새벽 미명에 시내에서 여러 발의 총소리가 났다.

난 즉각 큰일이 벌어진 것이라고 직감하고 어머니에게 쿠데타가 일어난 모양이라고 말씀드렸다. 아니나 다를까 날이 새자 그게 사실인 걸 알게 되었다. 하루아침에 세상이 뒤집혔다. 선거에 많은 돈을 써서 당선되어 큰 포부를 가지고 서울로 온 L씨는 사색이 되어 있었다. 낭패를 당한 사람이 어디 그 사람뿐이었던가? 정치인들은 그들의 직위를 해제당하고 공민권도 박탈당했을 뿐만 아니라 온 국민이 총칼 앞에 꼼짝 못하는 세상으로 바뀌었다. 행정부에는 영관급 장교들이 보좌관으로 배치되어 모든 업무를 조정하고 감독하였다.

6월 1일부로 나는 경기도청 교육국 문정과 소속으로 발령을 받아 교육국장 비서로 근무하게 되었다. 그 당시 도 청사는 경복궁의 광화문 바로 앞에 위치하고 있었다. 도청 각 국장실에도 영관급 장교들이 보좌관으로 배치되어 있었다. 보좌관은 국장을 허수아비로 만들다시피 하며 업무를 장악하였다. 독일 나치의 SS, 소련 공산당의 게페우 혹은 이북 공산당의 정치보위부원을 연상케 했다.

군사 정부가 들어서서 긍정적인 개혁을 단행한 것이 있다. 연호를 단기에서 서기로 바꾼 것은 잘한 일이다. 공문서의 양식을 군대에서 사용하는 양식을 따라 간소화하고 규격화한 것도 하나의 긍정적인 행정 개혁이었다. 신년 명절을 양력을 따르기로 한 것도 대단한 개혁의 시도였으나 독재적인 군사 정부도 민중 속에 뿌리박힌 전통적인 풍속을 바꾸기에는 역부족이었던가 싶다. 우리 백성은 명치유신 때의 일본 백성들처럼 우직하지 않기 때문에 그런가 싶다. 군사 정권 말기에 국민의 지지를 충분히 받지 못한 노태우 정부가 민심을 사느라, 요즘 말로 포퓰리즘(populism)에 편승하여 음력 설을 사흘 씩이나 민속 명절로 지키도록 장려한 것이다. 그래서 우리는 옛날보다 더 야단스럽게 이중과세를 하게 되었다.

교육국의 보좌관은 젊은 나이의 소령인데 어찌나 공무원들을 닦달하던지 민망하기도 하고 분노가 치밀 때도 있었다. 그러나 3개월 후에 철수했으니 다행이었다. 그러자 교육국장은 나로 하여금 장학사들이 일하는 학무과로 가서 일하도록 조처해 주었다. 문정과 사람들도 그랬지만 학무과 사람들은 내게 친절하게 대해 주면서 내가 공무원 타입이 아니라고들 말해 주었다.

1961년 10월, 학무과에서 경기도 내 중·고등학교 교사 채용 고시를 실시하였다. 내가 도 교육국에서 근무한 지 4개월 만이었다. 나도 시험을 칠 수 있도록 해 달라고 학무과장에게 청원하였다. 학무과에는 장학사들과 서무 직원이 널찍한 사무실에서 모두 함께 일하고 있었다. 장학사들은 모두가 교사 출신이었다. 나는 시험관인 장학사들과 함께 인천에 있는 학교로 가서 시험을 치렀다. 영어 교사를 지원했으므로 영어 시험을 쳤다. 영어는 괜찮게 쳤으나 영문학에 관한 질문이 나와서 시험을 망쳤다. 사실 대학에서 영어영문학을 전공한 사람이 영어 교사가 되는 것이니 당연한 일이었다. 그럼에도 장학사들이 나에게는 면접 점수를 만점으로 후하게 주어서 네 번째로 좋은 점수를 받게 되었다.

이삼일 후에 인천여고 교장이 와서 일등 한 여자를 발탁하였다. 두 번째로 온 이는 수원 수성고등학교 권태열 교장이었다. 그는 영어와 함께 독일어를 가르칠 사람을 찾았다. 그 바람에 나는 서열을 건너 뛰어 채용되었다. 난 학무과에서 일하고 있었으므로 그 자리에서 당장 면접을 본 셈이다. 내가 거창고등학교에서 영어와 독일어를 가르친 경험이 있어서 더욱 도움이 되었던 것이다. 학교에서 권태열 교장은 쉬는 시간이면 교무실 입구 바로 옆 말석에 앉아 있는 내 옆에 와서 나와 자주 환담을 나누셨다.

도 교육국에서 만난 사람 가운데 잊을 수 없는 이가 있다. 통통하니 사람 좋게 생긴 문정과에 있는 동료였다. 그는 내가 주일에 일직을 맡게 되었을 때 교대해 달라고 부탁하면, 별말 없이 교대해 주는 정도가 아니고 아예 대신해 주었다. 그래서 난 성수주일을 할 수 있었으며, 내수동교회에서 찬양대 지휘를 빠지는 일없이 봉사할 수 있었다. 성수주일을 위하여 내가 내 자신이 손해 보고 희생하기보다는 주변 사람들에게 누를 끼치며 다른 사람의 희생을 요구해야 했던 일은 개운치 않은 일이었다. 그 때 일을 떠올리면 한편 감사하면서도 늘 찜찜하게 여기며 미안한 생각을 지울 수 없다. 일직을 대신해 준 그 동료는 착한 사람이고 난 어쩐지 이기적인 얌체였다는 느낌이 들어서이다.

성수주일은 수원 수성고등학교에 있을 때도 했으나 어딘지 떳떳하지 못한 점이 있었음을 상기한다. 주일에 시행된 교사 강습을 임의로 빠져 주변 사람들이 날 이상한 사람으로 보았다. 서슬이 시퍼렇던 군사최고회의가 정치하던 때였으므로 더욱 그렇게들 생각한 것이다. 다만 그 경우 모든 불이익은 내가 감당할 터였으므로 상관없었다. 그러나 학생들과 함께 근로 봉사를 요구 받았을 때는 좀 상황이 달랐다. 학생들에게는 근로 봉사에 나와야 한다고 광고해 놓고 난 빠졌으니 말이다. 내가 담임한 반에는 기독신자인 학생들이 몇 명 있었는데도 나는 그들의 신앙 양심은 몰라라 했으니 떳떳하지 못했던 것이다. 그것은 위선이거나 모순이었다고 해야 할는지, 아니면 인간으로서 소극적으로 대응할 수밖에 없는, 어쩔 수 없는 한계 상황에서의 처신이었다고 자위할 수 있는 일인지 알 수가 없다. 여하튼 하나님의 자비를 빌 뿐이다.

마침내 이후한 양과 혼인하다

수원 수성중·고등학교 재직 중에 나는 아내 후한과 혼인했다. 후한 씨를 처음 만난 지 10년 만이고, 서로 장래를 약속하며 사귄 지 6년만이었다. 후한 씨는 가난뱅이 총각하고 혼인하느라 무던히 애를 썼다. 모든 것을 준비해 놓은 상황에서 난 그냥 몸만 가서 장가든 셈이다. 숙부님과 숙모님이 집에서 손님들을 대접하시며 날 장가들이느라고 수고가 많으셨다.

장인어른은 혼인예식을 교회에서 하는 것뿐 아니라 목사가 주례하는 것도 못마땅하게 여기셨다. 마산 시장으로 계셨으니 내빈들을 생각해서도 그러셨던 것은 이해할 만한 일이다. 그래서 나는 예식을 예배당에서 하지 않고 예식장에서 하기로 양보해 드렸다.

그런데 혼인예식 바로 전날 신부 댁에서 사람을 보내왔다. 전령으로 온 이는 바로 나의 고교 동창 김종수였다. 내일 혼인식에 주례자를 바꾸어야 하겠다는 전갈이었다. 어이가 없는 일이었다. 천만에 그것은 안 될 말씀이었다. 이미 청첩장을 박아 다 돌렸으며 주례자가 약속대로 천안서 내려오시게 되어 있는데 말이다. 게다가 주례자는 우리로 하여금 서로 만나게 하고 사랑을 맺게 해 주신 홍근섭 목사님이시다. 우리의 혼인예식에 목사 아닌 사람이 주례한다는 것은 상상도 할 수 없는 일이었다. 난 전갈 온 동창에게 한마디로 불가하다면서 정 그래야 한다면 혼인을 그만둔다고 전하라고 으름장을 놓았다. 숙부님은 내가 과격하게 함부로 말한다고 나무라셨다. 내 말을 전해들은 처가에서는 "앗다, 신랑 배짱이 제법이네." 하시더라나.

1962년 4월 5일 식목일에 우리는 하나님께 예배함으로 혼인예식을 올렸다. 신부는 새로 나온 한복 식 '아리랑' 드레스를 입고 신부 화장을 해서인지 평소보다 더 아름다웠다. 모두들 신부가 엘리자베스 여왕처럼 예쁘다고들 했다.

식장에는 많은 교인들과 하객들이 참석했으며, 당시 부산에서 목회하시던 김승곤 목사님도 참석하셨다. 이중이 말하자면 '베스트 맨'으로 참석하였으며, 최규섭과 몇몇 친구들이 참석하였다. 김진경은 영국 유학 중이어서 카드를 보내왔다.

예식이 끝난 후 장인어른과 믿지 않는 내빈들도 혼인예식에 좋은 인상을 받았다는 얘기를 했다고 들었다. 그러면 그렇지, 알 수 없는 "천지신명 앞에서"라고 하면서 어물어물 주례사를 하며 혼인예식을 올리는 것이 아니고, 우리를 지으신 창조주이시며 구원의 주이신 하나님, 우리의 삶을 주관하시는 하나님께 감사와 찬송을 올리고 복을 빌며 거행하는 혼인예식이니 그럴 수밖에.

우리가 혼인하는 날 전후로 비가 내렸으나 식을 올리는 날은 비가 그쳤다. 처가에서 친구들과 잔치 음식을 나눈 후 우리는 해운대로 향해 신혼여행을 떠났다. 택시 기사가 비치 호텔 아닌 3류 호텔로 데려다 주어서 우롱 당한 기분이었다. 신랑의 호주머니 사정을 한눈에 간파해서 그랬을는지도 모른다. 호텔에 도착하자 사진사가 우리더러 기념사진부터 찍으라고 성화였다. 우리는 그렇게 하기로 했다. 돈도 다 지불하고 우리 주소도 적어 주었다. 그러나 사진은 끝내 보내오지 않았다.

그래서 우리는 신혼여행 사진이 없다. 혼인 생활의 출발에서부터 사람에게 속은 것이다. 하긴 우리 둘이 서로에게 정직하고 성실하면 그만이다. 실은 그게 중요하다. 우리는 그렇게 살아온 것을 서로에게 그리고 하나님께 감사한다. 세상에 살면서 속는 경우도 있었음을 기억한다. 그러나 그렇게 속은 일은 사람들에게 신뢰와 사랑을 주고받으며 살아온 것에 비하면 극히 적은 편이다. 그런 일은 뇌리에 박혀서 그렇지, 따지고 보면 사소한 일에 지나지 않는다. 그리고 이제는 그런 궂은일은 굳이 떠올려야 생각날 정도로 거의 잊어버리고 산다.

이튿날은 비가 와서 우리는 바닷가로 나가 모래사장을 거닐면서 흰 거품을 내며 밀려드는 파도를 감상하는 낭만도 즐기지 못하고 내내 방에만 들어박혀 지냈다. 오후 늦게 비가 그치자 우리는 큼직한 케이크를 하나 사들고 택시를 타고 부산 범일동으로 향하였다. 그저께까지 신부가 일하던 양친회 사무실에 들러 남녀 동료들에게 인사했다. 나중에 정총해의 부인이 된 김종례 씨와 몇 명의 여자 직원들은 우리의 혼인예식에도 왔던 이들이다. 혼인예식에 왔던 이들 중에 문리대 독문과를 나와 목사가 된 장열씨도 있었다. 장열 목사는 그의 동료이며 나의 주일학교와 중·고등학교 동창 한이섭 장로와 오랜 친구로 지내 왔는데 1990년 이후부터 나도 자주 그들과 만나 담소를 나누어 왔다.

신혼생활 이야기

우리는 수원역 가까운 곳에 있는 고등동에 방을 하나 얻어 신혼살림을 시작했다. 어머니의 친구 아들 이인준 형 내외가 살던 곳이다. 집주인은 여자고등학교 교감 선생님이었다. 난 아내를 위하여 주인의 허락을 받아 부엌 바닥을 파서 낮추었다. 부뚜막에서 일할 때 허리를 편 채로 일할 수 있도록 하기 위해서였다.

거창에 있을 때부터 생각하던 작은 것 하나를 실천한 셈이다. 거창고등학교가 나지막한 언덕 위에 있었으므로 교실 창 너머 저 아래로 논밭을 건너 멀리 읍내 쪽에 있는 집들을 볼 수 있었다. 나는 학생들에게 물어보았다.

"저기 집들이 많이 서 있는 것 보이지? 굴뚝이 처마 위로 올라와 있는 집이 몇이나 되는지 한번 찾아보려무나."

"그런 집이 안 보이는데요."

"그래, 그럼 굴뚝을 처마 위로 올라오게 하는 데 돈과 노력이 얼마나 들겠니?"

"얼마 안 들깁니더."

"조금만 노력하면 될 텐데 왜 사람들은 굴뚝을 높일 생각을 않고 주부들이 아궁이에서 나오는 연기 때문에 얼굴을 찌푸리며 일하도록 내버려두는 것일까? 부뚜막은 얕아서 허리를 굽혀야 하고, 그러다가 종내 허리가 구부러지고 말이다."

"그러게 말이지요."

"모두 게을러서 그렇고, 관심이 없어서 그렇다. 우리나라가 잘 살려면 남자가 부엌에 드나들어야 한다. 남자는 여자보다 게으르기 때문에 부엌일을 해 보면 어떻게든 편하게 일하는 방법부터 고안해 낼 거야."

난 거창 있을 때 숙부님께 산을 사 두면 좋을 것이라는 말씀을 드린 적이 있다. 부동산으로 매입해 두는 것이 좋다는 뜻에서가 아니고 산에 나무를 심으면 장기적으로 보아 수익을 올리는 사업일 수 있다는 생각에서였다. 내 말은 숙부님께 그냥 철없는 말로만 들렸다. 자본이란 돌려야지 땅에 묻어 두면 안 된다고 말씀하셨다. 그때는 부동산 투자라는 개념이 아직 없었을 때였으니 당연한 말씀이다. 그러나 그로부터 10년이 채 지나지 않아 숙부님은 내 말이 옳았음을 시인하셨다.

"그 때 니 말을 들었더라면 부자가 되었을 뻔했다."

수원에서 혼인하기 전에는 토요일이면 나는 서울에 있는 내수동교회로 향했다. 홍 목사님 댁에서 자고 주일 예배를 드리고 월요일 일찍 학교로 돌아왔다. 나는 대학 다닐 때 종로1가에 있는 중앙교회에 다니다가 홍근섭 목사님이 천안서 올라오신 이후로 내수동교회로 가서 거기서 내내 찬양대 지휘를 맡았다.

찬양대를 하면서 잊을 수 없는 일은 헨델의 〈메시아〉 가운데서 "주의 영광"을 지휘한 일이다. 당시의 대원들은 기억 못하겠지만, 내게는 아름다운 추억으로 남아 있다. 1961년 성탄절에 부르려고 하는데 반주곡을 구할 수 없었다. 무식하면 용감하다고 나는 하는 수 없이 직접 반주곡을 쓰기로 했다. "할렐루야" 곡을 보고 그걸 본떠 악보를 그려서 반주자에게 주어 치게 했다. 어처구니없는 짓을 한 것이다. 반주자는 서대문에 있는 적십자병원 간호사였다. 의사로 있던 정낙섭 친구와 같이 교회로 나와서 한동안 반주를 맡고 있던 이였다. 나는 수원서 서울 가는 버스 안에서도 악보를 펴들고 외우느라 들여다보곤 했다.

소프라노에는 이화여고 2학년에 재학 중인 김영희 양이 있어서 리드를 했다. 김 양은 서울대학교 음대를 나와 스위스로 가서 오페라 전속 가수가 되었다고 한다. 스위스 사람과 결혼하여 지금도 아마 거기 살고 있는지 모르겠다. 이소량 씨 어머니 강경봉 선생이 그날 마침 예배에 참석하셨는데, 찬양대의 수준이 아주 높아졌다고 칭찬해 주셨다. 평소에 난 지휘를 너무 얌전하게 한다고들 했는데 그날은 신나게 했던가 보다. 아마추어 합창대라 각 파트를 일일이 이끌어 주지 않으면 안 되었으니 그럴 수밖에.

1962년 가을에 우리는 어머니를 모시고 살기 위하여 방이 둘 있는 독채 집을 얻었다. 좀 허름한 집이었으나 약간 높은 지대에 위치하여 아래쪽으로 멀리 내다볼 수 있는 조망이 괜찮은 집이었다. 혼인한 이후 주일마다 서울로 가는 것은 그만두고 수원제일장로교회로 나갔다. 통합측 교회였는데 목사님은 이북에서 가족을 두고 내려오셔서 혼자 지내시는 젊은 분이었다. 그 교회에서 우리는 뭘 모르고 무명으로 십일조를 드렸는데, 얼마 후 우리가 십일조를 바치는 유일한 가정이었음을 알게 되었다. 2, 3개월 후에 목사님은 십일조를 내는 사람의 이름을 밝히지는 않으시고 귀한 믿음을 가진 가정이라고 하시면서 하나님께서 복 주실 것이라고 말씀하셨다.

그 교회에서는 그냥 찬양대원으로 봉사했는데, 청년회 헌신 예배 때 찬송가 478장(“참 아름다워라 주님의 세계를”, 통 78장)을 가지고 남성 4중창을 했던 것을 기억한다. 그 중에 한 사람이 정도량 목사로 LA에서 목회하신 분이다. 내가 애틀랜타에 있을 때 소식을 전해 왔으며, 자기가 쓴 목회학 박사(D. Min.) 논문도 한 권 보내 주었다.

부산 칼빈학원(고신 대학부) 전임강사로 가다

김진경 친구가 수원으로 방문해 주었다. 그는 대뜸 나더러 유학을 가라는 것이었다. 영국에서 자기가 공부한 클리프톤 신학대학에다 날 추천해 두었다면서.

그 무렵 나도 길이 있으면 유학을 가야겠다고 생각하던 참이었으므로 영국 학교장에게 거기에서 공부하고 싶다는 편지를 보내고 초청장을 기다리기로 했다. 그런데 얼마 후 부산에 있는 칼빈학원에서 전임강사로 오라는 초청을 받았다. 김진경 친구가 이근삼 박사에게 나를 추천한 것이었다. 칼빈학원은 현 고신대학교 전신으로 고려신학교 예과를 4년제 대학으로 발전시키기 위하여 독립적으로 운영하던 학교였다.

1962년 12월 말경에 수원 수성고등학교 권교장 선생께 사의를 표했다. 그분은 대학으로 가게 된 것을 축하한다면서 나를 위해 1월 5일부로 사표를 수리해 주셨다. 고맙게도 한 달 치 봉급을 더 받도록 배려해 주신 것이다. 우리는 1월 중순경 부산으로 이사했다. 아내는 만삭이 되어 분만일이 가까웠던 때였다. 학교는 우선 고등성경학교 안에 있는 집을 임시 사택으로 마련해 주어서 우리는 거기서 2개월 동안 살다가 송도에 있는 고려신학교 사택으로 옮겨 갔다. 사택은 교실 하나를 개조한 집으로 이근삼 목사님 바로 옆집이었다. 칼빈학원은 한명동 목사님이 설립한 것으로 그가 목회하는 남교회가 뒷받침하고 있었다. 나는 부산 남교회에 출석하면서 찬양대 지휘를 맡아 봉사하였다.

첫 딸 선희가 태어나다

1963년 1월 28일 선희가 태어났다. 우리가 아직 고등성경학교 내 임시 사택에 있을 때였다. 난 한 주일 후에 마산 오동동에 있는 처가에 가서 산모인 아내와 아기를 보았다. 나는 아내가 아기를 낳으면 산실에서 산고를 함께하며 태어나는 아기를 맞이하는 세대와는 전혀 다른 세대에 속한다. 손가락, 발가락 하나하나가 다 신기하고 놀라웠다. 쌍꺼풀진 눈도 예뻤다. 몇 이레가 지난 후 부산에 데려와 성경학교 사택 방에서 약 한 달 지냈을 무렵이었다. 어느 날 밤에 아기가 잠을 자지 않고 울어 댔다. 아내와 나는 밖으로 나가 택시를 잡아 타고 아기를 데리고 아이들 병을 잘 본다는 병원으로 내달렸다.

의사는 아기 배를 만지더니 붉은 싸인펜으로 배 위에 금을 죽 그었다. 그러고는 애기 간이 부었다는 것이었다. 집에 돌아와 우리는 의사가 말해 준 대로 아기 배에 따뜻한 수건으로 뜸질을 해 주었다. 얼마 있다가 아기가 그만 경기에 걸렸다. 눈동자가 고정되었고 숨이 멈춘 것 같았다. 성경학교 오종덕 목사 사모님이 급히 오셔서 엄지손가락을 바늘로 따자 생기가 돌아왔다.

아내와 나는 우리 방 바로 옆에 있는 학교 채플에 들어가 하나님께 애결하며 기도했다. “아기가 무슨 죄가 있습니까. 저의 죄를 용서하시고 아기를 살려 주십시오.”

날이 새자 한명동 목사님이 소식을 듣고 택시를 타고 오셔서 아내와 아기를 태우고 권내과로 향하였다. 권내과 의사는 남교회 집사였다. 권내과 의사는 아기가 감기가 심해져서 폐렴에 걸렸다고 하면서 아기가 간이 붓는 경우는 없다고 웃으며 얘기하더라나. 병명을 알고 옳은 처방을 받게 되었으니 얼마나 다행한 일인가. 간이 부었다고 아이 배 위에 빨간 줄을 그어 부모를 놀라게 할 뿐 아니라 뜸질을 하여 아기 숨을 막히게 하는 그런 돌팔이가 용한 의사로 소문이 났으니 황당하고도 분개할 일이었다.

그날이 공교롭게도 주일 아침이었다. 목사님께서 예배를 인도하실 터인데, 그리고 주일에 택시 타는 것도 문제를 삼는 고려파에서 지도적인 목사님이 급히 택시를 타고 오셔서 아내와 아기를 태우고 병원으로 가시던 일을 잊을 수가 없다. 우리는 성경학교 내에서 그 일을 두고 수군거리는 말을 들었다.

나는 딸이 6개월 되었을 때 유학 가느라 훌쩍 집을 떠났으므로 딸이 예쁘게 자라는 모습을 옆에서 지켜보지 못한 것이 한이 되었다고나 할까. 아빠 노릇을 제대로 못한 것을 늘 미안하게 생각한다. 5년간을 늘 아쉬워하고 그리워하는 가운데 지냈다. 그 기간의 허전함과 아쉬움은 메워지지 않는다. 게다가 2년간은 엄마마저 앗아 와 딸로 하여금 할머니와 지내게 했으니 딸에게 얼마나 큰 상처를 입히고 죄를 지은 것인가. 그럼에도 착하게 자라 주어서 고맙고, 이제는 미국에 두 장성한 아들을 둔 엄마로, 남편을 사랑하는 아내로, 또 중학교에서 가르치는 선생으로 열심히 살면서 교회 봉사도 잘하고 있어서 그저 하나님께 감사할 따름이다.

영국 브리스톨 클리프톤 신학교 입구에서 (1963년)

영국의 대학이나 신학교 구내의 건물은 기숙사가 거의 다 차지하다시피 하고 있다.
우리네 대학들은 학교가 강의실과 사무실로 되어 있고
기숙사는 선택사항에 속하는 부분이지만,
그곳 대학들은 기숙사가 곧 학교고 강의실은 비교적 작은 공간을 차지하는 부분이었다.

07 영국 유학 시절

영국으로 유학을 떠나다

1963년 초에 나는 영국 클리프톤 신학교에서 보내온 초청장을 받았다. 초청장은 학교 이름을 박은 반장짜리 종이에 간단히 장학생으로 초청한다는 내용을 쓰고 앤스콤(T. Anscombe)이라고 교장이 작은 글씨로 서명한 것이었다. 공증도 하지 않았으니 그냥 평범한 편지로 간주할 수도 있는 것이었다. 까다로운 우리 관청에서 도저히 문서로 인정해 줄 것 같지 않은 볼품없는 초청장이었다.

학사에서 같이 지내던 김현곤 친구가 외무부에 있어서 그에게 초청장을 보였다. 당시 외무장관으로 있던 김용식 씨가 영국 대사로 있었던 분이므로 영국이 얼마나 신용을 존중하는 사회임을 잘 안다면서 영국의 경우는 공증이 없어도 문서로 인정할 것이라고 했다. 아니나 다를까 외무부에서는 그 편지를 재정보증까지 공증하고 있는 초청장으로 받아 주었다.

사실 나는 그곳 신학교 입학을 위하여 아무것도 한 것이 없었다. 입학 허가를 받기 위하여 입학신청서나 대학졸업증명서를 보낸 일도 없었다. 내가 그곳에서 공부하고 싶다고 하면서 짤막한 편지 한 장 보낸 것이 전부였다. 앤스콤 교장은 그냥 김진경 친구 말만 믿고 내게 초청장을 보냈던 것이다. 나중에 영국에 가서 지내면서 나는 어떻게 사적인 서신으로 보이는 편지 한 장이 공문서로서 효력을 발휘하는 것인지를 알게 되었다. 영국은 서로가 신뢰하는 사회였다. 이를테면 구멍가게나 상점에서 수표를 신분증 대조 없이 그냥 받았다. 그때 이후로 영국 사회가 어떻게 변했는지는 모르나 1960년대 초반까지만 해도 그랬다.

당시에는 유학을 위하여 여권 신청을 하려면 먼저 유학 자격시험부터 보아야 했다. 시험 과목은 영어와 국사였다. 각 과목을 이공계는 60점 이상을, 인문계는 70점 이상을 받아야 했다. 당시 유학 자격시험 응시자의 합격률은 10% 정도였다. 시험에 붙는 사람에게는 별것 아닌 것이었으나 어떤 사람에게는 유학 자격시험이 인생의 여정을 수정하게 만드는 큰 걸림돌이기도 했다. 70점을 받아 합격하는 사람과 69점을 받아, 아니 60점을 받아 낙방하는 사람 사이에 무슨 대단한 실력 차이가 있는 것도 아니지 않는가. 출신 학교에서 유학 장학생으로 선발이 되고도 유학 자격시험을 통과하지 못해 유학 가지 못한 사람도 있었다. 초청을 하는 학교에서 장학금을 준다는 데도 당시의 우리 정부가 왜 그렇게 사람을 내보내는 일에 인색했던지 알 수가 없는 일이었다. 오랜 쇄국주의 정책의 전통 때문이라고 이해해야 할는지, 아니면 융통성 없는 관리들의 봉사 정신의 결여 때문이라고 해석해야 할는지. 정부는 그런 경우 외화 획득을 위해서도 무조건 특례로 보냈어야 하는 건데 말이다.

오늘날도 우리나라 공무원이나 보험회사 사원은 민원을 호소하는 사람을 어떻게든 도와줄 생각을 해야 할 터인데 관련 법규와 원칙을 따른다면서 부정적인 방향으로만 해석하려고 드니 딱한 노릇이다. 그러한 경직된 사고와 고질화된 관료적인 자세를 언제나 탈피하게 될는지 아득하게만 여겨진다.

1963년 3월이었든가 나는 유학 자격시험을 치르기 위하여 서울로 올라가서 내수동교회 홍근섭 목사님 댁에서 신세를 졌다. 서둘러 서울에 와서 보니 시험 날까지는 한 3일의 여유가 있었다. 날짜를 잘못 안 것이 다행이었다. 사흘 동안 골방에서 국사 책을 읽을 수 있는 시간을 벌게 되었으니 말이다.

여권과 비자를 받기 위해서는 먼저 신체검사를 받아야 했다. 서울에서 검사한 결과는 부정적이었다. 폐에 활동성으로 보이는 점이 있다는 것이었다. 옛날 앓았던 것이 되살아났나 보다 해서 의사의 판정을 아무런 이의 없이 받아들였다. 정말 그렇다면 아내에게 미안한 일이다. 난 유학 가는 것을 포기해야 하나 보다 하며 부산 집으로 돌아오기 위해 서울역으로 가는 버스를 탔다.

버스 안에서 우연히 김상복 동문을 만났다. 이야기를 하는 중에 내 이야기를 듣더니 어떻게든 힘을 내어 유학을 가야 한다면서 자기가 가던 길을 잠시 멈추고 서울역에서 나와 같이 버스에서 내려 고맙게도 기차 승강장까지 동행하여 나를 배웅해 주며 격려해 주었다. 그는 할렐루야 교회를 담임한 유명한 목사가 되기 이전부터 그렇게 겸손하고 자상한 사람이었다. 그때 있었던 그 일을 그는 물론 기억하지 못한다. 난 활동적이 아니고 만나는 사람들이 적어서인지 어디서 누구를 만나 무슨 얘기를 주고받았는지 잘 기억하는 편이다. 물론 그때 버스를 타고 서울역까지 가는 길에 나누었던 얘기도 기억하고 있다.

난 집으로 돌아와 한 달간 보신을 하고는 다시 서울 지정병원에 가서 촬영을 했다. 지난 번 사진이 잘못 찍혔든지 아니면 잘못 판정을 했든지 이번에는 흠이 없이 나와 또 하나의 관문을 통과하였다. 어쩌면 적십자병원에 레지던트로 있던 정낙섭 친구가 도와준 덕분이라고 알고 있다.

여권 수속은 김현곤 친구 덕분에 쉽게 진행되었다. 외무부에서 여권 신청서를 접수함과 동시에 신원조회를 의뢰하여 시간이 단축되었던 것이다. 당시에는 수속하는 데 보통 3개월이 걸렸는데 난 한 달만에 여권을 받게 되었다. 난 행방불명으로 되어 있는 형 때문에 신원조회 받는 일에 여간 마음이 쓰이지 않았다. 그 때문에 어머니께서도 걱정을 많이 하셨다. 나중에 어머니께서 독일로 오실 때도 걱정이 되어 기도했다고 하셨다.

그해 9월에 나는 가족을 남겨둔 채 영국행 비행기를 탔다. 당시 비행기로 떠나는 유학생은 흔치 않았다. 배로 가면 좀 싼데도 불구하고 여비 준비가 안 되어 배를 탈 수 있는 기회를 놓쳤으므로 비행기로 가게 된 것이다. 런던까지의 편도가 729달러 50센트, 근 1년 치의 봉급에 해당하는 돈이었다. 배는 550달러 정도면 탈 수 있었다. 유학생은 은행에서 100달러를 환금하여 가지고 갈 수 있었으나 나는 겨우 50달러의 여윳돈을 가지고 갔다. 국민소득이 70여 달러에 지나지 않았으며 상상을 초월할 정도로 실업자도 많고 모두들 가난했던 나라 사정을 생각하면 나는 분에 넘치는 호사를 누린 것이어서 감사하면서도 미안한 생각이 든다.

나의 재정 사정이나 집안 형편으로 보아서는 그런 거금을 마련하기가 불가능한 일일 뿐 아니라 도대체가 유학을 떠난다는 것 자체가 제

정신 가지고는 못할 일이었다. 송도 사택에서 지내면서 아내는 혼인 패물로 받은 금반지를 팔아 작은 라디오를 하나 샀을 정도로 우리는 가진 게 없었다. 아내는 내가 유학 가고 없는 사이에 가족을 부양해야 하게 생겼으므로 미리부터 직장을 구하던 차에 마침 송도 가까운 데 있는 메리놀병원 사회사업과에 취직을 하게 되었다. 그래서 난 가족 부양의 짐을 아내에게 떠맡기고 떠날 수 있었다.

어려운 시절에 여러 가지 악조건을 외면하거나 극복하고 유학길에 오른 사람이 나만은 아니었겠지만, 사람은 도전하는 삶을 살아야 한다는 메시지를 난 많은 작품을 통하여 얻게 되었다. 대학 입학 때 종교학과 선배들이 열어 준 신입생 환영회에서, 각자 돌아가며 소감을 말할 때, 나는 축복을 받을 수 없는 위치에 있던 야곱이 아브라함과 이삭을 이어 하나님의 선민의 조상의 반열에 드는 복을 받기 위하여 도전하는 삶을 산 것처럼 그렇게 살겠노라고 했다. 호머의 《일리아드》와 《오디세이》는 대학 시절에 우리말로 읽었는데, 야곱의 생애도 오디세이의 도전하는 삶에 비견할 만한 것이다. 물론 야곱은 겸손히 하나님의 축복과 평화를 추구한 점에서 전혀 다르지만 말이다.

부산남교회가 여비의 반을 도와주었다. 한명동 목사님께서 나를 특별히 사랑해 주셔서 도움을 주신 것이다. 그 밖에 박봉화 장로님과 김선근 장로님 등 몇 분이 개인적으로 도와주셨다. 그래도 20%가 모자랐으나 부산서 하직하고 서울로 와서 내수동교회 홍 목사님 사택에서 지내며 두 달을 보냈다. 날 부산 칼빈학원으로 먼저 보내고 뒤따라왔던 김진경 친구가 와서 날 보더니 "야, 너 아직 안 가고 있나?" 그러고는 그 다음날로 당장 나머지 돈을 구해 와서 충당해 주었다.

김진경은 돈을 구하는 데는 비상한 능력이 있을 뿐 아니라 친구를 위해서 그리고 좋은 일을 위해서 희사할 줄 아는 아주 특별한 은사를 받은 사람이다. 그는 자기가 입은 털 잠바도 떨고 있는 사람에게 선뜻 벗어 준 적도 있다. 오늘에는 만 사람이 그가 받은 은사로 어떻게 실천하며 살고 있는지 알게 되었다. 1990년대 초에 연변과학기술대학교를 설립한 것도 기적이고, 오늘까지 학교를 운영해 온 것도 기적이다.

2002년부터 2005년까지 숭실대학교 총장을 역임한 이중은 그 이전에 연변과기대에서 5년간 부총장으로 있으면서 학교의 행정을 맡고 있었다. 이중은 김진경 총장이 사방으로 뛰는 것을 보고, 또 학교 운영에 필요한 후원금이 답지하는 것을 보고, 하나님이 분명 살아계심을 믿고 고백하지 않을 수 없게 된다고 내게 말했다.

1963년도만 하더라도 서울에서 유럽이나 미국으로 직항하는 비행기 편이 없었다. 일본 동경에 가야 유럽행 비행기를 탈 수 있었다. 상황이 그렇다 보니 동경 호텔에서 하룻밤을 자야만 했다. 동경에서 출발한 비행기는 마닐라, 캘커타, 봄베이, 카이로 등지를 경유하여 28시간이나 걸려 런던에 도착하였다. 북극을 경유하면 비행시간이 10시간이나 단축되지만 그 항로는 여러 해 후에 생겼다. 캘커타에 비행기가 도착하여 인도 사람들이 비행기에 타자 카레 냄새 비슷한 체취가 온 비행기 안에 가득해졌다.

비행기가 드디어 런던 히드로공항에 도착하였다. 공항에는 김진경이 사귄 친구 피터 패티슨(Peter Pattison)이 마중 나와 있었다. 그는 1965년에 한국에 의료 선교사로 와서 배도선이란 이름으로 마산 결핵요양원에서 특별히 어린이 환자들을 돌보는 일로 10여 년을 헌신하였다.

배도선도 특별한 삶을 택한 사람이어서, 아니 그렇게 하나님의 인도

하심을 받은 사람이어서 그에 관해서 할 얘기가 많다. 그는 케임브리지 대학교에서 'first'를 한 수재이다. 사람을 한 번 만나면 그 사람의 이름을 기억하고 있어서 그를 다시 만나는 사람들을 놀라게 했다.

옥스퍼드나 케임브리지 대학 과정은 3년인데 매 학년말에 시험이 있으나 최종 졸업시험 성적만을 기록으로 갖는다. 성적은 first, second, third로 나뉘는데 first는 상위 2~3%에 드는 학생이라고 한다. 피터는 의과대학을 나와 런던의 한 병원에서 인턴으로 일하고 있었다. 아마 내가 도착했을 무렵에는 인턴을 마치고 레지던트를 시작할 때였던가 싶다. 내가 런던에 며칠 머무는 동안 그가 장학금을 상으로 받는 모임에 참석하였다. 그의 여자 친구 오드리(Audrey)가 나를 미니카에 태워 런던의 템스 강변을 돌면서 국회의사당이랑 런던 타워 등 여기저기를 구경시켜 주었다.

피터의 부친은 영국 쉘(Shell) 회사의 부회장으로 런던에 고층 빌딩도 가진 큰 부자였다. 그의 형은 의사가 되었으므로 아버지는 피터가 가업을 이어받기를 기대했으나 그 역시 케임브리지를 나와 의사를 지망한 데다가 나중에 선교사로 나가기로 결단을 했으니 그의 아버지의 실망은 이만저만이 아니었다. 그의 아버지는 기대를 저버린 아들에 대하여 분노를 참지 못했다. 피터는 마침내 아버지 집에서 쫓겨났으며 부모로부터 가족의 연을 끊는다는 선언을 받았다.

피터는 나중에 스코틀랜드 글래스고에서 오드리와 혼인예식을 올렸다. 오드리의 아버지는 위스키 제조업자로서 역시 부자였다. 말하자면, 양가가 다 영국 사회에서는 상-중산층(upper-middle class)에 속하는 집안이다. 그보다 더 위에 있는 상류층(high class)은 귀족들이다. 나는 그들의 혼인예식과 피로연에 참석할 수 있는 영광을 얻었다. 피터의 부모님은 혼인예식에는 참석했으나 식이 끝나자 곧 떠나 버렸다. 부모님 두 분이 다 키가 크고 헌칠하며 위엄이 있어 보였다.

피로연은 그렇게 크지 않은 아담한 홀에서 열렸다. 홀 가운데 신랑과 신부를 위시하여 하객들이 춤을 출 수 있는 빈 공간을 두고 열두어 명씩 앉는 둥근 테이블 여러 개가 홀 안에 빙 둘러 놓여 있었으며, 테이블에는 하객들의 이름이 쓰인 명패가 놓여 있었다. 피로연에 참석한 남자들은 나를 제외하고는 다들 연미복을 입고 있었으며 여자들은 드레스 차림이었다. 난 예복을 입지 않아서 민망한 생각이 들었다. 식사가 끝나고는 무도회가 시작되었다. 영화에서나 보던 피로연이었다.

그 후에 들은 얘기로 피터는 신부를 데리고 아버지 집을 한 번도 방문하지 못했다고 한다. 그런 관계가 내내 계속되고 있는지 아니면 다소 개선이 되었는지 알 수 없으나 그는 예수 그리스도의 복음과 하나님 나라를 위하여 힘겨운 고난을 감수하지 않으면 안 되었다.

클리프톤 신학교에서 경험한 영국

영국 브리스톨에 있는 클리프톤 신학교(Clifton Theological College)는 성공회 소속 보수적인 에반젤리칼(Conservative Evangelical) 학교인데 1970년대에 들어서서 이웃에 있는 틴데일 하우스(Tyndale House)와 여자 신학교 돌톤 하우스(Dalton House)를 병합하여 트리니티(Trinity) 신학대학이라는 이름을 갖게 된 학교이다. 세 학교는 하나로 통합되기 이전부터 각 학교의 학생들은 서로 오가며 함께 강의를 듣는 시간이 많았다.

우리가 영국 성공회라고 칭하는 앵글리칸교회는 영국 왕 또는 여

왕을 교회의 수장(首長)으로 하고 있는 국교회이다. 앵글리칸교회 내에는 신앙적인 전통을 따라 고교회(High Church), 복음주의 교회(Evangelical Church), 저교회(Low Church)의 세 부류가 있다. 대다수를 차지하는 고교회가 앵글리칸교회를 대표하는 교회이며 감독(주교)은 거의 다 고교회 출신이다. 주교의 감독 아래 있는 복음주의 교회와 저교회는 소수 그룹이지만 각자의 신앙의 전통과 자유를 보장받고 있다. 클리프톤은 몇 안 되는 복음주의적 보수주의 신학교 중 하나였다.

클리프톤에는 내가 있던 1963년 첫 해에 약 70명의 학생이 공부했고, 이듬해인 1964년에는 90명의 학생이 공부했다. 그해에 학교 역사상 가장 많은 학생이 지원해 온 것이라고 했다. 학생 수가 늘어난 이유는 그보다 몇 해 전에 있었던 빌리 그레이엄 집회에서 그의 설교에 감동을 받은 학생들이 복음 사역에 소명을 받은 때문이라고 했다. 놀라운 일이었다. 학교에 입학하려는 지망생들은 2, 3년 전부터 연중 어느 때나 학교를 방문하여 교장과의 개별적인 면접을 통하여 입학 허가를 받고 있었다.

1960년대 초반에 내가 클리프톤에서 수학하고 있을 때 빌리 그레이엄 전도회가 런던 윔블리 스타디움에서 열려 친구들과 함께 차로 브리스톨에서 런던까지 가서 참석했다. 십여만 명을 수용할 수 있는 큰 스타디움의 객석과 운동장은 사람들로 초만원이었다. 설교 후 그레이엄 목사가 예수를 구주로 받아들이기로 작정한 사람은 아래 설교대 앞으로 나오라고 했다. 그러자 수천 명의 사람들이 관람석 여기저기서 마치 물이 흘러내리듯 아래로 내려오는 것이었다. 참으로 놀라운 광경이요, 감동적인 순간이었다.

클리프톤 신학교에는 잘 알려진 모티어(J. A. Motyer) 구약 교수를 위시하여 5, 6명의 교수가 있었다. 콜린 브라운(Colin Brown)은 이웃에 있는 틴데일 홀에서 종교 철학을 강의하고 있었다. 후에 세 학교가 트리니티 신학교가 되면서 제임스 패커(James Packer)가 초대 교장으로 왔다는 얘기를 들었다. 교정 내에 사택이 있는 것이 인상적이었다. 교정 안에 살지 않는 교수도 바로 학교 가까운 곳에 있는 사택에서 살고 있었다.

대학을 나온 학생들은 2년간, 그렇지 않은 학생들은 3년간 학교에서 배우면서 앵글리칸교회 본부에서 출제하는 12과목의 목사 고시(general ordination examination)를 매해 대학을 나온 학생은 여섯 과목씩, 그렇지 않은 학생은 네 과목씩 나누어 치렀다. 시험 보는 시간은 과목당 장장 3시간씩이었다. 오후 '티타임'(tea time)이 되면 친구들이 시험을 치고 있는 동료들을 위하여 차를 끓여다 주며 격려하였다. 그러면 시험을 치는 학생들은 반갑게 차를 받아 마시면서 시험지를 메우는 것이었다. 서로 차와 함께 웃음을 주고받으며 자유로움과 여유로움을 만끽하는 그들이 부러웠다.

영국 사람들은 티타임을 거르는 법이 없다. 버스로 여행할 때도 티타임은 마치 무슨 의식을 치르듯 꼭 지킨다. 버스 기사는 시간이 되면 휴게소에 들러 차를 세우고는 승객들에게 알려 준다.

"차 마시는 시간입니다. 20분간 정차합니다."
(It's tea time, twenty minutes, please.)

그러면 승객들은 모두가 유유히 걸어 내리는 것이었다. 어쩌다 버스가 서면 "아이 참, 이 버스 언제 떠나요? 빨리 안 가요?" 하며 야단을 하는 문화에서 살던 이방인에게는 서두르지 않고 여유만만한 그들의 삶의 자세가 신기하기도 하고 부러웠다.

영국의 대학이나 신학교 구내의 건물은 기숙사가 거의 다 차지하다시피 하고 있다. 우리네 대학들은 학교가 강의실과 사무실로 되어 있고 기숙사는 선택사항에 속하는 부분이지만, 그곳 대학들은 기숙사가 곧 학교고 강의실은 비교적 작은 공간을 차지하는 부분이었다. 클리프턴 신학교만 하더라도 학생 각자가 다 독방을 쓰고 있었다. 학교 밖에 거주하는 결혼한 학생들도 학교 내에 자기 연구실이 있었다.

클리프턴 생활의 하루 일과는 아침에 일어나서 30분간 채플에서 경건회 예배를 함으로써 시작된다. 그리고는 모두들 바로 식당으로 가서 조반을 먹었다. 그리고 저녁에도 먼저 30분간의 경건회 이후 식당으로 가서 저녁 식사를 나누었다. 경건회는 찬송을 부르고 한 장 혹은 두 장의 성경 말씀을 읽고는 짤막하게 묵상을 위한 말씀을 듣고 기도하는 것이었다.

주중에는 교수들도 아침부터 저녁까지 학교 식당에서 공동으로 식사를 한다. 학생들이 디귿(ㄷ) 자로 배열된 묵직한 나무 탁자에 둘러앉아 떠들다가 교수들(tutors)이 교장을 앞세우고 식당으로 걸어 들어오면 학생회장이 포크나 나이프를 가지고 컵을 탕탕 친다. 신호와 함께 학생들은 모두 일어서서 교수들을 맞이한다. 한 사람이 음식을 먹기 전과 먹고 난 후에 몇 마디로 짧게 감사 기도를 드린다. 주로 교장이 기도하지만 교장에게 지목 받은 사람이 기도하기도 한다. 식사 전과 후에 기도하는 것은 가정에서도 마찬가지이다. 독일과 네덜란드에서도 그렇게 기도한다. 음식을 먹기 전에 잘 먹겠습니다 하며 인사하고 먹은 후에 잘 먹었습니다 하고 인사하는 격이다.

교수와 학생들은 채플과 강의실에서뿐 아니라 식당에서도 언제나 앞이 트인 가운을 걸치고 있어야만 했다. 아마 이런 것은 수도원의 전통에서 온 것이리라. 그러나 옛 수도원의 식사 매너 전통은 전혀 이어받지 않았다. 중세 수도원에서는 식사 시간에 조용히 카시아누스 등이 쓴 명상록을 읽는 것을 들으며 음식을 먹었다는데, 오늘의 이곳 신학교 식당에는 전혀 그런 전통의 흔적이 없다. 모두들 떠들썩하게 담소하며 즐겁게 식사한다. 여기저기서 누가 만담을 하면 모두가 함께 폭소를 터트린다.

강의는 주로 오전에 있었으며, 오후에는 운동을 하거나 각자 공부하는 시간을 가졌다. 목요일 오후에는 '정원 가꾸기'(gardening)가 있어서 온 학생들이 정원 손질을 했다. 정원을 가꾸는 일을 하는 대신에 이따금씩 학술지를 책으로 엮는 작업을 하는 학생도 있었다. 나도 그것을 배워 두고 싶은 욕심이 났지만 기회를 얻지 못했다.

정원 가꾸기가 끝나면 학생들은 운동을 하거나 게임을 한다. 나는 몇몇 학우들과 탁구도 하고 때로는 배구하는 데 끼기도 했다. 탁구 치는 것을 난 거기서 처음 배웠다. 나는 무엇보다도 크로키(croquet) 게임을 즐겨 했다. 늘 흐리고 비가 자주 오는 영국에서도 5월이면 모처럼 맑은 날씨를 맞이하게 된다. 화창한 날에 학교의 넓은 정원에 곱게 깎은 파란 잔디 위에 거니는 것만으로도 기분이 좋다. 크로키는 잔디로 덮인 마당의 네 모서리 근처에 말굽 모양의 쇠(hoop)를 거꾸로 꽂아 만든 작은 공간 사이로 자루가 긴 나무망치로 나무 공을 쳐서 통과시켜 한 바퀴 돌아 중앙에 꽂혀 있는 막대기(pole)를 먼저 치는 사람이 이기는 게임이다. 첫 후프(hoop)를 통과하고 나서는 상대방의 공을 치거나 후프를 통과하면 게임을 계속할 수 있다. 그래서 상대방의 공을 쳐 끌고 다니거나 멀리 쳐 보내는 등 모든 게임이 다 그렇지만 요령을 터득해야 하고 머리를 써야 하는 게임이다. 언제부터인지 한국에서도 '게이트 볼'이라고 해서 보급이 되고 있었다.

수요일 저녁에는 전체 학생이 모이는 기도회가 열렸다. 주중에는 한 주일에 한 번씩 한 날 오후에 '코리도 기도회'(corridor prayer meeting)가 있었다. 5, 6명의 가까운 방에 있는 학생들이 한 조가 되어 함께 기도하는 것이었다. 전체 기도회에서는 찬양, 감사, 간구의 세 단계로 기도하는데, 간구를 위해서는 먼저 기도 제목을 말한다. 참석한 사람 전원이 돌아가며 기도하므로 아주 짧게 기도한다. 난 후에 한국에서 이런 기도회를 소개하고 시도해 보았으나 우리에게는 찬양하는 기도가 부족했다. 그리고 사람들이 너나 할 것 없이 길게 기도하려고 하므로 잘 되지 않았다. 짧게 한 마디씩 기도하려면 남을 배려하는 마음이 있어야 한다.

주일 저녁에는 몇 사람씩 어울려 병원을 방문하여 환자들을 위로하고 전도한다. 또한 목요일 저녁에는 교수들이 집을 개방한다. 방문한 학생들은 기타 반주에 노래도 부르고 담소를 나누곤 한다. 우리네 신학교보다는 훨씬 여유 있게 학교생활을 즐기고 있었다. 매주 방문하는 것은 부담스러웠으므로 난 두 주 혹은 삼 주에 한 번씩 교수님 댁을 찾았다. 사이먼 스타키라는 친구가 늘 나를 찾아와 "어이, 영, 미스터 패로우 댁에 가지 않을래?" 하고 말하면, "응, 그러자." 하고 나는 따라 나서곤 했다.

영국 클리프튼에서 공부하는 동안 동문 목사 죠지 스토리의 알선으로 웨일스에서 간호사로 일하는 바바라 스펜서가 매월 1파운드 10실링을 한 번도 거르지 않고 보내 주었다. 학교에서 주는 잡비가 2년차부터 책 사 볼 돈을 보태 15파운드였으나 처음 1년간은 매달 5파운드였으니까 1파운드 10실링이면 적은 돈이 아니었다. 웨일스에 있는 자기 집에 한 번 초대를 받아 가기도 했다. 동생 오울린과 함께 어머니를 모시고 살고 있었으며 침례교 교인이었다. 졸업 때는 나의 유일한 지기로 참석해 주었으며, 내가 독일로 떠날 때는 10파운드를 보내 주었다. 그는 내가 독일 교회에서 봉사하던 1970년대 중반에 아직 젊은 나이에 별세하였다. 그의 어머니와 동생에게 편지로 조의는 표했으나 나의 고마워하는 마음을 더 이상 전할 길이 없게 되어 아쉬웠다.

돈 얘기가 나왔으니 하는 말이다. 영국이 유럽연합(EU)에 가입한 이후 화폐 단위를 십진법으로 고쳤다는데, 1960년대 초반 내가 있을 당시만 해도 처음 영국에 온 이방인이 돈을 세는 데 적응하려면 시간이 좀 걸렸다. 1페니(penny)가 1전에 해당하는데 페니의 복수는 펜스(pence)이다. 12펜스가 1실링(shilling)이고, 20실링이 1파운드(pound)이다. 주화로는 1페니짜리 동전이 제일 크다. 그보다 작은 반 페니(half penny)짜리는 '헛페니'라고 발음하고, 3펜스(three pence)짜리는 '트로펜스'라고 발음한다. 6펜스(six pence)짜리는 은색을 띤 제일 작은 주화이다. 그리고 10실링과 1파운드는 지폐이다. 당시 1파운드는 미화로 4달러였다.

당시에 클리프튼에 조교로 와 있으면서 케임브리지에서 박사학위 공부를 하고 있던 그래함 윈저는 나에게 좋은 친구가 되어 주었다. 내가 클리프톤 신학교에 다닐 때 교수들 중에 신학 박사학위를 가진 분은 없었다. 그래함은 귀한 박사학위를 가졌음에도 불구하고 말년에 연변 과기대에 와서 어린이들과 학생들에게 영어를 가르치고 있었다. 연변에서 40여 년 만에 만나 반가웠는데, 2013년에 작고했다는 소식을 들었다. 그리고 함께 유럽으로 투어를 했던 리처드 필드와 데이비드 도미니도 잊을 수 없는 친구들이다.

유학생이면 거의 다 겪는 일이지만 영어를 습득하는 일 때문에 처음에 많은 시간을 긴장 속에서 보냈다. 첫 학기에는 강의를 듣고 나서 크리스토퍼 캐리라는 친구의 노트를 빌려 베껴 쓰기에 바빴다. 클라이브 켐프라는 친구가 내 방에 와서 책을 펴더니 대뜸 한번 읽어보라는 것이었다. 내가 읽었더니 의미는 아느냐고 물었다. 그래 안다고 했더니 고개를 갸우뚱거리며 참 희한하다는 것이었다. 말은 잘 못하는데 책은 읽고 이해한다니 말부터 배우고 읽기를 배우면서 자라온 그들에게는 정말 이해 못할 일이었을 것이다.

학교에서는 영어로 리포트 쓰는 일을 위하여 고등학교에서 영어를 가르치는 여선생에게 한 주에 한 번씩 지도를 받도록 학교가 배려해 주었다. 여선생은 그레이엄이라는 학교 친구 부인이었다. 작문을 써서 교정을 받았는데 처음에는 수정하는 글로 지면이 온통 빨갰다. 그러던 것이 수업이 거듭되면서 점점 흰 바탕이 많이 드러나 보이게 되었다. 처음 가서 한 두어 달이 지난 어느 날 저녁에 여태껏 소리로 들렸던 TV 아나운서의 말이 신기하게도 말로 들리지 않겠나. 그것 역시 희한한 경험이었다.

한 2년이 지나서였다. 구약 교수 모티어 선생은 내가 낸 리포트에 영어를 옳게 썼다고 '어학의 달인'(master of language)이라며 칭찬해 주셨다. 강의로 말하면, 콜린 브라운의 종교철학 강의는 거의 처음부터 알아들을 수 있었다. 이미 알고 있는 내용을 말하는 것이어서 그랬을 것이다. 철학 용어는 언어이기보다는 기호에 가까운 것이니까. 그러나 틴데일 홀의 탕(Tongue)이란 신약 교수의 강의는 통 알아들을 수 없었다. 그의 강의는 인기가 있어서 학생들이 시종 웃음을 터뜨리며 들었으나 그의 발음이 너무 어눌해서 내게는 내내 알아들을 수 없는 '탕'(tongue), 즉 방언이었다. 그리고 식당에서 학생들이 떠들며 즐겁게 주고받는 얘기를 아프리카에서 온 학우들은 다들 잘 알아듣고 함께 웃곤 하는데 나는 오랜 시일이 지난 후에도 놓치는 경우가 많았다. 영어를 그냥 듣고 말하는 말로 배우지 않고 문법을 따지며 글로, 기호로 배운 업보(?)를 쉽게 벗어나지 못해서였다.

여름 방학 때면 학교 내부 수리를 하는 기간을 제외하고는 기숙사를 비워야 했다. 난 학생들의 초대를 받아 이 집에서 저 집으로 전전하며 한 주일씩 지냈다. 그리고 남은 기간은 앤스콤 목사님 댁에 가서 지냈다. 나는 어리석게도 거의 학교를 졸업할 무렵에야 그들이 서로 의논하여 치밀하게 방문 스케줄을 짠 줄을 알게 되었다.

나는 처음 여름 방학에 4주간, 그리고 둘째 여름 방학에는 6주간을 기숙사에 머물면서 다른 몇 명의 학우들과 페인트를 칠하는 등 학교 내부 수리하는 일을 도우며 지냈다. 한 몇 주간 일한 데서 소득세는 내지 않으나 건강세는 내야 했다. 영국 국민뿐 아니라 외국인과 여행자까지도 무료로 치료 받게 되어 있는 나라이기 때문이었다. 4층으로 새로 지은 기숙사 건물 맨 아래층은 부교장 오브라이언(O' brien) 교수 가정이 사는 교수 사택이었다. 방학 때 난 오브라이언 교수 댁에 저녁을 같이 먹자고 해서 여러 번 초대를 받아 갔다. 그와 사모님은 나에게 특별한 배려로 갈 때마다 한국 요리를 하라고 해서 탕수육을 만들어 함께 나누었다.

그는 아내와 헤어져 지내는 나를 측은히 여기면서 부부는 반드시 같이 지내야지 떨어져 살아서는 안 된다고 하시면서 진지한 조언을 아끼지 않으셨다. 내가 독일에서 아내와 다시 만나게 되었을 때 그가 왜 그런 조언을 했는지 알 것 같았다. 부부가 한 몸이라면 삶을 함께 경험하며 서로에게 맞추어 자신을 다듬고 보완하며 살아야 하는 것인데 각자가 경험을 달리하며 서로 조율도 않고 살면 어긋나는 부분이 제각기 발전해 굳어질 수 있는 것이다. 나 역시 부부간에 그런 부분이 있음을 감지하게 되어 적이 놀랐다. 잃어버린 함께하는 삶에 대한 아린 아쉬움도 쉬이 수그러들지 않고 말이다. 독일에서는 오래 서로 떨어져 살던 어느 한국 목사 부부가 결국 이혼이라는 파국을 맞이하는 비극을 목격하기도 했다.

방학 기간에 학교를 떠나 제일 오래 기거한 집은 앤스콤 목사님 댁이었다. 그분은 잉글랜드 북부에 있는 리버풀에서 멀지 않은 곳에 있는 허드스필드 근처의 커크히튼 마을에서 목회하고 계셨다. 나를 초청해 주셨고 내가 학교에 처음 가서 지내던 첫 해에 클리프톤 신학교 교장으로 계시던 분이시다. 영국 앵글리칸교회의 교구 목사를 비카(vicar)라고 하는데 앤스콤 목사는 렉터(rector)라고 했다. 본래 렉터가 교구 목사이고 비카는 수습 목사였는데 교구를 세분하면서 비카가 교구 목사로 승격이 된 것이다. 비카의 목사관을 비카리지(vicarage)라고 하고 렉터의 목사관은 렉토리(rectory)라고 한다.

독일에서는 파러(Pfarrer)가 교구 목사이고 비카(Vikar)는 여전히 수습 목사이다. 비카는 파러가 되기 전 2, 3년간 수습 과정을 거쳐야 한다. 영국 교회에서는 수습 목사를 큐어리트(curate)라고 한다. 큐어리트의 수습 기간은 6년이나 된다. 신학교 과정보다 두 배나 긴 기간이다. 두 다른 교구 목사 아래서 3년씩 수습하는 경우가 보통인데, 수습 목사가 원하면 한 교구 목사 아래서 6년간 수업하는 경우도 더러 있다. 신학교 졸업자는 졸업 후 곧 안수를 받으나 목회 현장에서 사역하면서 선배 목사에게서 그토록 오랜 기간 목회를 배운다.

신학 졸업생이 신학교에서 신학을, 특히 목회를 충분히 배운 것으로 스스로 생각하거나 남들이 그렇게 기대하면 그것은 큰 오산이다. 목회는 담임목사인 선배 목사에게서 배우고 선배 목사는 선생으로서 후배들을 가르치고 지도하는 것이 교회의 전통이다. 책상머리에서 배우는 실천신학은 이론일 뿐 몸에 밴 옳은 지식일 수는 없다.

독일도 그렇지만 영국에서는 늘 날씨가 흐리고 부슬비가 내리므로 정원의 잔디가 잘 자란다. 그래서 정원 잔디를 보기 좋게 유지하려면 한 주에 두 번씩 기계로 깎아야 했다. 이곳 잔디 빛깔은 겨울에도 여전히 푸르다. 우리 한국에서 골프장을 만드느라 산을 밀어 땅을 고르고 잔디를 심고 늘 물을 주고 환경을 오염시킬 정도로 화학비료를 뿌리곤 하지만, 골프의 본고장인 영국서는 그럴 필요가 없다. 산과 언덕이 나지막한 데다 어디에 가나 푸른 들판이 있다. 코스의 풀을 깎아 주기만 하면 그만이다. 중·고등학교 운동장도 잔디로 덮혀 있다. 공원이나 넓은 공간이 있는 곳은 온통 잔디밭이다. 그래서 넓은 공원에서는 골대만 세우면 피크닉 하는 사람들이 한바탕 즐겁게 놀 수 있는 축구장이 된다.

앤스콤 댁에서 지내면서 난 잔디를 깎고 밭일을 도왔으며, 식사 후에는 늘 설거지를 전담하였다. 넓은 뒤뜰을 밭으로 일구느라 사람 키보다 크게 자란 잡초를 먼저 커다란 낫으로 서서 휘둘러 베어 내는 일을 내가 맡아했다. 난 풀들이 발산하는 냄새에 속이 매스꺼워 토할 듯해서 혼이 났다. 아마도 풀들이 자기 방어를 하느라 잘리면서 역한 냄새를 내뿜었기 때문일 것이다.

영국 국비장학회, 브리티쉬 카운슬이 주관하는 유학생들의 영국 생활을 위한 오리엔테이션에서 학생들이 영국 가정에 손님으로 초대 받아 가면 반드시 설거지를 해 주라고 당부한다는 이야기를 들었다. 언제부터 있게 된 풍속인지는 몰라도 대체로 가장이 설거지(dish wash)를 맡고 있어서 부엌에는 그를 위한 앞치마가 반듯하게 걸려 있었다. 나중에 알게 되었지만, 그것은 독일에는 없는 풍속이었다. 레딩(Reading)에 있는 친구 데이빗 집에 갔을 때다. 레딩은 브리스톨에서 런던으로 가는 길 중간 지점에 있는 작은 도시다. 퀴즈 놀이를 하면서 사회자가 그의 아버지에게 "세상에서 제일 하기 싫은 일은?" 하고 물었다. 그의 아버지는 씩 웃으며 "설거지"라고 해서 모두 웃었다. 영국 사람들은 농담을 않고는 말을 못할 정도로 유머와 농담을 좋아한다.

영국 친구들과 함께 한 유럽 여행

1965년 여름에 리처드 필드와 데이빗 도미니 두 친구와 함께 유럽 여행을 떠났다. 리처드의 차로 뉴헤이븐 항을 떠나 여섯 시간 만에 프랑스 디에프에 상륙해 파리를 통과하여 스위스 알프스로 향하였다. 도버에서 칼라이로 건너는 것이 최단 거리인데 네 시간이 걸린다고 했다. 1980년대에 하버크라프트가 생겨서는 삼십 분밖에 걸리지 않게 되었는데, 해저 터널이 생긴 이후부터는 배로 하는 운송수단이 급격히 퇴보하고 있다고 한다.

배에서 내려 운전하던 리처드가 영국서 하던 대로 길 좌측으로 운전하려다 아차 하며 웃고는 우측으로 차를 몰았다. 운전석이 오른쪽에 있어서 앞에 가는 차를 뒤따르다 추월할 경우 앞을 잘 볼 수 없으므로 운전하는 리처드는 배 선장의 지시를 따르는 기관사처럼 조수석에 앉은 데이빗의 지시를 따라야 했다.

파리에 이르자 외각 도로로 속히 그냥 지나가려고 했으나 내가 시내를 한번 보게 그냥 통과만이라도 하자고 간청하여 시내로 들어갔다. 우아한 바로크식 건물들이 짜임새 있고 조화 있게 서있는 거리를 지나 창밖으로 개선문과 에펠탑을 보며 파리 도심을 가로질러 갔다. 파리를 벗어나 동쪽 근교에 있는 저수지 근처에 천막을 치고 첫 밤을 보냈다.

자고 일어나 소시지와 달걀과 빵으로 조반을 먹고는 동쪽으로 알프스를 향하여 넓은 대지에 곧게 뻗은 대로를 계속 달렸다. 차를 타고 가면서 리처드가 말했다. 이 넓은 평야 땅아래로 6, 70센티미터만 파면 석회(chalk)가 깔려 있다는 것이었다. 프랑스 사람들이 포도주를, 독일 사람들이 맥주를 즐겨 마시는 것도 석회 성분이 많은 물 때문이라고 한다. 중국 연변에서 한인 의사에게 들은 얘기로는 우롱차가 물에 녹은 석회질을 중화시켜 준다는 것이었다.

저녁 무렵에 우리는 비를 만났다. 헤드라이트에 비추이는 비가 꽤 세차게 쏟아지고 있었다. 우리는 작은 마을에 이르러 마을 어귀에 있는 여관을 끼고 꺾어 들어가 야영을 할 만한 곳을 찾았다. 난 이렇게 비가 오는데 그만 여관에서 잤으면 했으나 두 친구는 여행 시작 단계에서부터 지고 들 수는 없다고 했다.

우리는 한적한 풀밭을 찾았다. 두 친구는 2인용 텐트를 함께 쓰고 난 혼자 1인용 야전 텐트를 사용하였다. 풀밭은 마침 건초를 위해 풀을 벤지 얼마 되지 않았으므로 텐트를 치기에 좋았다. 우리는 비를 맞으며 물이 흥건한 풀밭 위에 텐트를 쳤다. 텐트 바닥이 방수가 되는 것이었으니 그나마 다행이었다. 그리고는 마을 어귀에 있는 여관으로 갔다.

어두워 오는 저녁에 비를 피하여 환히 불을 밝힌 조촐한 여관 식당

안으로 들어서니 마담과 드문드문 앉은 손님들이 낯선 길손들을 반겨 주었다. 마담이 우리 식탁에 와서 앉더니 서비스 한다면서 포도주를 글라스 잔에 반주로 마시도록 주어 우리는 즐겁게 담소를 나누며 식사를 했다. 리처드는 옥스퍼드에서 독일어와 프랑스어를 전공했으므로 마담과도 말이 통했다. 데이빗 역시 옥스퍼드를 나왔다. 그러나 그가 전공한 고전어는 이런 여행에는 별로 쓸모가 없다면서 함께 웃었다. 식사 후 우리는 철벅거리는 물위에 친 텐트로 돌아와 고무침대에 몸을 눕히자 이내 잠이 들었다.

이튿날은 비가 그치고 날씨가 화창하였다. 오후 늦게 알프스의 전초인 쥐라(Jura) 산맥이 멀지 않은 곳에 있는 퐁딸리에라는 마을에 이르자 멀리 푸른 하늘에서 하얀 낙하산들이 마치 바람에 불려 날아가다 풀밭에 내려앉는 하얀 민들레 홀씨들처럼 녹색 들판으로 내려오는 광경이 보였다.

큰 길에서 왼쪽으로 약간 떨어진 곳에 나지막한 언덕이 있고 언덕 위에 산성이 서 있는 것이 보였다. 우리는 그 언덕에 다가가 차에서 내려 산성으로 들어갔다. 산성 뒤쪽으로 가보니까 산성은 가파른 절벽 위에 서 있음을 알 수 있었다. 절벽 저 아래로는 깊은 골짜기가 보였다. 그러고 보니 우리가 자동차로 와서 보게 된 산성 이편 넓은 들은 고원지대임을 알 수 있었다.

관광으로 볼거리는 산성 안에 있는 큰 우물이었다. 직경이 4~5미터는 됨직한 너비의 우물이었다. 우물 안을 들여다 보니 깊이를 알 수 없는 물 없는 우물이었다. 그것은 십자군 원정에 제후의 한 사람으로 참여를 했다는 성주의 잔인함을 증언하는 것이었다. 성주는 죄수들로 하여금 우물을 파게 했는데 물을 얻기 위해서가 아니고 그들을 벌하기 위해서였다. 흙이나 돌을 파서는 그것들을 두레박에 올려 주면 먹을 것을 내려다 주게 하여 평생을 우물을 파다가 그 안에서 죽게 했다고 한다.

안내인이 우물 안으로 돌을 던져 보였다. 아래로 떨어지는 돌이 암벽에 부딪히면서 쿵쾅거리며 아래로 내려가는 소리가 점점 멀어지더니 조용해졌다. 이번에는 종이 뭉치에 불을 붙여 아래로 던졌다. 불은 칠흑 같은 갱 아래로 떨어지면서 불빛이 점점 희미해지다가 시야에서 사라졌다.

안내인은 우리를 또 하나의 볼거리가 있는 곳으로 안내했다. 보여 준 것은 삼층에 있는 가로, 세로 넉자밖에 안 되는 작은 방이었다. 방문을 나서면 성 안마당(court)을 둘러싸고 있는 저쪽 건너편 건물 벽과 창이 보이는데, 거기에는 큰 고목이 서 있는 것을 볼 수 있었다. 성주가 십자군 원정을 떠나면서 부인에게 정조대를 채우고 갔음에도 불구하고 부인이 간통한 사실을 그가 집으로 돌아와서 알게 되었다. 그는 정부를 죽여 나무에 매달고 부인은 다리도 펼 수 없는 작은 방에다 가두었다. 성주는 부인더러 아침과 저녁 하루에 두 번씩 방에서 나와 창을 통하여 건너편 나무에 매달린 시체를 보게 하되 나중에는 해골이 된 시신을 내내 보게 했다고 한다. 그러기를 7, 8년, 성주가 죽고 나자 성주의 자리를 이어받은 아들이 어머니를 그 방에서 나오게 했다는 이야기였다. 사람이 사람을 잔인하게 벌하기 위하여 이렇게 무서운 상상력을 동원하다니….

십자군에 가담한 사람들이 정규군 병사들만이 아니고 부랑자들이랑 오합지졸들이 참여한 사실을 후에 교회사를 읽으면서 알게 되었지만, 이렇게 잔인무도한 성주가 지휘관으로 참여했으니 십자군의 정체가 어떤 것이었는지 짐작하게 해 준다.

끔찍한 사연을 가진 퐁딸리에 성을 뒤로 하고 우리는 알프스의 전초 산맥 쥐라로 향하였다. 스위스와의 국경을 넘어 로잔을 경유하여 제네바 호수를 오른쪽으로 두고 물가에 마치 물에 떠 있듯이 서 있는 시롱 성을 지나 남쪽으로 향하였다. 도중에 우리는 바게트를 사서 점심으로 때웠다. 바게트뿐 아니라 스위스에서 먹은 다른 빵들도 그 맛이 일품이었다. 난 친구들에게 영국 사람들이 왜 토스트를 해서 먹는지 그 이유를 알겠다고 농담을 했다. 치즈도 그렇지만 빵의 맛을 좌우하는 것이 이스트인 것을 나중에 알게 되었다. 물과 공기, 우거진 숲과 나무의 종류에 따라 이스트가 특유의 향취와 맛을 낸다니 말이다.

투어를 하면서 알프스에서 그냥 자연을 감상하며 휴가를 즐기기만 하려는 친구들에게 간청하여 스위스의 라브리(L'abri)에 들렀다. 물론 여행 계획을 세울 때 미리 부탁해 두었던 것이다. 제네바 호수 북쪽 알프스의 산록 후에모즈 수르 올롱(Chalet les Melezes in Huémoz sur Ollon)에 있는 쉐퍼 박사(Dr. Schaefer)의 샬레에서 나흘을 머물렀다. 방문객의 숙소로 서너 채의 작은 샬레가 가까이에 마련되어 있었다. 우리는 쉐퍼 박사가 그곳을 찾은 십여 명의 학생들과 커다란 식탁에 둘러앉아 조반을 먹으며 두어 시간 기독교 신앙을 중심으로 다양한 주제를 두고 허심탄회하게 담론하는 분위기를 맛보았다. 이곳은 김진경이 처음 영국 유학을 가는 길에 들러 두어 달 머물렀던 곳이다. 그래서인지 쉐퍼 박사는 한국 교회에 대하여서도 많이 알고 관심을 갖고 있었다. 그는 나를 가장 먼 곳에서 온 손님이라고 고맙게도 자기 옆자리에 앉게 해 주셨다.

라브리(L'abri - 피난처, 대피소)라는 말이 함축하듯이, 이곳은 도시 생활을 잠시 떠나거나 현대 사상의 온상인 대학의 캠퍼스를 잠시 떠나서 알프스의 대자연을 찾는 학생들과 청년들에게 조용한 안식처를 제공하는 곳이다. 강의, 세미나, 토론을 통하여 정신적이며 영적인 안식을 발견하거나 누리도록 하고, 그리스도의 복음에서 인생의 의미와 목적을 발견하여 심신의 피로를 떨어 버리고 새로운 용기와 자신감으로 생에 임하도록 도와준다.

라브리가 있는 곳을 떠나 독일어를 사용하는 지역으로 들어섰다. 독일과 오스트리아, 프랑스와 이탈리아와 접경하고 있는 스위스는 독일어, 프랑스어, 이탈리아어를 사용하는 세 지역으로 되어 있다. 독일어 사용 지역이 제일 크고 이탈리아어 사용 지역이 제일 작다. 스위스 연방 수도인 베른(Bern)을 지나 슈피에츠(Spietz)에 이르기 전에 조용한 산골에서 머물기로 하였다. 산골 여관에 들러 약간 경사진 뒷마당에 천막을 치고 한 주간 야영을 하면서 블루멘알펜과 잘 알려진 명산 융프라우(Jungfrau)를 구경했다.

블루멘알펜을 보기 위해 우리는 한 시간 반이나 차를 몰고 가서 케이블카를 타고 산을 올랐다. 우리가 오른 데가 해발 천오백 미터 되는 분지였다. 분지에는 호수가 있고, 산들이 호수 주변을 부채꼴로 빙 둘러 서 있는 곳이었다. 마침 날씨가 좋아서 바로 호수 건너편으로 빙 둘러 가파르게 높이 솟아 있는 산봉우리들을 볼 수 있었다. 호수 수면에서 산봉우리까지의 높이가 이천여 미터나 된다지만 잘 믿기지가 않을 정도로 정상이 가깝게 보였다. '꽃 알프스'(Blumenalpen)라는 이름 그대로 우리가 마치 거대한 꽃봉오리 속에 있는 것 같았다. 날씨가 청명하여 산 정상을 치켜다 볼 수 있어서 좋다고 하는 찰나에 하늘을 찌를 듯 높이 솟은 산 정상 언저리에 솜털 같은 구름이 희미하게 몇 점 나타나 보이더니 점차로 부풀어 커지면서 푸른 하늘을 가리기 시작하였다. 비가 오려나 보다 하며 사람들이 서둘러 하산하였다. 자동차에 들어앉자마자 비가 쏟아지기 시작하였다.

우리는 차를 몰아 여관 뒤뜰에 친 텐트 숙소로 돌아 왔으나 뒤뜰이 약간 경사져 있어서 퍼붓듯 쏟아지는 빗물이 잔디 위로 범람하듯 흘러내리는 데다 기온마저 떨어져 도저히 거기서 잘 수가 없었다. 그래서 여관집 안주인에게 건초를 쌓아 둔 곳간에서 잠을 자도록 해 달라고 했더니 몇 가지 주의 사항을 일러 주면서 허락해 주었다. 건초가 오염되지 않도록 하며 그 안에서 취사하느라 불을 지피지 말라고 당부하였다. 건초더미 바로 옆에서 불을 피운다는 건 정말 위험천만한 일이니까 안주인의 당부는 당연한 것이었다.

우리는 안주인에게 고마움도 표할 겸 그날 저녁 식사는 여관 식당에서 먹기로 했다. 돼지고기 스테이크와 기름에 볶은 감자 메뉴였다. 음식이 나오자 우리는 큰 그릇에 수북이 담은 감자요리를 보고 모두 입을 딱 벌렸다. '아니, 이걸 어떻게 다 먹는담?' 난 원래 소식에다 위장도 약한 편이므로 두어 알만 집어 먹고 물러나 앉았다. 그런데 두 친구는 안주인의 정성을 생각해야 한다면서 천천히 먹고 또 먹어 마침내 그 큰 그릇을 말끔히 다 비웠다. 영국 신사도를 발휘하는 건 좋은데 저러다 배탈이 나면 어떡하지 하고 염려가 되었다.

곳간으로 돌아와 건초더미에 곤한 몸을 파묻자 우리는 이내 잠이 들었다. 그런데 아니나 다를까 한밤중에 데이빗이 복통을 호소하는 바람에 모두 잠을 깼다. 그는 이튿날도 배가 편치 않다고 해서 리처드와 나는 그에게 건초더미에 누워 있으라고 하고는 아랫동네로 가서 먹을거리와 소화제를 사고 데이빗에게 위로 겸 기쁨을 선사하자면서 영자 신문 "데일리 텔레그라프"를 사 가지고 돌아왔다.

하루를 곳간에서 잘 쉬고 이튿날 우리는 융프라우를 보러 갔다. 코

그레일(cograil) 기차를 타고 클라이네 샤이데크까지 갔다. 기차선로 한 중간에 구멍 난 선로 코그레일이 깔려 있어서 기차 바닥 한가운데 달린 톱니바퀴가 그 레일을 박으면서 경사진 산을 오르내리게 되어 있었다. 나중에 알게 되었지만, 그 기차는 공중에 매달려 움직이는 케이블카와 같은 원리로 케이블로 끄는 것이었다.

우리는 클라이네 샤이데크에서 하차하여 융프라우 맞은편에 있는 나지막한 산 라우버호른(Lauberhorn)의 정상에 올라갔다. 거기서 우리는 맞은편에 사천삼백여 미터 높이로 우뚝 솟아 있는 융프라우와 그 왼편에 나란히 붙어 서 있는 암벽산 묀히(Mönch)와 아이거(Eiger)를 감상했다. 만년설로 덥힌 융프라우 정상에서 오른쪽으로 좀 낮게 눈을 다져 만든 것 같은 하얀 원추형의 산봉우리 둘이 나란히 서 있는 것도 장관이었다. 그것들이 마치 유방처럼 보이므로 아마 산 이름을 융프라우라고 했나 보다 싶었다. 융프라우(Jungfrau)는 동정녀란 뜻이다. 아이거는 유럽에서 암벽 등반에 도전하는 산악인들에게 메카로 알려져 있다. 작은 배낭에 넣어 간 보온병에서 커피를 따라 나누어 마시며 잠시 앉아 쉬면서 우리 앞에 펼쳐져 있는 파노라마를 만끽하였다. 우리가 앉은 산정 뒤쪽 아래로 깊은 계곡을 내려다보는 경치도 절경이었다.

우리는 여관 뒷마당에 한 주간의 야영을 끝내고 여관 안주인에게 감사하는 표로 영국의 명물 쇼트브레드, 네모난 쿠키 한 곽을 선물하고는 영국으로 돌아오는 길에 네덜란드의 스파켄부르크라는 작은 항구도시에 들러 차영배 목사를 만나 보았다. 차영배 목사를 후원하는 교회 담임인 고이 목사는 우리를 환대해 주었다. 그의 응접실 찬장에 여러 가지 크고 작은 유리잔들을 진열해 놓고 있는 것이 인상적이었다. 술의 종류에 따라 잔이 다르다는 사실을 거기서 알게 되었다. 그가 또 우리에게 준 놀라운 정보는 그 고장의 주민들의 교회 출석률이었다. 90%의 주민이 교회에 출석한다고 했다. 당시 네덜란드 주민들의 교회 출석률이 약 50%였다니까 네덜란드의 평균치를 크게 웃도는 수치였다. 영국과 독일의 교회 출석률이 5% 미만인 데 비하여 네덜란드의 평균 출석률이 50%라는 것도 대단한 것인데 그 고장의 출석률은 정말 놀라웠다.

거의 온 주민이 예배에 참석하는 이곳 교회의 목사와 다원종교 사회 속에 교회를 세워 나가는 한국 교회 목사의 설교 주제는 자연 다를 수밖에 없다. 아이 많이 낳는 것이 곧 전도로 이해하는 곳이므로 그곳 교회 목사는 주로 우리 사람이 하나님의 백성으로 어떻게 살아야 하는지를 가르치는 성화의 설교를 주로 하는 데 반하여, 우리네 목사님들은 사람이 어떻게 하나님의 백성이 될 수 있는지에 대하여 더 역점을 두고 설교하기 마련이다. 우리는 개혁주의 전통을 존중하되 그들의 개혁신학을 그대로 이식할 수는 없다. 역사와 문화적 전통이 다른 피선교 나라에 선교하는 나라의 신학이 그대로 이식되지 않는다.

유럽 투어를 하는 동안 처음에 자연만 즐기려던 친구들도 사람들을 만나 사귐을 가진 일이 좋았다고 하였다. 스위스에서 쉐퍼의 라브리를 방문했던 일은 내가 나중에 《이성에서의 도피》(Escape from reason)를 번역하게 되었으므로 비록 짧은 체류였으나 의미가 있는 것이었다. 영국으로 돌아가자 두 친구는 라브리에다, 거기서 그냥 먹고 잔 것에 대하여 감사하는 뜻에서 소액의 수표를 보내는 것을 잊지 않았다. 나도 같이 참여하려니까 자기들이 내 몫까지 보낸다면서 만류했다. 라브리가 독지가들의 헌금으로 운영되므로 으레 그렇게 해야 하겠지만 난 그들에게 좋은 것을 배웠다.

난 속으로 놀라움을 금하지 못했다.
신학생들이 기도하는 것은 몸에 배여 있어야 하는 것인데
새삼스럽게 기도의 의미를 묻다니···,
게다가 교수가 저렇게 오랜 시간을 들여 설명을 하다니···.
이게 독일 신학의 현주소인가 싶었다.

08 독일 유학 시절

독일로 가다

1966년 영국에서 공부를 마칠 무렵 호주에서 온 구약교수 벡커먼이 자기가 나온 학교에 장학금을 얻어 공부할 수 있도록 배려해 주셨다. 그러나 독일에서 공부할 수 있는 길이 열려 나는 독일 부퍼탈 신학교(Wuppertal Kirchliche Hochschule)로 가기로 했다. 호주로 가는 것은 지구 변두리로 유배 간다는 느낌이 들어서 유럽의 중심에 있는 독일로 가기로 한 것이다. 네덜란드에 계시던 차영배 목사가 친분이 있는 유트(Ernst E. Judt) 목사에게 부탁하여 그분이 알선한 것이다. 유트 목사는 평생을 나와 교제하는 형님이요, 아버지 같은 후견자이시다.

실은 내가 클리프톤에서 공부하면서 런던대학교의 외부학생을 위한 오너즈(B. D. Honours) 과정을 택했다. 5, 6명의 다른 학우들이 패스(B. D. Pass) 과정을 공부했으나 오너즈 과정을 택한 학생은 나 혼자뿐이었다. 간 지 1년 만에 치른 예비 시험은 헬라어와 히브리 시험이므로 쉽게 통과했으나, 10장의 시험을 치러야 하는 오너즈 과정에는 해마다 합격자가 전국에서 겨우 10명 내외밖에 되지 않는 어려운 시험이었다. 왜 영어의 핸디캡을 가진 나에게 그런 과정을 하도록 조처했는지 알 수 없는 일이었다. 그레이엄 윈저에게 내가 생각하면서 천천히 논문을 쓸 수 있는 과정으로 바꾸었으면 좋겠다고 했으나 주사위는 이미 던져졌다는 것이었다. 예상했던 대로 난 낙방의 쓴 잔을 마셔야 했다. 전공으로 택한 구약과 교리사와 종교철학만 통과하고 신약과 교회사는 통과하지 못했다. 그것은 나에게 큰 충격이었으며, 그 때문에도 난 더 '지각생'이 되었다.

나는 독일 비자를 기다리는 동안 영국 남쪽 해안에 있는 큰 항구 도시 사우스햄튼 지방에서 멀지 않은 곳에 있는 휴양 도시 번머스(Bournmouth)로 갔다. 번머스에는 클리프톤에서 같이 공부한 그레이엄 로크린(Graham Lochrine)이라는 친구의 알선으로 가게 되었다. 나는 거기서 밤에는 가족들이 와서 조용히 지내는 호텔에서 일하고 낮에는 식당에서 일하면서 지냈다. 식당은 그 친구 어머니가 경영하는 식당이었는데, 그의 아버지는 감리교 목사였다. 투잡(two jobs)을 뛰는 것은 몸에 지치는 일이었다. 호텔에서는 저녁 6시부터 12시까지 일하고는 어질러진 것들을 치우고 난 후에 잠자리에 들어야 했으며, 아침 6시부터 8시까지 일해야 하므로 5시 반에는 일어나야 했다. 점심시간 후에 또한 약 3시간을 식당에서 일했으므로 잠자는 시간이 모자랐다.

식당에서는 첫날 점심 서브를 하고 처음으로 식탁 위에 놓인 팁을 챙겨 그걸 얼른 호주머니에 집어넣지 못해 주춤거리다 접시를 떨어트려 깬 일을 잊지 못한다. 호텔에서 일하고 거기서 기거한다니까 어머니는 혹시 여자 종업원의 유혹에라도 넘어갈까 봐 조심하라는 편지를 보내주셨다. "내가 아내 이후한이를 많이 사랑하니 그런 일은 없을 것입니다. 염려 않으셔도 됩니다." 하고 글월을 올렸다.

내가 번머스에 있을 때 영국에서는 1966년 월드컵 축구대회가 열렸다. 북한이 이탈리아를 꺾고 8강에까지 올라갔다. 이변이 일어났다면서 북한 팀이 뉴스의 각광을 받았다. 거리에 나가면 사람들이 날 보고 모두 엄지손가락을 치켜 보이며 축하한다고 한 마디씩 건넸다. 결승에서 영국과 독일이 붙었는데 2:2 무승부로 90분 경기가 끝났으나 연장전에서 영국이 2점을 더 넣어 우승 트로피를 안았다. 영국의 노련한 주장 선수는 보비 찰턴이고 독일의 스타 선수는 젊은 프란츠 베켄바우어였다. 난 그 경기를 보면서 이젠 어느 쪽 편을 들어야 하나 하는 생각을 했다. 3년이나 영국에 살았으면서 이제 독일로 갈 것이라고 벌써 그런 간사한 생각을 하다니. 10주간 일해서 모은 돈을 나중에 독일 돈으로 바꾸니까 1,600마르크였다. 생전 처음 손에 쥐어 보는 거금이었다.

1966년 9월 초에 나는 도버 해협을 건너 유럽 대륙으로 향하였다. 선상에서 점점 멀어져가는 도버 해안을 바라보면서 지난 3년간의 세월을 되돌아보며 회상에 잠기려고 하는데 내 곁에 있는 어떤 떠버리 스페인 승객이 말을 걸어와 내가 감상에 젖을 기회를 앗아갔다. 싫은 내색을 하지 않고 하는 수 없이 이야기를 들어주자니 속으로는 혼자만의 시간을 못 갖는 게 아쉽기도 하고 짜증도 났다. 어느덧 영국 해안은 멀어져 시야에서 사라졌다.

프랑스의 칼라이에 도착해 기차를 타고 독일 목적지로 향하였다. 급행열차의 객차는 한쪽에 복도가 있고 복도를 따라 칸들이 있어서 여섯 사람이 들어가 세 사람씩 마주 보고 앉게 되어 있었다. 모르는 사람들도 자연스럽게 서로 얘기를 나누게 되어 있어서 가족이나 한 그룹의 친구들이 함께 여행하기에 안성맞춤이라는 생각이 들었다.

영국에서 기차를 타면 옛날 우리 경우처럼 레일 이음새의 근소한 틈 때문에 덜거덕거리는 리듬 아닌 소음을 들어야 했으나, 독일 기차는 전혀 그런 소음이 없이 미끄러지듯 달리는 것이었다. 나중에 나는 포이딩겐 시골 역에서 레일을 유심히 살펴보았으나 연결된 부분을 찾지 못했다. 레일을 연결할 때 틈새를 두는 것은 기온에 따라 신축하기 때문이라고 초등학교 시절에 배운 이론은 옛말임을 확인하게 되었다. 현재는 우리나라 기차선로에도 이음새가 없게 되었다.

지겐 역에서 유트 목사의 마중을 받았다. 지겐은 노트라인 베스트팔렌 주에 있는 중소 도시에 속한다. 지겐에서 약 40분 자동차로 구불구불한 산길을 달려 그의 사택에 도착하였다. 사택은 오번도르프 작은 분지 들판 한가운데 자리 잡고 서 있는 예배당 바로 옆에 인접해 있었다. 오번도르프는 비트겐슈타인의 산골 교구 중 하나인 포이딩겐의 제2 목회 구역이다.

오번도르프 예배당과 사택 바로 옆에는 공동묘지가 있다. 영국의 시골에는 예배당과 공동묘지 사이에 경계가 없어서 예배당이 묘지 한가운데 있다. 그래서 영어로 교회뜰(church yard)이 곧 묘지라는 뜻이다. 왕이나 귀족, 성주나 고위 성직자의 시신은 조각된 석관에 모셔 큰 성당 안에 안치되거나 바닥과 벽에 묻힌다. 농촌에 사는 민초들의 무덤은 예배당 바깥뜰에 묻힌다. 여하튼 무덤을 사람들이 늘 방문하는 예배당 안팎에 가까이 두고 있는 것이 그들의 문화이다. 부활을 믿는 기독교 문화의 산물인 줄 안다.

그런데 여기는 그래도 엉성하게 나무로 만든 울타리가 양쪽을 갈라놓고 있었다. 예배당 뒤 사택으로 통하는 문에서 5, 6미터 떨어져 공동묘지로 들어가는 문 바로 옆에 4미터 정도 높이의 기념비가 서 있었다.

거기에는 제1차 세계대전과 제2차 세계대전 중에 젊은 나이로 출전했다가 전사한 이 마을 출신들의 이름들과 비문이 새겨져 있었다.

"여기 우리 고장과 조국을 지키기 위하여 싸우다 산화한 우리 아들들이 잠들어 있다."

영국에서는 해마다 현충일(memorial day)에 웨스트민스터 성당에서 전몰장병들을 기념하며 예배한다. 영국을 떠나기 얼마 전에 TV를 통하여 본 그 예배 광경이 머릿속에 떠올랐다. 이 땅에 평화를 주시기 위하여 아들을 보내신 하나님을 믿는 양국 백성이 그렇게 오랫동안 치열하게 서로 죽이며 전쟁을 했으니 전쟁은 우리 인간이 다스리거나 거스를 수 없는, 뭐라 설명할 수도 없는 비극이요, 부조리다.

독일에서 얼마 지내면서 듣고 경험한 것이지만, 독일 사람들은 제2차 세계대전이 끝나자 그들의 나라가 패전국이요, 전범국이라는 자괴감에서 모두들 한동안 할 말을 잃고 침묵했다고 한다. 그 가운데서 유일하게 말하는 사람들이 목사였다고 한다. 목사는 어떤 상황에서도 예배에서 설교를 해야 하는 사람이니까.

독일에서 매년 맞이하는 현충일 때마다 수상이나 외상이 자기 나라가 전쟁을 일으켜 이웃 나라를 침범해 피해를 준 사실에 대하여 참회한다면서 진지하게 용서를 구하며 발언하는 것을 듣게 되었다. 독일 정부는 말로만 사과하는 것이 아니었다. 그들은 자신들이 다시금 경제 부흥을 이룩하자 피해보상을 하는 일에 인색하지 않았다. 대전 중에 유대인들을 학살하는 만행을 저지른 것은 민족사회주의 나치 정권이었으나 독일의 많은 젊은이들이 연대의식을 가지고 사죄하는 정신에서 이스라엘의 '키부츠'에 자원봉사로 가 지원하기도 하였다. 이러한 독일은 우리와 이웃한 일본과는 너무나 대조적이다.

제2차 세계대전 때 강제로 부역한 정신대 할머니들이 일본 정부더러 잘못을 인정하고 배상하라고 호소한 지가 오래 되었건만, 그리고 온 국제 사회가 이에 호응하며 사죄하도록 촉구하는 데도 일본 정부는 시침을 떼고 꿈쩍도 하지 않을 뿐 아니라, 강제 동원을 한 적이 없다는 둥 자기들은 침략 전쟁을 하지 않았다는 둥 망발을 일삼는 정치가들이 수두룩하다. 왜 그런 것일까? 독일에서는 사죄의 종교 기독교가 국민 종교임에 반하여 일본은 사죄의 종교나 기독교 문화에는 생소하기 때문이다. 한국의 많은 기독교 지도자들이 신사참배를 회개하는 일에 인색했던 것 역시 우리가 아마도 일본과 같은 문화권에 속해 있기 때문일 것이다.

개학은 10월이었으므로 학교로 가기 전에 한 달 남짓 유트 목사님 댁에 머물면서 독일어 소설 두 권을 읽었다. 《우다포에서 온 목사》(Der Pastor aus Udapo)라는 스웨덴의 죄데블롬(Södeblom)이 쓴 소설이 그 하나였다. 독일어를 회복하고 익히는 데는 안성맞춤의 책이었다. 또 다른 책은 미켈란젤로의 전기 소설이었다. 미켈란젤로의 인물됨과 생애뿐 아니라 문예부흥 당시의 교회와 역사적인 배경을 아는 데 도움이 되는 책이었다. 교황 선출과 교황청의 교권 쟁취를 두고 살벌한 정치적 흥정과 치열한 투쟁이 벌어지는 배경을 잘 묘사하고 있는 것이 인상적이었다. 영국에서는 방학 때 앤스콤 교장 댁에 있으면서 영어 소설 두어 권을 읽었다. 고갱을 모델로 하여 쓴 소설 서머세트 모옴의 《달과 6펜스》(The moon and six pence)와 헤밍웨이의 《무기야 잘 있거라》(Farewell to the arms)를 읽었다. 영국에서는 시험공부에 쫓겨 과외로 읽은 책으로는 그게 전부였다.

3년 반만의 아내와의 재회

1966년 가을 학기를 지난 이듬해 1967년 초에 나는 아내와 3년 반 만에 다시 만났다. 아내는 유트 목사와 차영배 목사의 알선으로 간호학생 자격으로 다섯 명의 다른 처녀들과 함께 독일로 오게 되었다. 그보다 먼저 난 부퍼탈에서 나보다 조금 먼저 간호사로 와 있는 숙자 처제를 만나게 되어 반가웠다. 하루는 처제와 함께 백화점에 들러 아내가 오면 주려고 커플링 반지를 샀다. 독일 사람들은 아주 부자가 아니면 거의 다 커플링 반지만 낀다. 나중에 들어 알게 되었지만, 가톨릭 신자는 왼손 약지에, 개신교 신자는 오른손 약지에 낀다.

1967년 1월 13일 수간호사와 관계자 여러분이 병원이 있는 벨레부르크(Berleburg)에서 두 시간 거리에 있는 쾰른 비행장까지 미니버스로 아내와 일행을 마중하러 나갔다. 벨레부르크는 비트겐슈타인 군(Kreis) 소재지로서 인구는 만 이천 명에 불과한 작은 고장이다. 하지만 비트겐슈타인 성주가 네덜란드의 왕실 공주와 인척 관계를 맺고 왕래하는 등 귀족 가문의 전통을 이어 오는 성이 있는 곳이다. 종교개혁 제3 세대에 속하는 카스파르 올레비아누스가 꽤 오랜 기간 동안 은거했던 곳으로 알려진 고장이다. 올레비아누스는 자카리아스와 함께 하이델베르크 요리문답(1566년)을 쓴 목회자요, 신학자이다.

마침내 일행과 함께 아내가 도착하였다. 비행장 로비에서 근 4년 만에 만난 부부가 포옹도 않고 손만 맞잡는 광경은 동행했던 독일 사람들에게 희한한 정도가 아니고 충격이었던 모양이다. 남편이나 아내가 잠시 집을 떠나 떨어질 때나 다시 집에 돌아올 때에도 서로 입맞춤으로 인사하는 그들이니까 더욱 그랬을 거다. 동행했던 사람들이 한동안 심심하면 그때 일을 들먹이고는 "어떻게 그럴 수가 있느냐?" 하면서 고개를 저으며 웃곤 했다.

사랑하는 딸 선희를 어머니께 두고 온 터이므로 내게는 재회의 기쁨이 씁쓸했다. 게다가 의사가 되려는 사람을 일부러 전과하게 함으로써 날개를 뽑아 놓고는 새삼스레 간호 공부를 시작하게 만들었으니 아내에게 정말 미안한 일을 한 것이다.

바르멘 선언서가 작성된 곳, 부퍼탈에서

신학교가 있는 부퍼탈 시는 부퍼 계곡에 자리 잡은 바르멘과 엘버펠트 두 도시가 길게 연결되어 하나로 이룬 도시다. 부퍼 계곡에는 부퍼 시내가 두 도시를 관통해서 흐르고 있으며, 시냇물 위로 대형 케이블카처럼 매달려 다니는 교통수단인 슈베베반이 그 고장의 명물이다.

바르멘은 1934년에 소위 바르멘 선언서가 작성된 곳이다. 1933년 말에 이르러 나치 정권의 꼭두각시 집단인 '독일 그리스도인들'이 독일 교회를 장악하자 이에 저항하는 운동이 일어났다. 베를린-달렘 교회의 목사 마르틴 니묄러의 주도하에 먼저 '위기에 대처하는 목사협의회'가 조직되었다. 이것은 소수의 사람들로 구성되었으나 독일 전역으로 널리 호응을 받으면서 고백교회로 발전하였다. 고백교회 운동은 민족사회주의, 즉 나치를 히틀러를 우상화하는 적그리스도적인 집단이라고 규정하고 정치로부터의 교회의 독립을 선포함으로써 교회가 그 본래의 모습을 되찾아야 한다는 운동이었다. '나치'(Nazi)는 '민족사회주의'(National Sozialismus)의 약칭이다.

1934년 초에 한 개혁파 노회가 고백교회를 형성하고 공고히 하는 중요한 계기를 마련하였다. 고백교회 운동은 독일에 있는 모든 개신교 교회 그룹의 대표들이 다 함께 참여한 운동인데, 그 중에서도 개혁파는 보다 적극성을 띤 그룹이었다. 1934년 1월 4일 노회 회기 중에 독일 전국에서 167개의 개혁파와 개신교 교회들의 대표가 바르멘에 모였으며, 3월 7일에는 베를린-달렘(Berlin-Dahlem)에서 베를린-브란덴부르크 교회에서 보냄을 받은 440명의 회원이 모였다. 그리고 3월 16일에는 도르트문트에서 베스트팔렌 노회가 열렸으나 게슈타포에 의하여 즉시 해산되었다.

1934년 5월 8일에 모인 부퍼탈의 바르멘 노회는 회기 중에 칼 바르트가 기초한 '바르멘 선언'을 수정 없이 받아들여 노회의 다른 결정들과 함께 발표하였다. 선언문의 표제는 '현 독일 개신교에 속한 개혁파의 신앙고백을 옳게 이해함에 대한 선언'이라는 6개 조항으로 구성된 선언문이다. 민족사회주의를 적그리스도적인 우상 종교라고 규정하며, "너는 나 외에는 다른 신들을 네게 있게 하지 말지니라"라고 하는 첫째 계명을 강조하는 한편, 정치와 종교의 분리를 뚜렷이 명시하고 있을 뿐 아니라, 성경이 증언하는 대로 예수 그리스도는 하나님의 말씀이므로 생명을 다하여 그의 말씀을 순종해야 한다는 것과 교회는 이 말씀 이외의 다른 것을 계시로 인정할 수 있다는 가르침은 거짓이므로 배격한다는 진술을 담고 있다.

바르멘에서 모인 고백교회 노회는 개혁교회가 중심이었으나 루터교회의 참여를 촉구하면서 바르트는 이 시점에서 신앙적인 동의를 위하여 논의할 것은 성만찬 문제가 아니라, 교회 내에서 오늘날 문제가 되고 있는 첫째 계명이라고 하면서 이를 함께 고백해야 한다고 촉구하였다. 한국에서 바르멘 선언문의 내용이 자유주의적이며 진보적인 신학자들에 의하여 왜곡되게 소개된 점은 유감스런 일이다.

이방인이 바라본 영국과 독일의 차이

영국에 3년이나 살다가 독일에 왔으므로 자연히 양국의 인상을 비교하게 되었다. 영국 관청은 독일 관청에 비하여 훨씬 더 민주적이고 덜 관료적임을 독일에 와서 새삼 깨닫게 되었다. 그 한 예로, 영국서는 외국인 거주 허가를 경찰서 바로 입구에 있는 수위실 같은 방에서 해 주었다. 한 장의 작은 카드에다 가지고 간 증명사진을 붙이고 신상에 관한 것을 써서 제출했더니 그 자리에서 사진을 붙인 등록증을 발급해 주었다. 영국으로 말하면 수상이 집무하는 관청이 다우닝가 10번지에 평범하게 다른 건물들과 나란히 서 있는 그런 나라가 아닌가.

그러나 독일에서는 등록 수속이 훨씬 복잡했다. 복사지가 붙은 A4 용지 크기의 종이에 상세히 미리 집에서 써 가지고 가서 서류를 재출해야 했다. 접수하는 사무실이 경찰서 입구에 있는 것이 아니라 훨씬 안쪽에 있었다. 써 가지고 간 서류를 제출하니까 직원이 그걸 죄다 다시금 타자로 쳐서 거기에 서명을 하라고 해서는 비로소 받아들였다. 그리고는 신체검사를 받아야 한다고 했다. 신체검사도 한 군데서가 아니라 다른 두 병원에서 해야 하는데 전차나 쉐베베반을 타고 바르멘에서 엘버펠트까지 먼 거리를 가야 했다.

기차만 해도 영국에서는 승강장이 오늘의 우리 전철역에서처럼 기차 객실 바닥과 같은 높이인 데 반하여, 독일에서는 기차를 타려면 우리나라와 마찬가지로 승강장에서 승강구 계단을 올라가야 했다. 당시만 해도 영국에서는 은행 창구에서 입금과 출금을 담당자가 다 처리했는데, 독일에서는 옛날 우리나라 은행에서 그랬듯이 출금하는 창구를 따로 두고 있었다. 아마도 일본 사람들이 독일의 제도를 많이 따랐던 것을 우리가 그대로 물려받았던 것이라는 생각이 들었다.

학교에서 교수가 학생들에게 인사하는 것도 예사로 들리지 않았다. 영국에서는 "굿모닝 에브리바디."(Good morning, everybody.)라고 하는데, 독일에서는 "구텐모르겐 알추잠먼."(Guten Morgen, allzusammen.)이라고 하였다. 'everybody'는 개개인을 염두에 두는 말임에 반하여, 'allzusammen'은 '모두 함께'라는 집합적인 개념을 함의한다.

영어에는 상대방을 높이는 'Thou'라는 대명사가 있으나 그것은 고어가 된 지 이미 오래다. 오늘날에는 그래도 상대방의 의향을 물을 때 "Would you……?" "Could you……?"라고 하는 정도의 높임말을 쓰지만, 2인칭으로 'you'만이 있는 데 반하여, 독일어에는 '너'(du) 또는 '너희들'(ihr)과 '당신(들)'(Sie)의 두 가지가 있다. 동사의 격 변화도 그에 따라 다르다.

독일 사람들이 아주 친해지면 우리의 경우와 마찬가지로 "우리 서로 말을 놓자"(duzen)고 한다. 그런데 말을 놓는 것은 친구들끼리나 아랫사람에게만 하는 것이 아니고 부모와 자식 간에도 그런 어법으로 말할 뿐 아니라 아랫사람이 윗사람에게도 친해지면 말을 놓아 한다. 이건 우리 문화와 너무 다르므로 난 유트 목사에게 말을 놓기까지 오랜 시간이 걸렸다.

학교에서 선생님이 학생들을 보고 'du'라고 칭하며 말을 놓아 하다가 어느 날 갑자기, 즉 학생들이 9학년이 되면 'Sie'라고 하며 존댓말을 쓴다. 그럴 때면 학생들이 처음에 당황해 하고 어색해 한다고 한다.

영어로는 편지를 쓸 때 '사랑하는(dear) 아무개'라고 하면 그만인데 독일어로는 친한 사이가 아니면 아주 높임말을 쓴다. 이를테면 "대단히 존경하는 슈미트 교수님!"(Sehr geehrter Herr Professor Schmidt!), 또는 더 높여서 "Sehr verehrter Herr!"라고 한다. 그것은 네덜란드에서도 마찬가지이다.

독일 사람들은 그들의 언어가 그렇듯이 남을 대하는 태도나 자세도 공손하다. 그런 자세를 잘 드러내는 말이 '회플리히'(höflich), '회플리히카이트'(Höflichkeit)라는 말이다. 악수를 할 때도 그들은 우리 한국 사람처럼 손을 잡고 흔들면서 고개를 숙여 인사한다.

사회와 계층에 따라 다르겠지만 교양 있는 사람들 간에는 윗사람이 아랫사람을 아주 공손히 대하는 것도 인상적이었다. 부퍼탈 신학교에서 교수님이 학생들을 자기 집에 초대해서는 식탁에 둘러앉은 학생들 한 사람 한 사람에게 다가서서 마치 식당 웨이터처럼 손수 정중하게 마실 것을 잔에 부어 주며 접대하는 것이었다. 노회 교역자들의 모임에서도 보면 늘 노회장이 식탁에 앉은 목사들에게 뻥 둘러 가며 일일이 커피를 따라 준다. 그러면 젊은 목사들은 좋아라 하며 좌중에 활짝 웃음꽃이 핀다.

후에 내가 마르부르크 대학교에서 박사학위 논문을 제출하고 학장님을 면접하러 갔을 때 보니까 학장 옆 교무를 겸해 일 보는 비서실은 크고 넓은데 학장이 집무하는 방은 자그마했다. 학장실은 혼자 집무하는 방이므로 클 필요가 없다는 게 그들의 검약하는 합리적인 사고방식이다. 방으로 들어서니까 학장이 일어서서 나를 영접한 후 나더러 먼저 앉게 하고는 자기가 앉는 것이었다. 그리고는 내게 논문을 읽고 많이 배웠다고 말씀하셨다. 비스마르크가 영어에서 제일 인상적인 말이 '젠틀

맨'이라고 했다는데, 독일어 'Höflichkeit'는 영어 'gentleman'에 못지 않게 인상적인 말이며 훌륭한 예의범절을 떠올리게 하는 말이다.

아카데믹한 분위기 일색의 부퍼탈 신학교에서 공부하다

부퍼탈 신학교(Kirchliche Hochschule)는 부퍼 강이 흐르는 계곡을 내려다보는 바르멘의 언덕 위에 위치해 있었으며, 학교 바로 위 언덕 정상에는 라인란드 선교회가 운영하는 선교 훈련원과 박물관이 신학교와 인접해 있었다. 서독에는 부퍼탈 신학교 외에도 네 개의 신학교가 있었다. 독일의 신학교는 대학교의 신학과와 연계되어 있다. 학생들은 다 신학대학생들이다. 그들은 8학기 이상을 공부해서 디플로마 과정을 마침과 동시에 교회 본부에서 시행하는 목사 고시에 합격해야 한다. 그러나 8학기에 과정을 마치는 학생은 극히 드물고 대부분의 학생이 10에서 16학기를 공부하여 과정을 끝내는 것이었다.

독일 신학대학생들은 한 학교에서만 공부하는 것이 아니라 적어도 서너 군데 다른 대학교로 옮겨 다니면서 유명하거나 자기가 선호하는 교수의 강의를 들으며 공부하고 있었다. 개학을 하면 학생들이 식당(Mensa)에서 몇 사람씩 식탁에 둘러앉아 제가끔 자기 소개를 하면서 자기가 다녔던 학교와 교수들 이야기로 꽃을 피웠다. 비엔나에서 한 학기를 보낸 학생들은 음악회를 다니며 소위 '문화 학기'(Kultursemester)를 만끽했노라고 자랑한다.

학생들은 두세 학기 정도를 신학교에 들러 강의도 듣고 채플에서 경건 훈련도 받으며 공동생활을 경험하도록 되어 있었다. 교수는 신학교에서 대학교로 혹은 대학교에서 신학교로 자리를 옮기기도 하므로 교수들의 수준은 다 같은 것으로 인정받는다. 내가 있을 때 잘 알려진 교수는 설교학에 루돌프 보렌(Rudolf Bohren) 교수와 조직신학에 가이어(Geier) 교수였다.

독일에서는 기말 고사라는 것이 없다. 대신에 카드에 교수에게 강의를 들었다는 것을 입증하는 서명을 받아 학교 당국에 제출하면 된다. 신학의 경우는 국가적으로 치르는 목사 고시가 최종이며 유일한 시험이요, 졸업식도 없다. 그러므로 독일 신학교는 다른 나라의 독립적인 신학교와는 다른 개념의 학교이다. 박사학위 공부는 교수의 지명을 받아 한다. 능력만 있다면 목사 고시를 보는 것과 동시에 마칠 수 있다. 그러나 그런 경우는 극히 드물다.

채플(Andacht) 시간은 아침 조반 후 20분간이었다. 찬송 한 장 부르고 인도자가 성경을 읽고 10분간 간단히 설교하고는 기도로 끝낸다. 채플 계획표가 있어서 성경의 어느 책 하나를 골라 계속 읽어 내려가도록 하고 거기서 택한 본문과 설교자들을 미리 알려 준다. 설교자는 교수들과 조교 및 고학년 학생들이 하도록 되어 있었다. 내가 간 첫 학기에 나도 설교자로 넣어 놓았으므로 조교 위치카(Witschker)의 도움을 받아 원고를 준비했다. 본문은 이사야 53장의 말씀이었다. 그 밖에 매 식사를 시작하기 전과 후에 모두 함께 기도하는 것도 경건 훈련 프로그램에 포함된다.

신학을 공부하는 학생은 먼저 헬라어와 히브리어 그리고 라틴어 시험에 합격해야 한다. 보통 3학기를 어학 준비를 위하여 보내므로 이런 부담을 덜기 위하여 많은 학생들이 고등학교 시절에 교구 목사에게서 어학을 배우며 미리 준비를 한다. 교구 목사 치고 헬라어와 히브리어를 가르치지 못할 사람은 없다. 교구 목사가 되려면 대학교의 정규 신학 과정에서 공부하여, 위에서 말한 바와 같이, 목사 시험에 합격해야 하며, 6개월간 설교자 연수과정을 마치고 2~3년간 수습 목사(Vikar)로 봉사해야 한다. 대학교 아닌 성경학교를 나온 사람은 15년의 전도사 경력을 쌓은 다음 소정의 시험을 쳐서 목회자라는 뜻을 지닌 '목사'(pastor)는 될 수 있다. 그러나 '교구 목사'(Pfarrer)는 될 수 없다.

독일에서는 학생들의 진로가 일찍부터 결정된다. 앞으로 대학을 지망하는, 공부를 잘하거나 좋아하는 학생들은 초등학교에서 4학년을 마치고 5학년이 될 때 오랜 전통을 가진 인문중고등학교(Humanistisches Gymnasium)로 가거나 7학년에 종합고등학교(Aufbaugymnasium)로 간다. 대학에 들어가기까지의 교육 연한은 13년이다. 대학에 가지 않을 학생들은 7학년에 직업학교(Realschule)로 간다.

직업학교 출신들의 초봉은 대학 출신보다 낮은 편이지만 직장 생활을 일찍 시작하므로 자기들의 봉급 총액은 늦게 시작하는 대학 출신 직업인들의 것에 결코 못지않다고 계산하며 나름대로 자부심을 가지고 산다. 직업에 종사하면서 전문인 기술자 '마이스터'가 되면 사회적으로도 인정을 받는다. 직업학교 출신으로 행정에 종사하는 사람도 계리사 등 자격을 갖추어 회사의 중역이 될 수도 있다.

대학에 갈 학생들은 대학 입학 자격고사 '아비투어'(Abitur)를 쳐야 한다. 영국의 A-level에 해당하는 시험이다. 나는 그것이 통일적인 기구의 관리 아래 전국적으로 일제히 치러지는 시험인 줄 알았으나, 나중에 알고 보니 각 김나지움, 즉 고등학교에서 시행하는 것이었다. 분데스리거 축구 선수에게 주는 평점과 마찬가지로 1.0이 최고점이다. 1.1 또는 1.2, 1.3, · · · 2.0, 3.0 등으로 점수를 주게 되어 있다.

대학들은 각 김나지움의 점수를 우리의 수능점수와 마찬가지로 객관적인 점수로 인정한다. 참으로 놀라운 일이 아닐 수 없다. 정직함이 바탕을 이루고 있지 않은 사회에서는 꿈도 꿀 수 없는 제도이다. 우리의 경우는 고등학교들이 점수 부풀리기의 유혹을 이기지 못할뿐더러, 설사 그런 유혹을 극복한다고 하더라도 남들이 믿어 주지 않을 것이다. 그것이 우리 사회의 현실이니까.

나는 부퍼탈 신학교에서 영국에서 시작했던 구약을 제대로 공부하려고 구약 교수 로버트 바흐(Robert Bach)의 강의를 들으며 예비 세미나(Proseminar)와 세미나(Seminar)에 들어갔다. 둘째 학기에는 강의를 들으면서 소치아테트(Sociatät)라는 고급 세미나에도 들어갔다. 고급 세미나에서는 당시의 관심사인 '계시와 역사'라는 주제를 다루었다. 구약 교수 바흐와 조직신학 교수 가야가 7,8명의 학생들과 서로 묻고 대답하는 세미나였다.

부퍼탈 신학교의 분위기는 영국 클리프톤과는 너무나 달랐다. 클리프톤은 목회자 양성을 목적으로 하는 보수적인 복음주의 신학교여서 경건 훈련을 위주로 하는 학교인 데 반하여, 부퍼탈 신학교는 대학교와 연관된 학사 운영을 하므로 아카데믹한 분위기 일색이었다. 강의는 아침 7시부터 밤늦게까지 개설되어 있으며, 위에서 말한 어학을 배우는 예비과정을 마친 학생은 자기가 알아서 강의를 택해 듣는다. 선택해 들을 수 있는 강의는 다양하고도 많았다.

자유주의 신학 사상이 팽배한 독일 대학이요, 신학교이다 보니까 복음주의 신앙을 가진 학생은 소수였다. 대학교의 신학과와는 달리 신학교는 경건한 공동생활을 경험하게 한다는 것인데, 경건한 공동생활을 하는 것이라고 의식하게 해 주는 것이 고작 아침 식사 후에 갖는 20분간의 채플과 식당에서 공동으로 하는 식사 기도였다.

한번은 몇몇 학생들이 왜 식사 때마다 공동으로 기도를 해야 하느냐고 이의를 제기하였다. 그런데 그것이 각자가 기도하고 음식을 먹으면 되지 않느냐고 하는 질문이기보다는 도대체 식사하기 전과 후에 왜 기도를 해야 하느냐 하는 질문이었던 모양이다. 어느 날 학생들이 모두 강당에 모였다. 무슨 일인가 해서 가보니 기도에 대한 설명회였다. 가야 교수가 기도의 의미에 대하여 장장 한 시간 반을 진지하게 강의를 하는 것이었다. 난 속으로 놀라움을 금하지 못했다. 신학생들이 기도하는 것은 몸에 배여 있어야 하는 것인데 새삼스럽게 기도의 의미를 묻다니···, 게다가 교수가 저렇게 오랜 시간을 들여 설명을 하다니···. 이게 독일 신학의 현주소인가 싶었다.

방학 때 오번도르프 유트 목사님 댁에 가 있을 때였다. 노회 교직자 회의에 같이 참석하자고 해서 산 너머에 있는 마을 에른테부뤼크로 갔다. 비트겐슈타인 노회는 목사 수가 30명 미만인 작은 노회였다. 한 달에 한 번꼴로 친목을 위해 모이는 교직자 회의는 여러 분야의 교수나 전문가를 초청하여 강의를 듣거나 혹은 한두 사람이 설교한 것을 가지고 강평을 하거나 토의를 벌이는 등 늘 함께 연구하고 공부하는 모임이었다.

그날은 아직 수습 목사로 있는 어떤 젊은 목사가 하나님이 정말 계시냐는 질문을 던지고는 집요하게 자기주장을 폈다. 아마도 불트만 학파의 영향을 받은 것이라고 생각했다. 나이든 다른 목사들은 칼 바르트의 영향을 받은 이들로 보수적인 편이었다. 그들은 자유주의 신학을 배운 독일 교회 목사들이 강단에서 무얼 어떻게 설교해야 할 줄 몰랐는데 바르트로 말미암아 설교를 할 수 있게 되었다고 증언하는 목사들이다.

놀라운 것은 젊은 목사의 말을 모두가 잠자코 들어주고는 진지하게 답해 주는 것이었다. 한국에서 같으면 새내기 목사가 감히 그런 말을 할 수도 없을뿐더러, 만일 했다면 당장 그 자리에서 축출을 당했을 텐데 말이다. 토론을 끝낼 때가 되어 사회 보던 목사가 말했다.

"자, 우리 다 같이 찬송 부르고 기도합시다."

그 말에 모두 함께 찬송을 부르고 기도하였다. 집회를 끝내면서 부른 찬송과 기도, 그것이야말로 하나님의 존재를 부정하는 논의에 대한 제일 좋은 답변이고 변증이 아닌가 하며 혼자 생각했다.

당시 부퍼탈 신학교는 자체적으로 학위를 줄 수 없었으므로 학위를 위한 공부를 하려면 대학교로 가야만 했다. 그때 외국학생으로는 나 외에 벨기에 개혁교회와 영국 감리교에서 각각 한 사람씩 와 있었고, 일본에서 두 사람이 와서 공부하고 있었다. 다들 1년 혹은 2년을 공부하고는 본국으로 돌아갔다. 그런데 유독 한국 학생인 나는 학위 공부를 해야 한다고 떼를 쓰다시피 해야 하는 것이 부끄럽기도 하여 비애를 느낄 정도였다. 그들은 모국에 있는 그들의 교회에서 공적으로 보냄을 받아 온 이들이므로 교회가 하라는 대로 하는 것이었다. 그러나 내 경우는 그들과 달랐다. 다시 말하면, 그들은 제대로 교회의 다스림과 보호를 받는 반면에, 난 프리랜서처럼 아무런 통제를 받지 않는 대신에 모국 교회의 지도나 보호를 받지 못하는 고아와 같은 신세라는 점이 달랐다.

나는 WCC에 속한 교회 출신이 아니어서 장학금을 얻기가 어려웠다. 경건주의자들은 반문화적인 성향이 있는 데다 대학의 신학을 부정적으로 보는 시각 때문에 괜한 책임질 일을 하지 않으려고 하였다.

“한국에서 온 신앙 좋은 청년이 대학에 가서 공부하다가 자유주의 신학에 물들면 어떻게 하지? 누가 그 책임을 지지?”

나는 지금에 와서 그때 박형룡 교수님께서 강의해 달라고 하신 부탁을
사절한 것을 죄송하게 생각하며 후회한다.
무슨 기회를 잡지 않았다는 생각에서는 전혀 아니고,
필요해서 요구하시는 말씀에 순종하지 않은 것이라는 생각에서
하나님께 사죄하는 마음에서이다.
그렇게 사절한 것도 교만에 해당하기에 하는 말이다.

09 고국에서 보낸 4년

고신에서 가르치다

장학금이 안 되는 마당에 공부도 하지 않으면서 세월을 보내는 것은 무의미할뿐더러 딸 선희가 초등학교에 입학해야 할 시기도 가까웠으므로 귀국하기로 결심했다. 어쩔 수 없는 일이었다. 나는 모처럼 시작한 간호사 과정을 끝내고 싶어 하는 아내를 간신히 달래어 1968년 8월에 함께 귀국하였다.

바젤비행장에서 갈아탈 비행기를 기다리며 식당에서 스파게티를 시켰더니 2인분을 하나의 커다란 대접에 수북이 담아 내놓았다. 리처드와 데이빗과 함께 유럽 여행을 할 때 스위스 산골 여관에서 큰 그릇에 가득히 담아 내놓던 감자 요리가 머릿속에 떠올랐다. 족히 몇 사람 분은 되어 보여 그 양에 질렸다. 이탈리아에서는 스파게티가 입맛을 돋우기 위해 본 식사 전에 먹는 에피타이저라고 하던데 이걸 먹고 어떻게 또 다른 음식을 먹지 하는 생각이 들었다.

싼 비행기 표를 샀더니 바젤에서 프로펠러 비행기로 갈아타게 되어 있었다. 제트 비행기로도 지겨운데 프로펠러 비행기로 오자니까 시간도 많이 걸려 고생이었다. 장시간 앉아 있으니까 안쓰럽게도 뱃속에 아기(형일)를 가진 아내의 발이 부었다. 나는 이래저래 아내에게 빚을 많이 진 사람이다. 네덜란드에 거주하던 이근삼 박사님의 처제가 독일에서부터 우리와 동행하였다.

부산 고려신학교는 나를 조교수로 임명해 주었다. 그러나 학교에 누적된 갈등 때문에 한 학기를 강의하고는 학교를 떠나야 했다. 교수회에서 이사회에다 이사장 불신임을 요청한 일로 인하여 학교와 교단이 발칵 뒤집혔다. 부산노회에서 교수들의 해명을 듣고 싶다고 해서 발언권을 얻어 이야기했으나 한 분을 제외하고는 아무도 진지하게 들어 줄 생각조차 하지 않고 젊은 교수들의 말을 신용하지 못하겠다는 태도였다. 우리의 말을 진지하게 들어주셨던 그 한 분이 바로 정홍석 목사님이셨다. 그는 교편 생활을 하셨던 이로 정태산 선배의 아버지였다. 정태산 씨는 서울대 의대를 나와 의사로 욕심 없이 봉사하며 살아온 장로요, 믿음의 선배이시다.

노회에서 사회하는 목사가 "보아도 안 본 거고, 안 보아도 본 거나 다름이 없다."라고 하면서 경멸하는 조로 희죽거리며 웃으니까 다들 따라 웃었다. 나는 그날 환멸을 느끼며 집에 돌아와 울었다. 이번의 울음은 내가 회개하고 예수님을 영접할 때 감격에 넘쳐 울었던 것과는 전혀 다른 것이었다. 어쩌다 내가 신학을 하게 되어 이런 세계에 들어서게 되었는지 후회하면서 울었다.

한 사람을 제외하고는 교수들 전원이 총사퇴를 함으로써 투쟁을 벌였다. 이사회는 1969년 3월부로 두 분의 신학부 교수를 제외하고 대학부 교수 5명 전원을 해임하였다. 사태를 수습하기 위하여 새로 교장으로 취임하신 한상동 목사님은 K 교수와 나를 교회 사택으로 불러 두 사람은 교회를 위하여 학교에 남아 달라고 권고하셨다. 그러나 나는 존경하는 그분의 권유를 받아들일 수가 없었다. 어떻게 동료들과의 의리를 저버리고 슬그머니 뒷문으로 들어가서 연명을 구걸하여 가르친단 말인가. 그것이 어떻게 교회를 위하는 일이 될 수 있는지 이해가 되지 않았다. 김진경 친구와 홍치모 선배와는 평생을 같이 살며 사귈 사람들인데 그들을 저버린다는 것은 상상조차 할 수 없는 일이었다. 돌아오는 버스 안에서 난 K 교수에게 말했다.

"도로 들어가십시오. 난 아직 젊으니까 어디로 가든 살게 될 거요."

교수들은 벌써 12월부터 봉급을 받지 못했다. 그런 일은 종종 있는 일이긴 한데, 학교가 시끄러워졌으니 더 그럴 수밖에. 난 남포동에 있는 영어 학원 ELI에서 방학 때 영어와 독일어를 가르쳤다. 영어반에서는 타임(Time)을 교재로 사용했다. 학교 봉급보다 3배나 되는 돈을 받았다. ELI 원장과 총무는 나더러 학교도 시끄러운데 그만 여기서 같이 일하자고 권했다. 독일어반에는 경기여고 학생 둘이 겨울 방학에 와서 독일어를 수강하였다. 그들은 나를 보고 독일까지 가서 공부했으면서 어떻게 이런 학원에서 가르치느냐고 물었다. 난 할 말을 몰라 계면쩍은 미소로 답했다. 방학이 끝나고 학교에서 잘리면서 난 학원 일을 그만두었다. 학원에서 어학을 가르치는 것은 신학한 사람으로서는 외도하는 것인데 그곳에 더 오래 있으면 쉽게 발을 뺄 수 없는 수렁이 될 수 있을 터이니까 말이다. 난 다른 신학교 시간 강사로 1년 남짓 세월을 보냈다.

우리는 송도 사택을 떠나 동래 온천장에다 방을 구하고 아내는 생계를 위하여 통닭 점포를 열었다. 주일에는 뜻을 같이하는 다른 두 형제 부부와 어울려 우리 점포에서 예배 시간을 가졌다. 그러기를 수개월 계속하다 마침내 우리는 우리 모임의 한계를 실감하고 각자 다시 교회로 나가기로 했다.

김진경과 대학부 교수들이 기독교협력회 재단을 맡았으나 몇 해 후 그 재단이 다른 데로 넘어가는 비극적인 참담한 결과에 이르렀다. 나는 일찌감치 서울로 가느라 그 일에서는 빠졌으나 이사 중 한 사람의 독단적인 전횡과 배신에서 그런 결과가 빚어졌다.

1969년 2월 26일에 아들 형일이 부산 일신병원에서 태어났다. 부산에서 고신 교수들이 이사회와 한창 갈등 관계에 있을 때였다. 아내는 분만을 위해 일신병원에 입원했으나 아기를 쉽게 낳을 수가 없어서 분만대에 세 번이나 오르내리며 고생을 했다. 난 병원 근처 여관방에 기숙을 하며 헤밍웨이의 《무기야 잘 있거라》의 마지막 장면에 나오는 불행한 장면을 떠올리기도 하며 초조하게 기다렸다. 고맙게도 두 친구가 함께 있어 주었다. 26일 아침에 드디어 아기를 낳았다는 소식을 듣고 서둘러 병원으로 갔다. 아들을 낳아 기뻐하는 아내를 치하하고 아들 형일이를 보고는 곧 송도 사택으로 돌아가 딸 선희를 데리고 다시 아기를 보러 갔다. 선희는 동생을 맞이하느라 색동옷을 차려입고 갔다.

둘째 딸 주희는 1970년 7월 23일에 태어났다. 아내가 생계를 위하여 부산 동래 온천장에서 통닭 장사를 하고 있을 때였다. 내가 병원에 이르자 간호사가 말했다. "예쁜 딸아기를 낳았습니다." 얼굴에 붓기도 없이 매끈하게 생긴 아기가 아내 옆에 자고 있었다.

승동교회에서 대학부와 청년부를 지도하다

그해 여름을 지내고 9월 초에 나는 만류하는 동료들을 뒤로 하고 서울로 갔다. 박일웅 목사가 시무하고 있는 승동교회 교육담당 전도사로 일하게 되었다. 어머니의 간절한 기도 덕분이었다. 어머니가 박 목사에게 나의 처지를 얘기했던 것이다. 더 이상 부산서 세월을 보내며 지낼 의미가 없어졌기 때문에 박 목사와 당회의 부름을 주님의 부르심으로 알고 서울로 가기로 했다. 사업할 사람은 사업을 하고 난 공부나 하는 사람이니 내가 할 수 있는 일에 충실해야 하겠다는 생각에서 떠나기로 한 것이다.

서울 승동교회로 가는 것은 곧 내가 자란 고려파를 떠나는 것이므로 그간에 나를 아껴 주신 한명동 목사님께는 정말 죄송한 일이었다. 내가 고려신학교에서 공부를 했더라면 그렇게 쉽게 교단을 옮기는 일은 없었을 터인데, 나의 교단 의식은 평신도 수준이었는가 하면, 한편 엉뚱하게도 신학을 한 사람으로서 어디서나 날 필요로 하는 곳이면 가서 일한다는 전문인 의식이 있어서 자유로울 수 있었다. 그때는 아직 신학이 곧 목회이고, 목회가 신학하는 것임을 몰랐을 때였으므로 자신을 전문인으로 착각했던 것이다.

하기는 난 합동측의 부전교회에서 청년부 지도를 맡아 달라고 해서 부전교회에 출석하고 있었으니까 서울로 가기 전에 이미 교단을 옮긴 셈이었다. 주일 예배에서 한병기 목사님의 잘 준비하신 설교를 통하여 많은 것을 배웠다. 무엇보다도 거창고등학교의 전영창 교장 선생의 경우와 마찬가지로 설교를 위해서는 많은 시간을 들여 충분히 잘 준비해야 한다는 것을 배웠다. 한병기 목사님은 일제 강점기에 변호사로 일한 분으로 합동측 교회의 지도적인 목사님이셨다. 부목사로 계시던 황보연중 목사님은 나에게 퍽 친절하게 대해 주셨는데, 나중에 미국 미주총회에서 반갑게 만나 뵙곤 했다. 난 서울로 가는 바람에 부전교회에는 겨우 3개월만 머물렀다.

승동교회에서 주로 대학부와 청년부를 지도하며 교육부를 맡아 일하였다. 나더러 교육위원장직을 맡아 일하라고 했으나 전도사의 직함으로 각부 부장인 장로들로 구성되는 교육위원회를 통괄한다는 것은 부자연스런 일이었다. 그래서 그 일에 대하여는 여러 분들이 잘 협조해 주는데도 불구하고 소극적으로 대응하였다. 내가 소심한 탓도 있었지만, 교회에서는 일을 척척 잘해내는 것보다는 때에 따라서는 좀 어설프게 하는 것이 화목이나 화합을 위하여 더 도움이 될 수도 있는 것이니까. 박일웅 담임목사가 친구이다 보니까 여러 분들과의 관계에서 더 지혜롭게 처신해야 한다고 생각했다.

승동교회에서는 내가 유럽에 유학하느라 5년이나 있었으면서 박사학위도 없이 그냥 왔느냐고 묻는 이들이 더러 있었다. 그럴 때면 난 내 양곁에 형일이와 주희의 손을 잡고 보이며 "얘들이 제 박사학위입니다." 하며 대답하곤 했다. 실은 아들과 딸은 박사학위와 비교도 할 수 없는 귀한 존재들이다. 사람으로 세상에 와서 평범하게 살다가 남기고 가는 것이 자식 말고 또 무엇이 있는가? 옛날 총신에 있을 때 김희보 원로 교수님이 책을 내실 때마다 황송하게도 연구실로 찾아와 당신이 쓰신 책을 주시면서 늘 하시던 말씀이 생각난다.

"이것 내가 죽고 나면 쓰레기통에 들어갈 것이지만 드립니다."

청년부와 대학부 두 부서를 동시에 지도하자니 약간의 어려움이 있었다. 대학부 회원들 중에는 대체로 교회 중진들의 자녀들이 많은 반면에, 청년부에는 연령 차이는 있었으나 대학부 회원들과는 달리 블루칼라 출신들이 많은 편이어서 그들에게는 보이지 않는 질시 같은 것이 있었다. 양편을 다 고루 돌아보아야 한다고 생각하고 조심스럽게 처신한다고 했으나, 청년부 회원들의 눈에는 내가 대학부에 더 관심을 두고 있는 것으로 비친 것 같았다. 대학생들 모임은 주로 토요일에 있었으며 여름 방학이면 수련회도 가고 했으므로 그들과 더 많은 시간을 보낸 것이 사실이다.

이런 일도 있었다. 청년부 헌신 예배에 예배 인도를 맡은 청년이 점퍼를 입고 나와서 사회를 했다. 격식을 많이 따지는 장로님 한 분이 예배 후에 그 청년을 불러 정장을 하지 않았다고 나무랐다. 우리는 그 후 교회에서 다시는 그 청년을 볼 수 없었다. 정장이 없어서 자기로서는 깨끗하게 점퍼를 세탁해 입고 나와 최선을 다했다는 얘기를 전해 듣고 나는 그에게 정말 미안하게 여기며 마음이 언짢았던 일을 기억한다.

주일에는 중고등부 예배에 내가 주로 설교하였다. 나이 많은 권사님 한 분이 늘 참석해서 설교를 들으시며 설교가 좀 다르다면서 좋아하셨다. 40여 년이 지난 후 내가 승동교회 110년사를 쓸 때 알게 된 사실이지만, 그 할머니는 바로 승동교회의 전신인 곤당골교회를 개척한 무어 목사와 함께 백정의 신분 복권을 위해 투쟁한 박성춘 장로의 따님으로 산부인과 의사 신필호 박사의 부인이었다. 그의 시댁은 말하자면 신분 타파를 위한 투쟁에 호응하여 솔선수범한 집안이었다. 신필호 박사는 민족사관을 수립한 역사학자 단재 신채호(申采浩) 선생의 동생이었다.

1971년 겨울 방학 기간에 중고등부 부흥사경회가 있었다. 난 강사님을 모시고 하는 사경회 준비를 위하여 솜옷을 두텁게 입고 철야 기도를 하느라 교회에서 며칠 밤을 보냈다. 대학부 학생들이 그런 나를 보더니 눈이 휘둥그레졌다. 나의 그런 모습이 그들에게는 전혀 기대 밖이었기 때문이다.

한 가지 잊을 수 없는 일은 1971년 여름에 강원도 동해안으로 대학생들을 인솔하고 수련회로 갔던 일이다. 남산교회 J 목사님을 강사로 모셨다. 강사 목사님은 대학생들이 꽤 자유분방하다면서 별로 마음에 들어 하지 않으셨다.

백사장에 천막을 치고 있었는데, 사흘째 되는 목요일 오전에 우리는 태풍 경보를 전해 들었다. 먹구름이 몰려오고 바람이 거세지는 게 심상치 않았다. 난 집회를 중단하자고 하고는 학생들에게 철수령을 내렸다. 텐트도 다 걷어야 한다고 말했다. 그러나 학생들은 우리가 친 텐트가 물에서 꽤 떨어진 거리에 있어서 아무 일 없을 텐데 왜 그러느냐면서 얼른 말을 들으려고 하지 않았다. 태풍이 해일을 몰고 올 수 있으므로 옮겨야 한다고 설득하는 말에 모두들 마지못해 텐트 안에 있는 짐만 우선 챙겨 가지고 마을로 들어갔다.

점심을 먹고 오후에 임원들과 함께 텐트를 걷으러 비바람을 맞으며 바닷가로 갔다. 바닷가에 이르자 우리는 깜짝 놀랐다. 큰 파도를 타고 바닷물이 곧 텐트를 덮치기라도 할 듯이 바로 그 아래까지 밀려들고 있었다. 태풍의 위력을 절감할 수 있었다. 그때서야 학생들은 서둘러 철수하기를 잘했다고 시인하였다. 이튿날 해안 북쪽에서는 파도에 텐트를 유실당한 그룹들이 있었다는 소식을 학생들이 내게 들려주었다.

우리가 만난 태풍은 한반도를 덮친 가장 강력한 태풍 중 하나였다. 강원도 지역은 전화와 철도가 두절되어 우리뿐 아니라 많은 피서객들이 고립 상태에 처하였다. 교회와 부모들은 교통이 두절된 데다가 전화

소통도 안 되어 애를 태웠다. 토요일에도 철도가 복구되지 않아 꼼짝 못하고 갇혀 지냈다. 우리를 포함한 많은 피서객들이 모두 역에 나와 무작정 기차가 오기만을 기다렸다. 강사 목사님은 그분의 교회 주일 예배 인도 때문에 안절부절못하셨다. 기차가 언제 올지 알 수가 없었으므로 모두들 역에서 밤을 지새웠다.

주일 첫 새벽에 마침내 기차가 와서 회원들 몇 명이 먼저 타고 갔다. 강사 목사님은 잠깐 화장실에 간 틈에 차를 놓치고 말았다. 두 번째 기차가 와서 목사님은 둘째 그룹과 같이 타고 떠나셨다. 기차가 만원이어서 다 탈 수가 없었다. 나중에 들은 얘기지만 기차가 청량리에 닿자마자 강사님은 예배 시간에 늦지 않으려고 학생들에게 인사도 않으시고 급히 가셨다고 했다. 나는 목사님께서 그나마 본 교회에서 예배를 인도할 수 있게 되었으니 다행이라고 생각했으나, 학생들은 섭섭한 정도가 아니라 실망했다는 이야기를 털어놓았다. 나는 마지막 남은 5명의 학생들과 함께 세 번째 기차를 탔다.

지도자는 위기 상황에서 중의를 거슬러서라도 단호히 결단하고 실천에 옮겨야 한다는 사실을 경험했다. 태풍에 혼났던 그 다음 해 여름에 학생들과 해변에 갔을 때이다. 이번에도 강원도 동해 바닷가였다. 난 김경인 학생이 발을 벤 것이 벌겋게 부어오르고 있는 것을 뒤늦게 발견했다. 그는 별일 없을 것이라면서 수양회가 끝나는 대로 집으로 가겠다고 고집하는 것을 나는 즉시 친구를 딸려 강제로 그를 집으로 보냈다. 옛날 어느 소설에서 스페인에서 여행하던 여자가 발이 상한 걸 예사로이 여겨 계속 걸어가다가 독이 온 몸에 퍼져 죽었다는 이야기를 읽은 것이 생각났기 때문이다. 그의 아버지는 옛날 나를 치료해 주신 의사로서 너무나 잘 아는 분이셨다. 그는 아들의 발을 보고 노발대발하면서 몇 배나 많은 분량의 항생제 주사를 놓으며 치료하셨다고 한다. 나중에 그분은 내게 조금만 늦었어도 큰일 날 뻔했다고 말씀하셨다.

대학생들과 함께 관악산 등반을 갔을 때였다. 당시는 길이 좋지 않아서 종로에서 버스를 갈아타며 과천까지 가는 데 꽤 오랜 시간이 걸려 정오가 훌쩍 넘어서야 목적지에 도착했다. 모두들 한참을 걸어 정상에서 그렇게 멀지 않은 지점에 이르렀다. 모두 함께 쉬면서 정상까지 가는 문제를 두고 의논했다. 모처럼 여기까지 온 김에 정상까지 가자는 의견이 다수였다. 그러나 벌써 오후 늦은 시간이어서 아직 해는 있었으나 이미 햇살은 약해지고 있었다. 그 지점까지 올라온 시간을 헤아려 보니 정상까지 간다는 것은 무리라는 계산이 나왔다. 거기서 바로 발길을 돌려 하산하더라도 해 있을 때 버스 정류장까지 가게 되면 다행일 것 같았다.

난 인솔자로서 하산을 결정하고 모두 따르도록 타일렀다. 산에서 내려와 마을에 이르자 날은 이미 어두워졌다. 만일 만용을 부려 등산을 고집했더라면 모두가 캄캄한 어두운 산길을 헤맬 뻔한 것을 생각하니 아찔했다. 중도 하산이란 말에 시큰둥했던 학생들을 포함하여 모두가 이구동성으로 말했다.

"그때 내려오기를 정말 잘했어요."

승동교회에 있으면서 나는 한편 사당동 총회신학교에서 편목과정을 이수하였다. 나는 1971년도의 강도사 고시에 응시하여 외국에서 공부하고 온 사람으로는 이례적으로 낙방을 면하고 합격하였다. 모든 것이 쉽게 풀리는 것을 물론 하나님께 감사해야 하겠으나 사역자의 정신 건강을 위하여 반드시 좋은 것은 아닌 것 같다는 생각이다. 사실 나는 신학교 동창의 한 사람이 되고 싶어 강의에 충실히 참석해야겠다는 생각을 했으나 교수님들이나 주변 사람들이 그렇게 하도록 내버려두지 않았다. 이상근 교수님의 조직신학 강의실에 들어가니까 강의 후 교수님이 나에게 강의 들으러 오지 않아도 된다고 하시면서 영문으로 된 존 머레이(John Murray)의 《인간론》 책을 주시면서 읽고 리포트를 제출하라고 말씀하셨다.

1971년 학년말에 박형룡 학장님이 나를 댁으로 불러 새 학기에 대학부 강의를 맡아 달라고 말씀하셨다. 나는 목회부터 배우고 싶다는 말씀을 드려 그의 제안을 사절하였다. 고신에서 겪은 상처가 아직 아물지 않아서였는지 학교에서 강의할 마음이 내키지 않았다. 그러나 대학부 4학년의 독일어 강독을 맡아 교수하던 중앙대학교의 서동익 박사가 갑자기 소천하는 바람에 내가 대타로 그 강독을 맡았다. 니체의 《차라투스트라는 이렇게 말했다》를 교재로 하고 있었다.

"기꺼이 스페어타이어 노릇을 하겠습니다."

그런데 나는 지금에 와서 그때 박형룡 교수님께서 강의해 달라고 하신 부탁을 사절한 것을 죄송하게 생각하며 후회한다. 무슨 기회를 잡지 않았다는 생각에서는 전혀 아니고, 필요해서 요구하시는 말씀에 순종하지 않은 것이라는 생각에서 하나님께 사죄하는 마음에서이다. 그렇게 사절한 것도 교만에 해당하기에 하는 말이다.

1972년 5월 경기노회에서 독일 전도목사로 안수받다

1972년 봄 학기가 끝날 무렵에 김득룡 교수님이 가을 학기를 대비하여 대학부 강의를 여섯 시간 정도 맡아 달라고 하셨으나 난 독일로 교회 봉사를 위해 가게 되었다면서 다시금 사양하지 않을 수 없었다. 그는 그렇다면 축하할 일이라고 말씀하셨다. 9월에 나는 다섯으로 불어난 가족을 이끌고 다시금 독일로 향하였다.

1971년 여름에 유트 목사님이 서울에 방문했을 때이다. 우리는 원이수(John Wallis) 선교사에게 부탁하여 그가 그 댁에 유하도록 조처하였다. 원이수 목사는 내가 유학한 영국 클리프톤 신학교 출신 목사로 1970년부터 몇 해 동안 서울에서 선교사로 일한 분이다. 그가 한국에서 한 일 중에 중요한 사역 중 하나가 성서유니온선교회(Scripture Union)를 한국에 소개하고 활성화한 일이었다. 부인의 건강 때문에 선교사로 더 오래 있지 못하고 일찍이 철수하여 영국서 IVF 총무로, 나중에는 런던의 한 교구 목사로 봉사한 친구이다. 원이수 목사는 연세대학 근처에 있는 정통장로교회(OPC) 선교관에서 지내고 있었다. 유트 목사님은 이삼 일 후에 우리가 사는 문화촌 아파트에 와서 우리가 사는 모습을 보고는 충격을 받으신 것 같았다. 우리는 어머니랑 여섯 식구가 10평짜리 아파트에 살고 있었다.

"아니, 네가 공부도 많이 했는데 어떻게 교회가 이렇게 좁은 집에 살게 하지? 독일에는 목사가 모자라니 너 독일에 와서 일했으면 좋겠구나. 생각해 보고 내게 알려 주려무나."

승동교회에서 사택으로 샀다는 문화촌 아파트에 처음 이사 들었을 때 집이 너무 작은 데에는 나도 적이 실망했다. 부산서 가져온 책상 둘 중에 하나는 들여놓을 수 없어서 아래 입구에서 처분해 버렸다. 선희와 형일이는 할머니와 큰 방에서 자고, 나와 아내는 막내 주희를 데리고 작은 방에서 잤다. 방이 좁아 내 머리는 테이블 책상 아래 두어야 했다. 예수님은 인자는 머리 둘 곳도 없다고 하셨는데, 주님의 이름으로 사는 자가 테이블책상 아래나마 머리 둘 곳이 있으니 감사할 일이었다. 더구나 그 덕분에 내가 다시 독일로 가게 되었으니 말이다.

독일에서 지낸 2년간의 체류는 신학을 이해하는 일에나 독일어를 활용할 수 있을 정도로 습득하는 일을 위해서나 너무 짧은 것이었음을 절실히 느끼고 있었으므로 더 배워야겠다는 욕심으로 다시 독일로 가기로 하였다. 승동교회에서 일한 지 꼭 2년만이었다. 1972년 9월 우리가 독일로 떠나기 전이었다. 5월에 승동교회에서 열린 경기노회에서는 나를 독일 전도목사로 안수해 주셨다.

목사 장립 기념 (1972년 5월, 승동교회당)

"승동교회에서는 내가 유럽에 유학하느라 5년이나 있었으면서
박사학위도 없이 그냥 왔느냐고 묻는 이들이 더러 있었다
그럴 때면 난 내 양 곁에 형일이와 주희의 손을 잡고 보이며
'얘들이 제 박사학위입니다' 하며 대답하곤 했다"

결혼 10주년 가족사진 (1972년, 독일로 떠나던 해)

언어도 문제이지만 무엇을 설교할 것인지를 생각하며 처음엔 좀 망설였다.
풍요롭고 깔끔하게 사는 이들에게 무슨 말씀을 전해야 할 것인가 하는 생각에서였다.
그러나 얼마 후 우리나 그들이나 사람 사는 것은 다 같으며
집집마다 문제를 안고 있지 않는 가정이 없음을 알게 되었다.

10 포이딩겐 교구교회에서의 목회 이야기

독일로 다시 가다

난 비행장에서 여러 분들의 축하 인사를 받으며 가족을 데리고 떠났다. 선희가 초등학교 4학년 1학기를 마쳤으며, 형일이는 만 세 살 반이고, 주희가 만 두 살이었다. 비행기가 하늘로 날아오른 지 몇 시간이 지나자 밖이 어두워졌다. 나는 비행기 창밖으로 끝없이 하얗게 눈으로 덮인 북극의 황야를 내려다보며 갑자기 북받쳐 오르는 울음을 참을 수가 없어 창 쪽으로 고개를 돌려 식구들 몰래 혼자 쉼 없이 흐르는 눈물을 삼키며 울었다. 내 인생 여정의 한 장(場)이 과거로 사라져 가는 것을 너무나 생생하게 감지하게 되어서 그랬을까? 아니면 하나님을 의지하는 믿음이 적은 탓에 앞으로 갖게 될 미지의 생활에 대한 불안 때문에 그랬을까?

어머니는 후에 초청하기로 하고 네 식구를 거느리고 가는 가장의 호주머니에는 달랑 100마르크(약 50달러) 지폐 한 장밖에 없었다. 런던 공항에서 독일로 가는 비행기를 기다리는 사이에 형일이가 트레일러가 달린 쇠로 된 모형 트럭을 사 달라기에 100마르크를 헐어 20마르크를 주고 샀더니 80마르크가 남았다.

포이딩겐 교회에서는 폴크홀츠에 우리가 살 셋집을 마련해 두고 우리를 기다리고 있었다. 집에 들어서서 옷장을 열어 보니 한쪽에 우리더러 쓰라고 마련해 둔 수건이 수북이 쌓여 있었으며, 테이블 위에는 그곳 마을 주민들, 즉 교인들이 갖다 둔 케이크 조각들이 여러 접시에 담겨 있었다. 그 이튿날 유트 목사님이 나를 자동차에 태워 은행에 들렀다. 은행에는 내 계좌가 열려 있고 9월 봉급이 이미 나와 있었다. 이런 걸 가리켜 감히 '여호와 이레'라고 해야 하나? 독일에서는 내내 봉급을 월초에 받았다. 다른 직장에서도 그런 것이었는지 모르지만, 복음의 사역자는 복음서의 포도원 비유에서처럼 일한 대가로 급료를 받기보다는 은혜로 미리 생활비를 받고 복음에 빚진 자로 일하는 것임을 뜻하는 것이라고 해석할 수 있다.

베스트팔렌의 포이딩겐(Feudingen) 교구는 약 5천 명이 십여 개의 마을에 흩어져 살고 있는 산골 마을 교구이다. 도시에는 만 명 이상의 인구를 가진 교구들이 있다. 그런 교구는 목회구역이 셋 혹은 넷으로 나뉘어 있어서 목사 한 사람이 이천오백 명 내지는 삼천 명, 많을 경우에는 오천 명을 돌보며 그들을 위해 목회 활동을 한다. 주일 설교는 같은 예배당에서 목사들이 돌아가면서 설교한다. 그러나 여기 포이딩겐 교구는 목회 구역이 둘로 나뉘어 있었으며, 예배당이 셋 있고, 또 한 군데 예배 처소가 있었다.

포이딩겐 마을에 있는 교구 예배당은 1218년에 준공을 본 건물로 약 2,500명의 주민이 모여 사는 마을 중앙에 자리 잡고 있다. 제2의 예배당은 거기서 북쪽으로 4킬로미터 떨어진 마을 오번도르프(Oberndorf)의 널찍한 들 중앙에 서 있으며, 바로 옆에 공동묘지가 붙어 있다. 1956년에 유트 목사님이 제2 목회 구역을 맡으면서 세운 예배당이다. 예배당 바로 옆에 목사 사택이 있다.

우리나라에서는 평지에다 집을 짓고 산은 불가침의 것으로 보존해 온 편이지만, 독일에서는 가는 곳마다 들판은 농경지로 그냥 둔 채 산자락 중턱에 집을 짓고 있음을 보게 되었다. 대체로 집에서 내다보는 경관도 좋고 배수도 잘 되는 것이 이점일 것이다. 하긴 산들이 우리 산들보다 경사가 덜 급할뿐더러 몬순기후도 아니어서 장대비가 쏟아져 산사태가 나는 일이 거의 없는 자연환경 때문에 그러했겠지만, 어쨌든 그것이 그들의 지혜에서 나온 문화가 된 것이다.

어디로 가나 독일 마을들은 깨끗하다. 여자들은 평상시에 늘 앞치마를 입고 있다. 집안도 정원도 깨끗이 가꾼다. 매주 토요일에는 대청소를 한다. 사람들이 볼 수 없는 전등 갓 위에 더 닦을 먼지가 없는 곳도 물걸레로 훔쳐 내거나 구석구석 먼지를 털어 낸다. 마을 사람들은 인적이 드문 외딴 길을 걸으면서도 담배꽁초나 휴지를 아무 데나 버리지 않고 자기 호주머니에 넣는 것을 목격했다. 독일 마을이나 도시의 거리 풍경은 차분하고 조용하다. 제가끔 멋을 부리느라 집을 들쭉날쭉하게 지어 눈을 어지럽게 만드는 우리나라 도시 골목 풍경과는 너무나 다르다. 집 모양은 우리 한옥 마을보다는 좀 더 다양하면서도 조화의 미를 살리고 있다. 우리가 살던 지방 마을들의 지붕 색깔은 대체로 모두 검정색인데 차를 타고 가면 빨간색 지붕 마을도 더러 만나게 된다. 관에서 조화를 깨트리는 건축 양식이나 지붕 색깔은 허용하지 않아서 그렇기도 하지만, 아무튼 이웃이 서로를 배려하는 정신을 드러내 보이는 것 같았다. 조화의 미는 서로를 배려하는 데서 형성되고 드러나는 것이다.

임직 예배에는 노회장이 참석한 가운데 목사들과 장로들이 안수했으며, 설교는 임직을 받는 당사자인 내가 로마서 1장을 본문으로 '복음에 빚진 자'란 내용의 설교를 했다. 내가 주로 돌보게 되었던 폴크홀츠(Volkholz) 마을은 포이딩겐과 오번도르프 두 마을에서 4킬로미터 되는 지점에 있다.

1967년에 준공한 제3의 예배당은 코르브지에의 방주 모양의 교회를 모방하여 지은 아담한 작은 예배당으로 폴크홀츠 마을로 들어서면 마주 보이는 언덕 중턱에 있다. 골짜기 안쪽으로 예배당에서 한 집 건너에 있는 집이 우리가 살게 된 집이었다. 예배당을 지을 때는 내가 부퍼탈 신학교 기숙사에 있을 때인데, 방학 때 와서 건물을 짓는 일을 돕기도 했으며 준공식에도 참석하였다.

폴크홀츠 교회당 바로 옆집은, 즉 우리의 유일한 이웃집은 우리가 사는 집보다 좀 더 큰 데다 훨씬 반듯하고 잘 꾸며진 집이었다. 쉐퍼라는 노부부가 살고 있었다. 할아버지는 룰 지방의 겔젠키르케에서 안경원을 하던 분으로 손재주가 좋은 사람이었다. 아버지의 가업을 물려받아 안경원을 하던 아들이 안과 의사가 되자 아버지는 아들에게 축하 선물을 하느라 1,000시간을 드려 제작했다면서 정교하게 만든 축소형(miniature) 롤스로이스를 우리에게 보여 주며 자랑하였다. 아들 식구가 오면 늘 성탄절 때처럼 현관과 마당에 오색 전등을 켜서 환영하였다. 여름에는 젊은 며느리가 비키니 차림으로 시부모를 전혀 어려워하지 않고 돌아다니거나 일광욕을 하느라 간이의자에 드러누워 있는 모습이, 아니 그런 가풍이 인상적이었다. 그러나 이곳 시골 사람들은 그들과는 달리 훨씬 보수적이었다.

이 고장에는 대가족제가 우리와는 좀 다른 형태로 유지되고 있었다.

부모들과 한 집에서 살면서도 아래 위층으로 따로 기거하며, 취사도 따로 하는 가정들이 많았다. 늙은이와 젊은이들이 식성이 다르므로 따로 해 먹는 것이 좋다는 것이 노부부들의 말이었다. 젊은이들이 노부모를 돌보면서도 그만큼 독립적으로 서로가 자유롭게 사는 셈이니까 합리적이기도 하다.

우리가 살게 된 집은 쉐퍼 노부부 집에서 뜰을 옆으로 끼고 약 80미터 떨어진 곳에 있었다. 우리가 사는 집에서 100여 미터 더 가면 공동묘지가 있다. 완경사의 언덕으로 약 150여 미터 거리의 저 아래 골짜기에 나 있는 도로 건너에는 도로를 따라 흐르는 작은 실개천이 있다. 란(Lahn)이라고 하는 이 실개천은 글라스휴테 골짜기에서 발원하여 포이딩겐을 지나면서 개천이 되어 헷센의 마르부르크로 흘러가는데 마르부르크에 이르면 꽤 넓은 시내가 되고 강이 되어 라인 강으로 흘러가 합류한다.

우리가 사는 집 뒤로 자동차로 한 4, 5분 올라가면 꽤 길고 널찍하게 뻗어 있는 산등성에 이른다. 거기에는 지크크벨레(Siegquelle)라는 샘물이 있다. 우리말로 하자면 약수터인데, 지크크벨레는 라인 강으로 흘러 들어가는 지류 지크(Sieg) 강의 원천이다. 우리가 살던 마을이 말하자면 라인 강의 두 지류의 원천이 있는 곳이다.

지크크벨레 약수터 근처에는 고사리가 무성하게 자라는 곳이 있어서 온 식구가 가서 한 두어 번 고사리의 새순이 올라올 때 큰 바구니 가득 캐어다 삶고 말려 나물로 먹은 적이 있다. 우리가 사는 집 마당과 주변에는 민들레가 여기저기 피어 있어서 어머니는 그것들을 캐어 물에 담가 쓴 물을 빼고는 나물을 해 먹기도 했다. 아이들은 독일 애들이 너희 집에 토끼를 키우느냐고 묻는 말을 들을 때는 창피하다면서 나물로 캐어 먹지 말자고 호소했다.

"할머니, 제발 민들레는 캐지 마세요. 우린 토끼풀 안 먹어요."

애들이 송어 잡이도 하는 저기 아래 개울가에는 집 두 채가 서로 뚝 떨어져 서 있었다. 그 중 한 집이 형일이 동무 피터의 집이다. 학교 갈 때면 늘 피터가 형일이를 데리러 언덕을 가로질러 올라오곤 했으며, 학교에 갔다 와서는 늘 함께 어울렸다. 겨울에 눈이 오면 아이들이 저기 아래 개울이 있는 곳까지 썰매나 스키로 언덕을 타고 내려가곤 했다. 아마 지금도 큰 변화는 없을 것이다. 집들이 멀리 떨어져 있어서 우리 집에서 나팔을 불어도 방해 받을 이웃이 없었다. 난 청소년들과 사귀느라 한동안 포이딩겐 마을 CVJM(YMCA)이 소유하고 있는 '프렌치 호른'을 빌려다 불었다. 독일에서는 '발트호른'(Waldhorn)이라고 한다.

이곳 사람들은 집을 대체로 주말에 자기들 손으로 짓는다. 주말이라고 해야 토요일 하루 일할 수 있을 뿐이다. 주일, 즉 일요일은 일하지 않고 안식하는 것이 오랜 관습일 뿐 아니라 국법이기도 하다. 이곳 주민들은 주일이면 마당에 빨래도 널지 않으며, 동네 구멍가게도 문을 닫는다.

독일 사람들의 철저함과 꾸준함은 집짓는 데서도 볼 수 있다. 집 하나를 7~8년씩 걸려 짓는다. 단단한 돌을 분쇄한 것을 시멘트에 섞어 만든 큰 블록으로 세로로 두 개를 놓고 그 위에 가로로 둘씩 놓아 벽을 쌓아 올린다. 두께가 자그마치 40~50센티미터는 됨직한 게 성벽 같다. 시골 마을에서 하수도 공사하는 것을 보면 입이 딱 벌어진다. 골목길을 3미터 이상이나 깊이 판다. 아마 지하실의 배수 때문에도 그렇게 깊이 파는 모양이다. 그래서 겨울 추위에 배수관이 동파되었다느니 하는 얘기를 듣는 일은 없다. 도로 포장하는 걸 보아도 아스팔트를 굉장히 두껍게 깐다.

이방인 목사가 경험한 독일 교회

나는 안수 받은 목사이지만 게마인데헬퍼(Gemeindehelfer)라는 직분으로 목사를 도우면서 목사가 하는 일을 모두 다 하는 사역을 했다. 목사는 주일 설교 이외에 청소년들의 신앙교육을 맡아 한다. 청소년들은 12살부터 14살까지 2년간 견신례(Konfirmation)를 위하여 요리문답 교육을 받는다. 루터교 교회에서는 루터의 요리문답으로, 개혁교회에서는 하이델베르크 요리문답으로 교육을 받는다.

목사는 생일을 맞은 노인들을 심방하며, 결혼식과 장례식을 주례하고, 2주에 한 번꼴로 병원 심방을 한다. 주중에는 부인회나 노인회 또는 청소년회를 지도한다. 그래서 독일 목사 역시 가정을 돌보지 않는다고 부인들이 불평할 정도로 바쁘다. 도시에서 오천 명이나 되는 큰 교구를 맡은 목사는 토요일이면 하루에 여러 차례 결혼식을 주례할 경우가 많은데 거기다 장례식까지 겹치는 날에는 정신을 못 차릴 정도로 바쁘다.

난 한 달에 한 번쯤 설교를 준비하여 세 교회와 한 예배 처소로 돌아가면서 설교를 했다. 서툰 남의 말로 설교를 준비하자니 금요일이면 꼬박 밤을 새야 했다. 한동안 유트 목사님이 독일어를 고쳐 주어서 큰 도움을 받았다. 설교를 위해서는 말도 문제이지만 무엇을 설교할 것인지를 생각하며 처음엔 좀 망설였다. 모두들 풍요롭고 깔끔하게 사는 이들에게 무슨 말씀을 전해야 할 것인가 하는 생각에서였다. 그러나 얼마 후 우리나 그들이나 사람 사는 것은 다 같으며 집집마다 문제를 안고 있지 않는 가정이 없음을 알게 되었다. 사람은 누구나 다 하나님의 말씀과 구원의 복음과 치유와 위로가 필요한 존재이니까.

처음에는 청소년 지도를 맡았으나 언어 소통이 걸림돌이어서 그만두고 노인회를 맡도록 해 주었다. 그리고 생일을 맞은 폴크홀츠 구역의 노인들을 심방했다. 매달 발간하는 교회소식지 뒷면에 70세, 75세 그리고 80세 이상의 생일을 맞는 노인들의 이름이 적혀 나오므로 별도로 목사를 초청하지 않아도 목사는 무조건 축하하러 가야 한다. 생일을 맞은 할아버지 또는 할머니는 방문할 목사를 위하여 자기 식탁 바로 옆자리를 으레 비워 두고 기다린다. 목사가 《로중》(Lohsung)에서 그날의 말씀을 읽고 메시지를 전하고 기도함으로써 생일 축하연이 시작된다.

《로중》은 독일 경건주의자들에게서 나온 '오늘의 말씀' 수첩이다. '로중' 이란 말은 '제비뽑기' 란 말인데, 연말에 신약 성경 구절 365개를 통 속에 넣어 섞고는 하나씩 뽑기를 하여 카렌다의 날짜를 따라 채우고 거기에 상응하는 구약 성경 구절을 골라 짝을 맞춘다고 한다. 독일 교회나 소그룹의 모임에서 경건회를 할 때 인도자는 수첩을 열어 그날의 말씀을 하나님께서 주시는 말씀으로 알고 묵상하거나 설교한다. 수첩 서두에는 그해의 말씀이 있다. 경건주의 운동을 지나치게 신령주의적이고 주관주의적이라고 비판하며 부정적으로 평가하던 칼 바르트도 《로중》만은 늘 품에 넣고 다니며 애용했다고 한다.

생일을 축하하러 다른 고장에서 온 자녀나 친척들은 낯선 이방인 목사를 보고는 으레 이렇게 인사한다.

"여기 오신 지 얼마나 되었어요?"

그리고는 또 묻는다.

"여기 얼마나 오래 계실 거예요?"(Wie lange bleiben Sie hier?)

독일 사람들이 외국 사람들을 보면 으레 묻는 말이다. 식민지를 가진 지 오래된 영국 사람들은 날씨 이야기나 했지 그런 질문을 하는 경우는 별로 없다. 영국 사람들에 비하면 독일 사람들은 그만큼 덜 세련되었다. "가지 말고 여기 오래 살도록 하시오." 하는 말을 덧붙이는 경우도 있다. 그들은 별 의식 없이 그렇게 묻고 말하지만, 그들의 인사는 외국 사람들에게는 자기들의 정체성을 다시금 의식하게 해 준다. '아, 난 역시 이방인이요, 나그네구나. 여기가 내가 오래 살 곳이 아니구나.' 그런 자의식을 갖게 되는 데에는 나 역시 예외가 아니었다.

병원 방문도 목사가 알아서 한다. 난 2주에 한 번꼴로 병원을 방문했다. 병원에 들어서면 목사는 먼저 현관 옆방에 비치해 둔 입원환자 카드를 뒤져 자기 교구에서 온 환자들의 이름을 수첩에다 적고는 호실로 찾아가 심방한다. 보통 5~7명은 된다. 병원을 방문하면 교구 사람들은 나를 알아보고 고마워했다. 노인회에 출석하는 할머니들은 눈물을 흘리며 반기기도 했다. 우리 교구 사람들은 주로 우리 마을에서 16킬로미터 거리에 있는 벨레부르크 병원으로 가거나 드물게는 30여 킬로미터 떨어진 지겐에 있는 융스틸링(Jungstiling) 병원으로 간다.

융스틸링이라는 이름의 병원은 독일 여러 지역에서 발견할 수 있다. 융스틸링은 귀족 출신으로서 경건주의 신앙을 가지고 사회봉사를 위하여 여러 곳에 병원을 짓는 데 재산을 내놓은 사람이다. 융스틸링 병원은 그의 이름을 딴 기념병원이다.

포이딩겐 마을 노인회는 내가 그 교구로 간 이듬해에 결성되었다. 70세 이상의 주민이면 누구나 회원이 될 수 있었다. 노인회를 시작하게 된 동기 중 하나는 내게 봉사할 일거리를 주려는 의도였다. 노인들은 매주 월요일 오후마다 교회 친교실에 모여 커피를 마시며 두세 시간씩 환담을 한다. 먼저 목사가 성경을 읽고 간단히 말씀을 전하고는 기도하고 찬송을 인도함으로써 함께 경건회를 한다. 그리고는 흘러간 옛 노래를 부르거나 옛날 얘기를 한다. 여기 노인회에서는 우리가 학교에서 배워 아는 친근한 독일 노래들도 즐겨 불렀다. 한데 독일 젊은이들이 그런 노래를 부르는 것을 나는 들어 본 적이 없다.

리처드 오토 씨는 옛날 학교 다닐 때 외우던 시들을 전혀 막힘없이 암송하곤 했다. 독일에서는 주일 오전에 한 번 드리는 예배만 예배(Gottesdienst)라고 하고, 그 밖의 모임에서 갖는 예배는 경건회(Andacht)라고 한다. 다시 말하면, 하나님께서 정해 주신 날에 명하신 대로 하나님께 찬송하고 하나님의 말씀을 들으며 경배하는, 소위 우리가 일컫는 공 예배 또는 대예배가 예배이고, 임의로 모여 하나님을 찬송하고 기도하는 예배는 경건회라고 해서 구별한다.

노인회에서는 1년에 서너 번 버스를 대절하여 소풍을 가곤 했다. 우리가 살던 고장은 자우얼란트(Sauerland)의 남쪽 끝자락에 위치하고 있어서 가까운 곳에 산수가 수려한, 가볼 만한 고장들이 많이 있다. 우리가 사는 마을에서 약 30분 거리에 있는 산속 마을 빈터베르크에는 스키 도약대도 있다. 이곳 자우얼란트는 산이 없는 나라 네덜란드 사람들이 휴가를 위하여 즐겨 찾는 곳이다. 식당에서 점심을 먹고 오후에는 커피를 마시고 돌아오는 길에는 산골 마을 예배당에 들러 경건회를 가진다. 소풍 일정이나 코스를 정하고 버스와 식당, 예배할 교회당을 예약하는 일은 노인회 총무의 몫이다.

1973년 노인회를 처음 조직하여 모였을 때 델로리(Gustav Delorie) 할아버지가 70세로 제일 젊은 노인이어서 총무를 맡았다. 그분은 1980년에 내가 떠난 후에도 90세가 넘게 오래 살면서 내내 그 일을 맡아 하며 내게 편지도 보내 주셨다. 1990년에 내가 미국에서 귀국했을 때도 편지를 주고받았다. 델로리 씨와 두어 분 노인들이 내 생일이면 폴크홀츠에 있는 집으로 해마다 빠짐없이 선물을 들고 방문해 주셨다. 포이딩겐 교회 사진과 파란색 남포가 바로 생일 선물로 받은 것이다. 아들과 손자에게 가보로 물려줄 만한 것이다.

1832년에 한국 서해안 고대도에 와서 한 달간 복음을 전했던 개신교의 첫 선교사 귀츨라프(Gützlaff)의 기념 예배당을 짓는 일을 합신 교단에서 기획하여 완성했다. 내가 자료 수집하는 일을 맡아 2004년 5월 말경에 독일에 갔을 때 포이딩겐에 들렀다. 우리가 독일을 떠난 지 24년 만이었다. 옛날 사귀던 노인회 회원들 중 누군가 살아있다면 그건 이상한 일이다. 그러나 그때 함께 봉사하던 부인들은 나보다 약간 나이 많은 분들이었으니까 혹시 누가 살아 있을지도 모른다는 기대에서 알아보니까 네 사람이 다 별세했다는 것이었다. 살아 있었으면 날 정말 반갑게 맞아주었을 텐데 정말 아쉽고 서운한 생각이 들었다. 그 중 한 사람인 엘리자베스 마이스터 부인은 내가 옛날 겨울 방학 때 두어 달 그곳 가구 공장에서 일할 때 알게 된 부인이었다. 마을 공동묘지를 방문해서 내게 친숙한 이름들이 새겨져 있는 비석을 가진 무덤들을 찾아보고 꽃이라도 한 송이씩 놓고 오지 못한 것이 못내 마음에 걸렸다. 내가 직접 차를 운전해 갔더라면 찾아보았을 터인데···

1967년 겨울에 부엌가구 공장에서 2개월 일한 것도 잊을 수 없는 추억거리다. 공장은 아침 6시부터 가동되므로 나는 유트 목사님 댁에 기거하면서 새벽에 일어나 자전거를 타고 공장까지 약 15분 걸려 어두운 눈길을 비틀거리며 가곤 했다. 사무원들의 일 시작 시간은 노동자들보다 한 시간 늦은 7시였다.

노동자들은 아침 6시부터 2시간 일하고 8시가 되면 조반을 먹기 위해 휴식한다. 모두 집에서 싸온 검은 농부빵으로 만든 샌드위치(Butterbrot)로 조반으로 때우고는 다시 일을 시작한다. 휴식 시간이 20분밖에 안 되니 옳게 쉴 새도 없다. 12시가 되면 40분간 점심 식사를 위해서 쉰다. 대다수의 일꾼들이 아침에 먹다 남겨 둔 샌드위치를 먹고 남는 시간은 공장 마당에서 공차기를 하거나 떠들어대며 휴식을 즐긴다. 오후 3시가 되면 일을 끝내고 각자 집으로 돌아간다. 그리고는 소를 먹이거나 집안일을 하는 것이 농촌 지역에 사는 노동자들의 하루 일과이다. 난 감기에 걸렸는데도 쉬지 않고 땀으로 옷을 흠뻑 적시면서 일하여 감기를 쫓던 기억이 새롭다.

우리가 살던 고장은 한국 교민들이 많이 살고 있는 룰 지방에서 멀리 떨어져 있는 산골 마을이다. 자동차로 족히 두어 시간은 걸리는 곳이었다. 우리가 살던 고장에서 약 50분 거리에 있는 지겐의 외곽 도시 아이저펠트에는 송한용 씨 가정이 살고 있어서 서로 자주 오갔다. 송한용 씨는 광부로 왔다가 노동 계약이 끝나자 한국 간호사와 결혼하여 가정을 이루어 사는 분이다. 그 한국 간호사는 아내와 함께 이곳 고장으로 간호학생으로 와서 독일서 간호사가 된 장학연 자매이다.

1964년 12월에 박정희 대통령이 독일에 국빈으로 방문하여 룰 지방에서 일하는 한국 광부들을 찾아와 시커멓게 석탄 가루로 얼룩진 그들의 모습을 보고는 울었다는 일화는 가슴을 찡하게 하는 잘 알려진 이야기다. 광부들의 태반이 고학력자임에도 불구하고 이역만리로 험한 일을 마다하지 않고 대거 취업해 갔던 것이다. 같은 시기에 간호사들도 독일로 취업해 갔었다. 당시는 그만큼 한국에서 직장 얻기가 어려웠으며, 우리나라의 국민 소득이 달러로 아직 세 자리 수에 미치지 못할 때였으니까 임금의 격차도 엄청 컸었다.

독일에서는 남자 간호사를 '크랑켄플레거'(Krankenpfleger)라고 하고 여자 간호사를 여성어미를 붙여 '크랑켄플레거린'(Krankepflegerin)이라고 한다. 그리고 다수를 점하는 여자 간호사들을 친근하게 '크랑켄쉬베스터'(Krankenschwester), 직역을 하자면 간호자매라고 한다. 독일 간호사는 전문적인 직업인으로 인정받는 미국의 간호사와는 달리 궂은일도 마다하지 않고 '디아코니아' 정신으로, 즉 기독교 봉사 정신으로 일하는 이들로 인정을 받는다. 그런 이해가 사회적인 통념인 데다 1960년대까지만 해도 간호사들은 2교대로 일해 왔다. 그러다보니 간호사직은 현대 여성들이 기피하는 직종이 되어 버려 병원마다 간호사가 모자라게 되었으며, 간호학교들은 학생들이 줄어 폐쇄될 지경에 이르렀다. 그래서 독일 병원들이 간호사들을 하루 3교대로 일하게 하는 등 경영의 합리화를 기하는 한편, 한국에서 간호사와 간호학교 지망생을 받아들인 것이다.

많은 한국 광부들이 비슷한 시기에 온 한국 간호사들과 결혼하여 가정을 이루고 공장에 취업하거나 식료품 가게 등을 운영하며 장사를 하는 등 생업을 가지면서 독일에 정착하게 되었다. 개중에는 자기들이 가진 예능이나 기타의 잠재력을 키우면서 자기 발전을 이룩한 사람들도 있었다. 독일에 정착하는 사람들 중에는 배추 농사를 하는 사람들이 있어서 도시로 나가면 배추랑 한국 식료품을 쉽게 살 수가 있었다. '키나콜'(China-koll)로 알려진 배추는 나중에 우리가 살던 산골 마을 가게에서도 살 수 있는 품목이 되었다. 겨울이 시작되는 김장철이면 난 아내와 룰 지방으로 차를 몰고 가서 배추를 서른 포기씩 사 오곤 했다. 어머니와 아내는 스무 포기 정도 먼저 김장을 하고 나머지는 신문지로 싸서 보관했다가 김치를 담갔다.

아이들의 적응

선희는 한국에서 4학년 1학기를 마치고 왔으나 독일에 와서 언어 때문에 적응하느라 고생이 많았다. 자기 나이에 맞는 반에 들어가지 못하고 1, 2학년 과정부터 동시에 시작하였다. 그러다가 5학년에서 한 학년을 건너 뛰어 라스페에 있는 종합중고등학교(Aufbaugymnasium)에 들어가 7학년이 되었다. 그러나 우리가 미국으로 이민하는 바람에 그곳 고등학교를 채 졸업도 못하고 미국으로 와서는 다시 적응하느라 고생을 했다. 미국서는 제 나이에 맞는 학년에 편입했다가 대학으로 갔으니 학교 과정을 엉성하게 공부해서 마친 셈이다. 순발력이 있어서 그런대로 따라갔으나 딸에게 과중한 짐을 지게 해서 나로서는 여간 미안하지가 않았다. 독일에서 그나마 알차게 공부한 것은 피아노였다. 교수 타이틀을 가진 음악선생에게 제대로 피아노 교습을 받았다.

선희는 음악에 재능이 있는 데다 숙제를 받아 오면 내가 도우미로 피아노 복습하는 것을 들어 주어 충분히 연습해 갔으므로 매주 새 곡을 받아 와 진도가 빨랐다. 한국에서는 피아노를 배우면 〈바이엘〉을 먼저 치게 하고 그다음 단계로 〈체르니〉를 치게 하는 식으로 음악성의 성숙보다는 테크닉의 숙달에 더 관심을 쏟는 교육을 한다고 들었는데, 선희를 지도하는 교수는 소품 등 악곡을 치게 하여 음악적인 감성이 함께 자라도록 가르치는 것이었다. 이런 것이 독일 음악 교육의 다른 점이거니 하고 이해했다.

선희가 언젠가 숙제로 받아 온 드뷔시의 소품곡은 왼손으로 네 박자를 침과 동시에 오른손으로는 세 박자를 치는 것이어서 한 단계 높여가는 과정의 것이므로 옆에서 들어 주었다. 그 곡은 인상파 그림을 연상케 하는 것이어서 드뷔시가 인상파 작곡가임을 곧 감지할 수 있었다. 우리는 음악사전을 펴 그가 인상파 작곡가임을 확인하였다.

형일이는 축구를 좋아하고 학교에서 공부도 잘했을 뿐 아니라 독서도 많이 하고 글짓기도 잘했다. 김나지움 1학년, 즉 5학년 때 선생님이 학부모회에 참석한 엄마를 보고 형일이가 "하늘을 나는 말"이란 글을 썼는데 그것이 두 학년 위의 학생들과 같은 수준의 글이라면서 칭찬해 주셨다. 형일이나 주희는 집에 오면 숙제부터 하였다. 형일이는 얼른 숙제를 끝내고 밖으로 놀러 갔으나 주희는 숙제를 좀 더디게 하는 편이었다. 그러나 주희는 자존심과 고집이 세어서 어느 누구에게도 묻거나 도움을 청하는 법이 없이, 또 도와주겠다는 제안을 거절하고는 꼼꼼히 혼자서 다 해결하였다.

선희는 음악 레슨을 받으러 4킬로미터 떨어져 있는 오번도르프로 갔으나 형일이와 주희는 라스페 고등학교 선생인 디트리히 선생 부부가 집으로 와서 레슨을 해 주었다. 형일이는 디트리히 선생에게서 바이올린을 배우고, 주희는 그 부인에게 피아노를 배웠다.

그런데 주희는 음악보다는 그림 그리는 데 소질이 있음을 발견했다. 후에 미국서 고등학생 때 그림도 그리고 도자기를 만들곤 했는데 도자기가 우수작으로 뽑혀 애틀랜타 미술관에 전시되는 영예를 얻기도 했다. 조지아 공대 건축과에 들어가 한 학기를 공부하고는 미술대학으로 가겠다고 할 정도로 그림에 관심이 있어서 대학 다니면서 틈틈이 그림도 그리곤 했다. 그 방면으로 자기 계발을 하도록 돕지 못한 것을 애석하게 그리고 미안하게 여긴다.

아이들 공부 이야기가 나왔으니 하는 말인데, 한국 어린이들을 입양한 독일 사람들 중 내가 만난 사람들은 다들 자기들이 입양한 한국 아이들이 머리가 좋고 학교에서 공부도 잘한다고 말해 주어 가슴이 뿌듯했다. 그런데 입양아 이야기는 여러 가슴 아픈 사연을 떠올리게 한다.

한국 어린이를 입양한 어느 가정에서 우리 식구를 초대하여 간 적이 있다. 지겐 북쪽 외각에 있는 교구 목사님 가정이었다. 근처에 사는 한국 간호사들도 와서 목사 사모님이 대접해 주는 점심을 함께 나누며 즐겁게 지냈다. 점심 메뉴는 아스파라가스를 넣어 끓인 닭죽이었는데 그 맛이 일품이었다. 목사님 부부가 입양한 다섯 살 난 여자 아이가 처음부터 우리를 몹시 반기면서 뜰에 핀 꽃을 한 송이 꺾어 아내에게 주는 것이었다. 오후 늦게 우리가 떠날 때 그 애가 우리를 따라오겠다고 할 때는 가슴이 찡했다. 처음 보는 사람이고 만난 지가 얼마 되지도 않았는데 핏줄이 같은 한국 사람이라고 따라 나서려는 것을 겨우 달래 놓고 돌아서 오자니 마음이 아팠다.

독일 교구에서 목회하시던 한국인 선배 김철현 목사님이 하셨던 이야기가 생각난다. 목사님이 서울에 방문하러 갔다가 독일로 돌아오는 길에 홀트씨양자회(現 홀트아동복지회)가 알선하는 입양아를 데리고 온 적이 있다고 한다. 그런 경우 양자회가 비행기 표를 사 주기 때문에 한국인 여행자들 중에 그런 봉사를 하는 사람들이 많았다. 김 목사님은 양자회에서 안겨 주는 갓난아기를 데리고 우유를 먹이랴 기저귀를 갈아

주랴 아기가 울면 달래며 씨름을 하다가 경유지에서 스웨덴 양부모에게 아기를 넘겨주었다. 짐을 벗게 되었으니 홀가분해야 할 텐데 밤새 정이 든 아기를 떼어 주고 나니 어떻게나 허전하고 섭섭하던지 눈물이 날 지경이었다고 하면서, 다시는 그런 일은 않겠노라고 다짐했다고 하는 이야기였다.

분단 시대 독일의 실상

독일이 위대한 통일을 이룩했다는 소식을 들은 것은 우리가 미국 애틀랜타에 살면서 내가 한인교회에서 목회하고 있을 때였다. 어쩌다 분단국이 되어 자유민주주의와 공산주의의 이념 대결로 대치하고 있던 세 나라 중에서, 베트남에서는 북쪽의 공산주의측 베트콩이 1975년 오랜 전쟁 끝에 남쪽 베트남을 정복함으로 적화 통일이 되었고, 독일에서는 베를린 장벽이 허물어진 지 삼백여 일이 지난 1990년 10월 3일 자유민주주의를 표방하는 서독이 공산주의 체제의 동독을 흡수함으로써 통일을 이룩하였다.

베트남의 경우는 우리가 별로 생각하고 싶지 않은 사건이지만, 독일의 경우는 남북통일을 염원하는 우리에게는 선망의 대상이어서 많은 이들이 거기에서 통일의 역사적인 교훈이나 지식을 얻고자 하며 통일의 모델로 삼고자 한다. 그런데 나는 독일에 살면서 동독과 서독의 관계가 우리의 남북 관계와는 비교할 수 없을 정도로 다른 점이 많은 것을 경험하였다.

먼저는 나라가 분단에 이르게 된 경위부터 다르다. 독일은 제2차 세계대전에서 패하자 미국, 영국, 프랑스와 소련의 4개국 군대가 전범국 독일을 견제하기 위하여 분할 점령함으로 말미암아 네 점령 지역으로 분할되었다. 나중에 점령군의 철수와 더불어 서방의 세 나라가 점령했던 지역은 하나가 되어 자유민주주의 서독이 되었고 소련이 점령했던 지역은 공산주의 동독이 됨으로 말미암아 분단이 굳혀져 버렸다.

그러나 우리나라의 경우는 패전국도 아닌데 일본의 식민 통치하에 있던 약소국을 자립할 때까지 보호한다는 명분으로 한반도의 남쪽은 미군이, 북쪽은 소련군이 점령하여 군정을 실시한 결과로 분단이 굳혀져 버린 것이다.

독일 정부와 국민들은 패전의 쓰라림과 자괴감 속에서도 자주국가의 국민으로서 자부심을 가졌을 뿐 아니라 경제부흥을 이룩할 수 있는 저력을 갖고 있었던 반면에, 우리는 근 40년을 일제에게 강점을 당하여 망국의 식민지 생활에 지쳐 피해의식을 가진 데다 빈곤과 싸워야 했다. 서독은 미국의 마샬 정책의 뒷받침으로 경제 대국으로 성장한 데 반하여 우리 남한은 6·25 전쟁도 겪어 1970년대 초까지만 해도 북한에도 뒤지는 빈국으로 지내야 했던 것도 다른 점이다.

북쪽은 공산통일을 획책하는 데 일관한 반면에, 남쪽은 이에 대응하여 반공을 국시로 함으로써 팽팽하게 맞서왔다. 1950년부터 3년간 국제전의 양상을 띤 큰 전쟁을 치른 한반도에는 휴전 이후 휴전선 지대를 중간에 두고 남과 북이 서로를 주적(主績)으로 간주하고 대치하는 상황에 이른 데 반하여, 동독은 엄한 공산체제를 갖추었으나 서독은 공산주의 사상과 활동을 포용하는 폭넓은 자유민주주의 국가로 있었다는 점과 서로가 전쟁을 하는 일이 없었음은 물론이고 상당한 정도로 상호 교류가 이루어졌다는 점이 우리와는 큰 차이점이다.

서독에서는 1956년에 공산당이 비합법적인 정당이 되었다고는 하나 선거에는 공산주의자들이 후보로 나오는 것이었다. 비록 그들이 국회에 진출할 정도로 표를 얻지는 못했으나 공산주의 사상을 가졌다고 정치 활동에 제재를 받는 것은 아니었다. 칼 마르크스 탄생 백주년에는 서독 우체국에서 그를 기념하는 우표도 발행하였으니 그런 것은 우리로서는 잘 이해가 되지 않는 대목이다. 말하자면 서독은 동독을 품에 안고 있었던 셈이다. 그런가 하면 동독은 자기 영토 안에 마침내 공산 정권의 붕괴를 촉발한 뇌관처럼 깊숙이 심어져 있는 서독 자유민주주의 전초지 서베를린을 용인하고 있었다.

독일 통일은 기독교민주당(CDU)의 헬무트 콜이 수상으로 있을 때 실현되었으나 통일의 물꼬를 튼 이는 사회민주당(SPD)을 이끌어온 빌리 브란트였다. 브란트는 1975년 선거에서 기민당을 근소한 차이로 누르고 기민당과 그 당의 주도 아래 연정해 오던 것을 지양하고 자유당과 연정을 시작하였다. 그는 수상으로서 동독을 방문하는 등 정치적 차원에서도 교류하는 길을 열었다. 임기 중간에 그의 비서가 동독의 스파이라는 것이 드러났으나 그것은 그냥 하나의 사건으로 처리되었을 뿐 브란트의 정치 생명에 누가 되는 사건으로 문제화되지는 않았다.

독일은 지리적으로 러시아와 가까이 있고 유럽의 나라들에 둘러싸여 있어서 동독 사람들이 체코 등 주변 나라로 대거 탈출하기도 쉬웠고, 주변 나라들은 그들을 받아 주어 동독의 붕괴가 가속화된 것이다.

동서의 이념대립과 냉전으로 독일의 분단을 초래했던 소련의 공산주의 체제가 1985년에 선포한 고르바쵸프의 페레스토로이카 정책으로 개인의 자유와 사회의 민주화를 구가하는 바람이 일기 시작하여 동유럽의 국가들이 공산주의 독재 정권에서 벗어나게 되었으며, 소련연방은

1991년에 완전히 붕괴되었다. 유럽에서 동독의 공산체제가 와해될 수 있는 정황과 여건이 무르익었던 것임을 알 수 있다.

그러나 한반도는 유럽으로부터 먼 변방에 위치해 있으므로 유럽이 경험한 공산권의 와해라는 역사적인 사건의 영향은 미미할 뿐이었다. 게다가 북한의 국경선은 거의 다 아직도 공산주의 국가로 건재하고 있는 거대한 중국과 접하고 있으므로, 북한 주민의 탈출은 동독의 경우와는 달라서 쉽게 감행할 수 있는 것이 아니다.

서독 영토의 크기는 동독의 것에 비해 3:1이었다. 분단된 서베를린이 동독 내에 섬처럼 위치하고 있었을 뿐 아니라 거기까지 가는 고속도로가 동독 지역을 통과하고 있었다는 점, 특히 분단의 상징이라는 가시적인 장벽이 독일의 수도 베를린 시를 갈라놓고 있었던 점, 그리고 장벽도 동독이 일방적으로 만들었던 점도 휴전선 양쪽으로 쌍방이 설치한 철조망과 지뢰로 매설된 상당히 폭이 넓은 비무장 지대를 두고 분단되어 있는 우리의 상황과는 너무나 다른 점들이다. 지상에는 가시적인 장벽이 베를린을 갈라놓고 있었으나 지하에서 지하철이 관통 운행되고 있었던 사실 역시 우리로서는 상상도 할 수 없는 현상이었다.

동 베를린에서 장벽을 넘어 서 베를린으로 넘어오는 사람들을 향해 동독 쪽에서 총격을 가하곤 했으나 서독은 모든 면에서 관대하였다. 동독과 서독이 상호 방문을 허용하고 있었으며, 편지 교환은 물론 1970년대 중반부터는 전화 통화도 할 수 있었던 점도 남침을 위해 비무장지역 땅 아래로 땅굴을 파는가 하면 이산가족의 재회도 마지못해 응해 온 북쪽과 대치해 온 우리의 사정과는 천양지차이다. 우리의 경우는 1950년 6·25 전쟁 이전에 잠깐 편지 교환을 할 수 있었을 뿐이었다. 1·4 후퇴 때 내려오신 숙부님은 내가 보내드린 편지를 받아 보았다고 하셨다.

동독 정부는 동독 주민의 서독 방문을 엄격히 제한했으나 65세 이상의 노인들의 경우는 자유롭게 방문하도록 허락하였다. 동독 정부가 노인들은 노동인력으로 더 이상 값어치가 없으므로 이주할 자유를 주는 것이라고 서독 사람들은 조소하는 어투로 말했다. 그러나 서독에서는 개인이나 단체들의 동독 방문을 언제든 원하는 대로 허락하였으며, 동독 정부도 이를 받아들였다.

동독과 서독 화폐의 실질적인 환율이 1:5임에도 불구하고 동독은 1:1로 교환해 주는 것이었다. 그럼에도 불구하고 서독 주민들은 이를 감내하고 동독의 친지들이나 자매결연한 교회나 기관들을 방문하였다. 동독이 덤핑하는 물건도 서독은 너그럽게 받아 주곤 하였다. 베를린으로 가는 고속도로의 보수 및 유지 등에 소요되는 비용은 물론 서독이 담당하였다.

동독에서는 교회가 비록 충분한 자유는 누리지 못했으나 오랜 역사를 가진 교회가 그대로 건재하고 있었으며, 서독의 교회들은 동독의 교회들과 자매결연을 하고 일방적으로 방문할 수 있었던 상황도 우리의 상상을 초월하는 것이었다. 동독은 모든 공산주의 국가들과 마찬가지로 일당 독재의 공산주의 체제를 갖고 있었다. 그러나 우리의 북한 정권은 국가 주석을 세습하고 우상화하며 민생은 돌보지 않고 군사력만 키우는 퇴폐적인 독재 정권이다. 우리의 남북관계는 옛날 독일의 동서관계와는 비교가 안 된다.

북한 정권에 대한 의식이나 우리나라에 대한 자존감이 서독 정부와 사람들의 동독에 대한 의식이나 자존감에 미치지 못하는 것은 반성해 볼 점이다. 우리는 대외적으로, 이를테면 올림픽에 나갈 때 남과 북이 'Korea'라는 국호를 서로 쓰려고 힘겨루기를 하던 끝에 북한이 남한에게 밀려 D.P.R.K.라는 국호를 사용하게 된 데 반하여, 남한은 Korea라는 국호를 차지하고는 쾌재를 불렀다.

그러나 서독은 자기네를 가리켜 떳떳하게 West Germany라고 하며, 모든 생산품에도 'made in West Germany'라고 새겨 왔다. 분단된 한국을 두고, 국제 사회는 북쪽을 가리켜 North Korea라고 하고 우리 남쪽을 가리켜서는 South Korea라고 부르는 데도 불구하고 우리는 남쪽만을 가지고 굳이 Korea라고 우길 뿐 아니라 South Korea라고 부르면 마치 불경을 범하는 것처럼 여겨 왔다.

이런 것이 독일 사람들과 우리와의 의식의 차이다. 서독 정부나 국민이 자기 나라를 대외적으로 떳떳이 West Germany라고 했는데, 그것은 그들이 분단된 조국의 현실을 직시하고 인정함으로써 서와 동이 합하여 Germany라는 것을 전제하고 시인하는 한편, 통일 독일을 지향한다는 의지를 은연중에 표현하는 것이었다. 반면에 국제 사회가 우리 남한을 가리켜 South Korea라고 함에도 불구하고 우리 스스로가 남한만을 가리켜 Korea라고 고집하며 그것이 외교적인 승리라고 여기는 것은 반쪽만의 조국과 영토로 만족한다는 비논리적인 사고와 자세를 표출하는 것일 뿐이다.

1983년에 내가 총신대학교에 부임한 직후 정부에서 개최하는 신임교수 연수회에 참가하여 판문점에 견학하러 갔을 때의 일이 생각난다. 교관이 창문 너머 휴전선 건너편을 가리키며 '북괴 땅'이라고 하는 말을 듣고 참 한심하다는 생각을 했다. 거기가 북한 땅이지 어떻게 '북괴 땅'이란 말인가? 그렇게 말하는 것은 북의 괴뢰정부를 합법적인 정부로 인정한다는 말이 아닌가. 북의 정부를 괴뢰정부라고 하면서 국토를 두고 그렇게 말하는 것은 자가당착이다. 저 너머에 있는 땅은 기회가 있는 대로 수복해야 할 우리 민족의 땅이고 대한민국이 회복해야 할 땅이지, 북괴 정권의 땅이 아니지 않은가.

서독에서 발행하는 자동차 도로지도나 지도책에는 동독도 포함된 독일 전역의 지도가 수록되어 있었다. 그에 비하여 우리는 오래도록 남한만의 반 토막 지도만 보아 왔다. TV의 일기 예보도 남한의 일기만 보도한다. 국기만 해도 독일은 우리보다는 쉽게 통일을 이룩할 수 있는 소지를 갖고 있었음을 상징적으로 드러내 보이고 있었다.

서독의 깃발은 검정, 빨강, 황금색 바탕의 깃발이다. 동독의 깃발 역시 바탕은 서독의 깃발과 똑같다. 다만 동독의 경우는 깃발 한가운데 왕관이 그려져 있었으나 서독의 것은 그것이 없는 것이 다를 뿐, 동독과 서독 깃발에 그 밖에는 차이가 없었다. 그런데 알고 보니 분단 이전의 독일에서 역사적으로는 그 둘이 다 사용되었던 것이다. 서독이 흡수통일을 한 후 동독 국기에서 왕관만 치우니까 그만이었다. 그에 비하여 우리 경우는 남과 북의 깃발이 판이하다. 그리고 국호로 말하자면, 남은 대한민주주의공화국이고, 북은 조선민주주의인민공화국이라고 해서 국호 역시 너무 다르다.

우리는 매사에 양자택일의 흑백 논리로 사고하고 대처하며 양극화로 치닫는다. 독일에서는 정반합의 논리나 긍정과 부정의 교차 논리로 현실과 사물을 파악하고 합일을 지향하는 변증법적 사고가 보편화되어 있다. 그러나 우리에게는 그런 논리와 사고가 실제 생활에서는 생소하다. 그래서인지 우리의 경우 정치계나 종교계, 체육계 등 사회 제반 분야에서 자기주장과 아집으로 인한 파당과 분열, 그리고 극한 대립의

악순환에서 벗어나지 못한다.

통일을 위해서도 우리 남한 사회부터 극한 대립을 지양하고 화합을 이루는 사회가 되어야 한다. 그러나 우리 남한이 그런 의지와 지혜와 양식을 갖춘다고 하더라도 통일은 일방적으로 우리 힘만으로 달성할 수 있는 것이 아니지 않는가. 소련이 해체되고, 동유럽이 공산주의의 굴레에서 벗어나게 되며, 독일이 통일을 이룩하게 된 것이 누구도 예측하지 못한 가운데 이루어진 기적이었다. '남방 시내들을 돌리시는' 역사를 주관하시는 하나님으로 말미암아 성취된 일이다. 우리는 우리에게 해방을 주시고 번영의 기적을 주신 하나님께서 우리 민족을 불쌍히 보시고 긍휼과 자비를 베푸셔서 민족의 숙원인 통일의 기적을 주시기를 기원하고 대망할 수밖에 없다.

동백림 사건의 망령

1970년대 후반이었다. 어느 날 나 혼자 다른 도시에 갔다가 집에 돌아오니까 아내가 몹시 흥분해 있었다. 난데없이 이상한 전화를 받아서였다. 이북에서 온 사람인데 남편이 오래 전부터 이북과 접촉해 왔다면서 긴히 만날 일이 있어 지겐(Siegen)에 와 있으니 전화를 좀 바꾸어 달라고 하며 당장이라도 찾아올 듯이 말하더라고 했다. 지겐은 우리가 살던 마을에서 자동차로 30분 거리에 있는 도시다. 겁을 먹은 아내는 상기된 음성으로 단호하게 대꾸했다고 한다.

"남편은 지금 출타하고 없습니다. 그리고 남편이 이북과 접촉해 왔다니 그게 무슨 말입니까? 그런 일은 절대로 있을 수 없습니다. 한국 정부가 그런 사실을 아는 날에는 우린 끝장인데 왜 그런 일을 하겠습니까?"

아내는 그 사람의 말씨가 이북 말씨인 걸 보아 이북 공작원이 틀림없다고 생각한 모양이었다. 충분히 그럴 가능성이 있는 일이었다. 그러나 난 아내에게 말했다.

"아마도 북에서 온 사람이 아니고 우리 대사관에 있는 우리 쪽 요원이 한번 우리를 떠 보느라고 전화했음에 틀림없을 거요. 이렇든 저렇든 그 정도 얘기했으니까 다시 연락이 오지 않을 거요."

아내가 겁에 질려 흥분한 것은 10년 전에 있었던 동백림 사건을 머리에 떠올려서만 아니라, 서독에는 북의 공작원들이 여전히 활동하고 있었으며, 북의 공작원들이 남한에서 온 유학생들에게 학자금을 지원해 그들을 포섭한다는 이야기도 듣고 있었기 때문이다.

내가 독일 부퍼탈 신학교에 가 있던 둘째 학기 1967년의 일이다. 어느 날 아침에 학생들이 날 보고 밤새 안녕하냐고 물었다. 왜 그렇게들 인사하나 했더니, 한국의 중앙정보부 요원들이 서독에 잠입하여 체류 중이던 우리나라 인사들을 납치해서 서울로 데려간 것이었다. 그 바람에 서독 사회가 발칵 뒤집혔었다. 비록 자기 나라 여권을 가진 자국 시민들이라고 하더라도 정보원들이 남의 나라에 와서 사람들을 납치해 가는 것은 그 나라의 주권을 무시하는 처사일 뿐 아니라 범법행위라면서 많은 독일 사람들이 분노하고 흥분해 하였다.

세계적인 음악가요 독일 사람들이 좋아하고 존경하는 윤이상 씨를 비롯하여 한국 간호사들을 독일로 불러오는 일에 교량 역할을 한 의사 이수길 박사 등 수십 명의 인사들이 남산에서 고문을 당하고 중형의 재판을 받게 되었다. 그들의 죄목은 동 베를린에 드나들거나 북한까지 왕래하며 북의 지령을 받고 간첩 노릇을 했다는 것이었다. 독일 음악계 인사들과 각계 인사들이 한국 정부에 윤이상 씨의 구명을 호소하는 연판장을 돌린 일도 신문에 보도되었다. 윤이상 씨는 유럽 음악사에 이름을 올린 작곡가일 뿐 아니라 1972년 뮌헨 올림픽 때 전야제의 오페라를 위하여 〈심청전〉을 작곡하여 공연을 감독할 정도로 인정받는 음악가였다. 윤이상 씨는 나중에 종북 사상을 가진 사람으로 드러났으나 납치된 사람들 중에는 전혀 그렇지 않은 사람들도 있었다.

서울로 납치되어 갔다가 다행히 일찍 풀려 돌아온 이들 가운데 내가 잘 아는 어느 교수의 말에 따르면, 그는 두 사람의 친구들과 동 베를린에 있는 북한 영사관의 초청을 받고 가서 연말 파티에 참석한 적이 있었다고 한다. 지하철은 동독으로도 연결되어 있었으므로 동베를린으로 가는 것은 어려운 일이 아니었다. 술을 몇 잔 나누며 덕담을 나누다가 약간 취기가 돌자 서로가 상대방의 체제에 대하여 비판하는 말을 하게 되었다고 한다. 그러자 분위기가 험악해지는 것을 감지하게 되어 '아차!' 하며 얼른 자리에서 일어나 도망치다시피 그곳을 빠져 나와 황급히 서베를린으로 오는 전철을 탔다고 한다. 여하튼 동베를린에 있는 북한 영사관을 방문한 것이 혐의를 받게 된 전부라고 했다.

본(Bonn) 역에서 나를 전송하느라 승강장에 서서 이야기를 나누던 그 교수는 저쪽에 서 있는 한국인으로 보이는 사람을 보더니 등을 돌려 걸으면서 내게 말했다.

"그런 일이 있은 후로는 한국 사람을 만나도 반갑지가 않고 겁이나 피하게 돼요."

독일 국민 교회의 실상

독일 국민 교회라면 정부가 제공하는 편의와 보호를 받는 개신교, 즉 루터교회, 개혁교회, 연합교회가 하나를 이루고 있는 개신교교회와 가톨릭교회를 지칭하는 말이다. 그 밖에 감리교회나 침례교회 등은 국민교회에 속하지 않는 교회이므로 독립교회(Freie Gemeinde)라고 칭한다. 개신교회를 가리켜 독일어로 '에반게리셰 키르케'(Evangelische Kirche)라고 한다. 이를 '복음주의 교회'라고 흔히들 번역하나 그것은 잘못 번역하는 것이다. 종교개혁과 더불어 본래는 '복음적인 교회'라는 뜻으로 그렇게 불렀으나, 오늘날 복음주의는 신학적 자유주의나 진보주의와 구별하는 말로 사용하기 때문이다. 자유주의 신학이 주류가 되고 있는 독일교회를 복음주의 교회라고 칭한다면, 그것은 우리가 알고 있는 영미에서 말하는 '복음주의'(Evangelicalism)와는 다른 개념이다. 영미에서 말하는 Evangelical은 독일에서는 Evangelikal이라고 한다. 한국신학대학의 전경연 교수가 독일의 현대 신학자들의 신학총서를 《복음주의 신학총서》라는 이름으로 내면서 사용한 '복음주의'라는 말은 한국의 신학적 보수주의 교회가 이해하는 복음주의 개념과는 다르다.

1517년 10월 31일에 마르틴 루터가 비텐베르크 성문에 교황청의 처사를 반대하고 개혁을 촉구하는 95개조의 항의문을 게시함으로 말미암아 종교개혁 운동은 온 유럽에 확산되었다. 1537년 슈말칼덴에서 개신교 또는 가톨릭을 지지하는 양측의 제후들은 세 대결의 전쟁을 벌이게 되었다. 그 결과 1550년대에 이르러서는 개신교 측이 70%의 영토와 도시들을 차지하게 되었다. 그러나 이러한 상황은 오래 지속되지 못했다. 로마 가톨릭의 예수회가 개신교 지역 내에서 꾸준히 끈기 있게 교육에 힘쓰며 분발한 결과 1600년에는 로마 가톨릭이 많은 실지를 회복하여 개신교와 가톨릭의 교세가 반반인 백중지세가 되어 오늘에 이르고 있다.

개신교 내의 교세로 말하자면, 루터교회가 60%, 개혁교회가 10%, 연합교회가 30%이다. 독일에서는 종교개혁이 일어나면서 영주가 신앙을 택하는 데 따라 그 지역의 신앙이 결정되었으므로 교파 교회들이 지역별로 나뉘어 있다. 교황과 황제가 있는 로마와 비엔나에 가까운 남부 독일은 가톨릭교회측이 우세하고 거기서 멀리 떨어져 있는 북부 독일은 루터교회측이 우세하다. 개혁교회는 라인 강 유역과 네덜란드 접경에 분포되어 있으며, 하이델베르크가 수도인 팔츠는 연합교회(Unierte Kirche) 일색이다.

개신교의 세 교회가 하나가 된 것은 19세기 중엽이었다. 각 교회는 행정적으로는 하나이면서 각자의 신앙고백을 견지한다. 루터교회는 루터교회 신앙고백서와 요리문답을, 개혁파 교회와 연합교회는 하이델베르크 요리문답을 신앙고백으로 가진다. 목사가 다른 신앙고백을 가진 지역 교회로 가게 되면 그곳의 신앙고백을 받아들여야 한다.

1972년 내가 독일 교회에서 일하기 시작한 지 얼마 안 되었을 때다. 마침 우리 노회에 루터교회에서 온 목사가 있어서 난 그와 함께 다른 지역 노회에서 온 십여 명의 목사들과 같이 기숙하며 한 주간 하이델베르크 요리문답을 공부하는 세미나에 참석하였다.

거기서 겪은 일 중 잊을 수 없는 것은 세미나 소장에게 호되게 야단을 맞은 일이다. 하나님께서 왜 하나님의 백성에게 십계명을 주셨는지를 청소년들에게 어떻게 쉽게 설명할 것인가 하는 주제로 토의하는데 대다수가 교통법규가 왜 있느냐 하는 설명에서 시작하여 십계명이 왜 필요한지를 설명하면 될 것이라는 식으로 얘기를 주고받았다. 소장이 우리가 토론하는 것을 밖에서 듣고 있다가 들어오더니 버럭 소리를 지르면서 호되게 나무랐다. 우리의 접근이 너무 인본주의적이라는 것이었다. 십계명은 살아 계신 하나님의 절대적 명령인데 그것을 사람들 간의 상호 약속에 속하는 교통법규와 비교하여 추론하다니 당치 않은 논의라고 일갈하였다. 난 함께 야단을 맞고도 기분이 좋았다. 독일에도 인본주의 방법을 가려낼 뿐 아니라 울분을 토하며 꾸짖는 사람이 있구나 싶어서 내심 반가웠다.

국가 정부는 근로소득세의 10%에 해당하는 금액을 교회세로 징수하여 주 단위의 교회 행정부에 넘겨주면 교회 행정부가 목사들의 급료를 지급하고 각 노회 경상비를 노회에 보내어 활동하게 한다. 1970년대 초반에 매년 임금 인상률이 두 자리 수에 이르러 세수의 증가와 함께 교회세도 불어났으므로 신, 구 양교회가 서로 상의한 끝에 자진하여 9%로 하향 조정해 줄 것을 건의하였다. 정부는 1974년부터 이를 시행하였다.

그러나 사람은 한 치 앞을 내다보지 못한다는 말 그대로 교회는 곧 재정적인 어려움을 당하게 되었다. 위에서 이미 언급했듯이 1975년 빌리 브란트의 사회민주당이 기독교민주당을 따돌리고 겐셔가 이끄는 소수의 자유민주당과 연립내각을 구성하여 정권을 잡게 되었다. 사회민주당 정부는 저소득층을 위한 세금 감면 또는 면제를 시행하였다. 그 바람에 세수와 함께 종교세가 확연히 줄어들어 교회가 재정적으로 한동안 타격을 입게 되었으나 인건비 이외의 지출은 억제함으로써 이에 대처하였다. 사민당 정부는 자녀 양육비(Kindergeld)를 지급하기 시작하였으므로 우리도 아이들이 셋인지라 쏠쏠하게 혜택을 받았다.

해마다 봄이 되면 먼저 룰 지방의 철강 노조가 임금 인상을 두고 협상이나 쟁의를 시작한다. 노동자들의 임금 인상을 따라 모든 사무원들과 공직자의 급여도 다 같이 상향 조정되므로 노동자들의 쟁의가 시작되면 다른 모든 봉급자들도 은근히 속으로 박수를 보내며 관망하는 것이었다. 물론 목사들도 예외는 아니었다. 매해 늦은 봄이 되면 세금 정산을 거쳐 과다하게 낸 세금을 돌려받는다. 그러면 사람들은 그 돈으로 부활절 휴가를 가든지 저금해 두었다가 여름휴가를 간다. 아내가 일하고부터 우리는 한 달 치 봉급에 해당하는 돈을 되돌려 받았다. 그러나 우리는 8년간 살면서 휴가라고는 단 한 번 2주간 네덜란드로 가서 보낸 것이 전부였다. 휴가를 즐기는 그런 문화에 익숙하지 못했기 때문이었다.

영국 국교인 앵글리칸 교회는 목사들의 급료를 교회 자산에서 나오는 수익으로 충당하는데 반하여, 독일 국민 교회는 국가가 거두어들이는 교회세로 재정 운영을 하므로 영국 교회에 비하여 훨씬 더 재정이 풍성하며, 따라서 독일 목사들은 훨씬 더 여유 있게 생활한다.

국민 교회(Volkskirche)라는 이름 그대로 독일 국민의 90%가 교회 교인이다. 나머지 10%는 아무 교회에도 속하지 않은 사람들이거나 독립 교회에 속한 사람들을 합친 수치이다. 그런데 이건 1970년대 이야기다. 1990년대 이후 국민 교회에 속해 있는 사람의 수가 현저히 줄어들고 있다는 이야기를 듣게 되었다.

국민의 절대 다수가 교인이다 보니까 정치적 공동체(politische Gemeinde)와 교회 공동체(Kirchengemeinde)가 개념상으로 구분될 뿐 현실에서는 서로 겹쳐 있다. 교회에 출석하는 사람의 수는 불과 4~5%에 불과했다. 비트겐슈타인과 지겐 지방을 통틀어 지거란트(Siegerland)라고 하는데, 우리가 살던 고장은 경건주의 운동이 강했던 곳이어서 비교적 교회 출석률이 좋은 편이었다. 그러나 2004년에 방문했을 때 보고 들은 이야기로는 우려하지 않을 수 없을 정도로 비관적이었다. 예전에는 주일에 예배하는 사람들로 예배당이 꽉 찼었는데, 예수님의 승천을 기념하는 날에 오번도르프 예배당에서 교구 내의 세 교회 교인들이 함께 모였는데도 반 이상의 자리가 비어 있었다. 독일 교회가 목사 수를 줄이는 등 구조 조정을 해야 하지 않겠느냐는 등의 논의까지 하게 되었다고 한다. 교회 출석률이 좋던 네덜란드 교회도 교인들이 줄기는 마찬가지라고 하는 말을 들었다.

이러한 현상은 그곳 사정 이야기를 들을 때 한번 애석하게 여기며 넘길 남의 일만은 아니다. 한국 교회도 1990년대에 들어서는 마이너스 성장을 보이면서 전체적으로 교인 수가 줄어들고 있기 때문이다. 한국도 이젠 교회를 등지는 사람들이 많은 서구와 비슷한 생활 여건을 갖게 되었다. 주말이면 사람들이 차를 몰고 도시를 떠나 레저를 즐기는 사람들이 점점 늘어난다. 한국 교회가 세계 각처로 보내는 선교사의 수는 증가해 왔으나 주일학교와 어린이들의 수는 현격하게 줄어들었다. 여러 가지 여건들을 보아 한국 교회의 미래도 어둡다.

독일에서는 예배에 출석하지 않는 교인들, 즉 주민들은 평생에 세 번 교회에 출석한다는 말도 들어 왔다. 그것은 영국이나 미국에서도 흔히 듣는 말이다. 즉 나서 유아세례 받을 때, 혼인할 때, 죽어서 장례를 치를 때 교회로 나온다는 이야기다. 그러나 그건 아주 단순화한 이야기다. 독일에서는 실은 견신례(Konfirmation), 즉 입교를 위하여 유아세례를 받은 청소년들은 12세부터 14살까지 2년간 교리 교육을 받는다. 루터 교회에서는 루터의 요리문답서를, 개혁교회와 연합교회는 하이델베르크 요리문답서를 기본 교재로 사용한다. 하이델베르크 요리문답은 본래 팔츠 주 루터파 교인들과 개혁파 교인들의 합일을 위해 제정된 것으로 팔츠에서는 두 교파가 하나를 이룬 연합교회를 탄생시킨 신앙고백이지만, 유럽의 개혁교회들이 신앙고백서로 채택한 것이다. 독일 학교들은 화요일과 목요일마다 해당 학생들로 하여금 교회에 가서 교리 공부를 하도록 오후 수업을 하지 않는다.

1975년에는 내가 교육한 8명의 학생에게 입교식을 거행하였다. 입교하는 학생 한 사람 한 사람을 안수하고 성경요절을 한 절씩 주므로 나는 요절을 외우며 예배와 설교를 준비하느라, 그리고 성찬식까지 해야 하므로 한 주 내내 긴장 가운데서 보냈다. 요절은 외우지 않고 쪽지에 써서 보고 해도 되는데 그걸 모르고 유트 목사의 모범을 따르느라고 사서 고생을 했다. 때마침 승동교회의 황 집사님이 모처럼 방문했는데도 시간적인 여유를 가지고 옳게 접대를 못 했던 일이 생각난다. 입교식을 행하는 주일예배에는 작은 폴크홀츠 예배당이 축하하러 온 학생들의 친인척들로 꽉 찼었다.

독일에서 일어난 금주 운동

독일 교회가 하는 일 가운데 우리와는 차별되는 특이한 것은 디아코니아, 즉 사회봉사를 조직적으로 한다는 점이다. 디아코니아 사업을 관장하는 기관을 인네레 미시온(Innere Mission)이라고 한다. 디아코니아 활동은 18세기 경건주의 운동이 일어나면서부터 시작되었는데 19세기에는 루터교의 목사 빌헬름 뢰에가 디아코니아 기관을 세워 구제활동을 하였다. 요한 하인리히 비케른(1808~1881)은 함부르크에서 불쌍한 어린이를 돌보는 일을 시작하면서 인네레 미시온을 창설하였다. 인네레 미시온은 교회의 한 부속 기관이 되어 어려움을 당한 사람들, 장애인들, 알코올 중독자들, 고아들을 돕고 있다.

비트겐슈타인 노회의 인네레 미시온은 유트 목사님이 오랫동안 맡아 일해 왔는데, 노회 부속 기관인 인네레 미시온을 맡아 일하는 사람들의 대다수가 경건주의 출신들이었다. 1970년대 중반에 독일에서는 알코올 중독자가 많아져 사회문제가 되었다. 독일 인구의 5%가 알코올 중독자라는 통계가 나왔기 때문이다.

알코올 중독이란 술을 상습적으로 마시는 사람이 걸리기 쉬운 질환으로 몸이 술을 늘 요구하지만 술을 견딜 수 있는 저항력을 잃은 상태를 말한다. 알코올 중독은 치료를 받으면 나을 수 있으나 낫고 난 뒤에도 중독증은 잠재해 있어서 술을 한 방울이라도 입에 대면 만취 상태로 되돌아가는 무서운 병이다. 예를 들면, 멀쩡히 나은 알코올 중독자가 술이 들어 있는 초콜릿(Praline)을 먹은 사람과 키스를 하자 중독 상태로 되돌아가 자기도 모르게 술집으로 발걸음을 옮겨 간 사례도 있다고 한다. 그런 사람들 중에는 자기 자신을 제어하지 못하는 무능한 자신에 실망하여 비관한 나머지 스스로 목숨을 끊는 경우도 있다고 한다.

그러므로 우리 노회에서도 이를 해결하기 위하여 인네레 미시온을 통하여 상담자를 고용하여 알코올 중독자를 상담하고 치유하는 일에 적극 참여하기로 하였다. 성찬식에 알코올 중독자를 위해서는 따로 포도주 대신에 포도즙을 사용하기로 하는 한편, 절주 혹은 금주를 권장하기로 하였다. 노회 인네레 미시온을 책임지고 있던 유트 목사님은 먼저 자신부터 금주하기로 작정하였다. 그는 그 이전에 해마다 연말이 되면 비트겐슈타인 산림 감독이 포도주 한 상자를 선물해 왔으므로 손님이 왔을 경우나 명절에 그걸 사용하곤 했으며, 또 자기 전에 알코올 농도가 높은 진한 포도주를 작은 잔에 한 잔씩 마시곤 했는데, 금주하기로 서약한 이후부터는 일절 술을 입에 대지 않았다.

독일에서 그리스도인들이 금주 운동을 벌인다는 것은 상상하기 어려운 일이지만, 사회 상황 때문에 그런 동기를 부여 받게 되었던 것이다. 그런 점을 고려하면 한국 교회가 금주를 법으로 정하게 된 상황을 다시 생각하게 된다. 1930년대에 한국 장로교회가 금주를 법으로 정할 때 선교사들은 금주를 권고 사항으로 할 것이지 법으로 정하는 것은 옳지 않다고 했으나 한국의 노회와 총회는 한국의 술 문화와 그것으로 야기되는 사회적 폐단을 감안하여 금주를 법으로 정하였던 것이다.

코리아 악치온, 독일 교회의 한국 돕기

유트 목사님이 한국을 처음 방문한 것이 1971년 5월이었다. 내가 서울 승동교회에 온 지 채 1년이 안 되었을 때였다. 그는 한국을 위하여 코리아 악치온(Korea Aktion)이란 이름으로 비트겐슈타인 노회의 지원을 받아 모금운동을 시작하였다. 그는 내게 모금한 돈으로 무슨 일을 도왔으면 좋겠느냐고 물었다. 그러면서 내가 무슨 일이든 하려고 하면 전적으로 돕겠다는 것이었다. 난 학사 사업을 언뜻 머리에 떠올렸다. 지방에서 온 학생들에게 숙소도 해결해 줄 뿐 아니라 믿음 안에서 공동생활도 하고 좋은 친구도 사귈 수 있는 기회와 혜택을 제공하는 좋은 시설임을 경험으로 알기 때문이었다.

그러나 내가 아직 무슨 사업을 벌일 처지에 있지 않았으므로 이내 그런 생각을 접었다. 일을 이미 시작한 상황에서 도움을 받는 것은 괜찮지만 돈을 보고 일을 꾸민다는 것은 순리에 맞지 않는 일이다. 더욱이 고신에서 교수를 시작하다 말고 합동측 교회에 와서 이제 전도사로서 교회 일을 배우고 있으며 목사가 되기 위하여 편목 과정에 있는 사람으로서 외국에서 원조하는 달러 주머니나 차고 설치는 사람이 되고 싶지 않았으며, 남들에게 그런 인상을 주고 싶지도 않았다. 그래서 난 유트 목사님께 고려신학교를 도와주면 좋겠다고 말씀을 드렸다.

유트 목사는 네덜란드에 친구들이 있어서 자주 왕래하던 중 차영배 목사를 만나게 되었으며, 차 목사의 소개로 나는 유트 목사를 알게 되어 영국에서 독일로 가게 되었다. 유트 목사는 네덜란드와 독일에서 고려파 목사들과 학생들을 만나게 되었으며, 고려파 교회를 통하여 한국을 알게 되었던 것이다. 네덜란드에 있는 교회와 그의 친구들이 고려파 교회와 자매 관계를 맺어 돕고 있었으므로 그가 이미 나와 여러 사람들을 통하여 잘 알고 있는 고려파 교회와 고려신학교를 돕는 것은 아주 자연스런 일이었다. 나는 고신을 떠났으나 사랑의 빚을 많이 진 사람이고 늘 학교를 위해 기도하고 있었으므로 고신 학생들이 작은 혜택이라도 받게 된다면 환영할 일이었다. 유트 목사는 고신의 이근삼 교수와 동갑인 데다 네덜란드어로 이야기를 주고받을 수 있어서 곧 친구가 되었다.

비트겐슈타인 노회는 고려신학교의 제안에 따라 학생들에게 한 주에 두어 번 쇠고기 국을 먹을 수 있도록 지원하기로 하여 근 10년을 계속했다. 그래서 유트 목사는 고신에서 '쇠고기 목사'로 알려지게 되었다. '코리아 악치온'은 또한 고성 고아원을 도왔으며 큼지막한 집도 한 동 지어 주었다.

1975년 9월에 비트겐슈타인 노회는 노회의 보조로 고성 고아원의 집 한 동이 완공을 보게 되었으므로, 그것을 계기로 헨리히 노회장과 유트 목사, 그리고 통역의 임무를 띤 나 세 사람에게 고신대학과 고아원을 둘러보고 오도록 위촉하였다. 노회장은 부인을 대동하였으므로 일행은 네 사람이었다.

두 독일 목사는 여러 교회에서 설교하였으며 고맙게도 극진한 대접도 받았다. 그러나 고신 사람들이 젊은 사람에게는 별로 관심을 보이지 않는 정도가 아니라 무시하는 자세는 여전히 별로 변함이 없음을 확인하게 되어 씁쓸했다. 나도 엄연히 독일 목사님들이 속해 있는 같은 노회에서 함께 보냄을 받아 왔으며, 실상은 내가 독일 노회와 고신을 연결 짓도록 한 사람인데도 내게는 인사도 않고 소개도 시켜 주지 않는 데에는 적이 놀랐다. 속으로 한심하다는 생각을 금할 수가 없었다.

대구에서 열린 총회에서는 더 놀랄 일이 있었다. 이근삼 교수가 포도주를 마셨다는 죄목 때문에 총회 앞에서 사과하는 것이었다. 이 광경을 보고 헨리히 목사는 도저히 이해가 안 된다면서 설레설레 고개를 저으며 입을 굳게 다물었다. 어쩌다 그런 사과를 하게 되었을까?

강의 시간에 어떤 학생이 교수님께 성찬을 위하여 담근 포도주 말고 점포에서 산 것을 사용해도 무방하냐고 물었다. 그런 우문은 상식으로 판단하게 하면 그만일 텐데 성실하게 대답하신 것이 화근이었다. "포도주면 다 같은 것이지 차이라니 무슨 말이냐. 내가 맛을 보니 차이를 모르겠던데.” 교수님의 대답이었다.

‘옳거니, 교수님이 포도주를 사서 마셨다는 말이 아니냐.’ 어느 학생이 속으로 그렇게 말했는지, 아니면 몇이서 그렇게 수군거렸는지 모르나 이야기가 침소봉대되고, 그것이 소문이 되어 노회원의 귀에 들어가 마침내 노회가 이를 문제로 삼게 되었다. 그리하여 마침내 총회에서 교수가 포도주를 사서 마심으로써 건덕(健德)에 해가 되는 일을 했으니 사과하라고 촉구하게 된 것이다. 정말 어처구니가 없는 일이었다. 신학대학원 과정에 있는 신학생이면 교회를 돌보는 목회자가 될 사람인데 설사 교수가, 아니 어느 누구든 무얼 잘못 말했다고 하더라도 덮어 주어야 하겠거늘, 아무것도 아닌 걸 가지고 교수를 곤경에 빠트리다니. 그걸 소문으로 만들어 노회원의 귀에 넣어 주는 학생이나 그런 소문을 듣고는 한 건 잡았다는 식으로 자기들을 가르친 은사를 욕보이는 노회 선배 목사들이나 한심한 사람이긴 마찬가지다. 지각 있는 사람이라면 후배에게 스승을 모함해서 되겠느냐 하면서 호통이라도 쳐야 할 텐데 말이다.

우리는 후에 이근삼 교수가 시중에서 파는 포도주를 맛보게 된 경위를 쓴웃음을 지으며 하시는 말씀을 들었다. 교수님은 네덜란드에서 신학교를 위해 오신 손님들이 체류하는 동안 그들을 자기 집에 모셨다. 그들을 떠나보내는 날 아침에 조반을 나누는 자리에 이웃에 사는 다른 교수도 같이 참석하도록 부르셨다. 그 교수 역시 네덜란드에서 공부한 분이라 손님들을 환송하느라 골목 구멍가게에서 포도주를 한 병 사들고 와서 한 잔씩 나누며 네덜란드 식으로 건배를 했다.

유럽인들의 음주 문화는 우리의 것과는 다르다. 독일에서 비어는 큰 잔에 거품이 넘치도록 가득 부어 들이키듯 많은 양을 마시지만, 포도

주는 둥근 잔에 조금 부어 마신다. 술꾼들이야 어디서나 마찬가지지만, 교양 있는 사람들은 저녁에 손님을 맞이하여 탁자 위에 촛불을 켜 두고 잔에 포도주를 조금 따라 놓고는 내내 담소를 즐기며 입술과 혀끝만 축이듯이 마실 뿐이다. 술을 한잔 마시고 족하다고 하면 더 권하는 법도 없다.

1960년대에 박윤선 목사님이 주일에 미국으로 떠나는 선교사를 배웅해 준 일을 노회와 총회가 문제로 삼는 바람에 교장직에서 해임당하는 동시에 교수직도 정직을 당하여 결국 고려신학교를 떠난 일이 있었다. 물론 다른 갈등도 있었으나 죄목은 주일성수를 어겼다는 것이었다. 기가 막힐 정도로 폐쇄적이며 위선적인 사고방식과 자세에 전혀 변함이 없는 점에 나는 그저 아연할 뿐이었다.

잘 믿는다는 사람들이, 아니 진정으로 잘 믿어 보려는 사람들이 종교재판을 자행하던 중세기의 교권주의자들처럼 왜 사람을 그토록 냉혹하게 정죄하는 것일까? 노회와 총회의 모임 역시 사람들의 모임이어서 거기서 군중심리가 동하기 때문일까? 예수님을 왕으로 영접하느라 "호산나!" 하고 외치던 백성들이 "십자가에 못 박으소서." 하고 소리지르는 군중들로 돌변했듯이, 집단을 이루고 있는 사람들에게는 그러한 군중심리가 자신들도 걷잡을 수 없이 작동하여 사람을 정죄하는 것일까? 사람을 자기들이 바라는 상(像)의 잣대로 평가하고 그 잣대에 조금이라도 어긋나면 가차 없이 꼬집고 비판하며 정죄한다. 진리를 추구하며 원리 원칙대로 살며 일을 처리해야 한다면서 법조문을 따지는 그런 사람들의 모임에서는 잣대가 더 정밀해서 그런 것일까? 지도자를 좇는다는 사람들 가운데 많은 이들이 있는 그대로의 사람을 좇는 것이 아니고 그 사람을 나름대로 이상화하여 허상을 좇기 때문일까? 심판의 대상이 자신들을 가르치고 훈계해 온 목사요, 선생일 경우에는 그에게 들이대는 잣대가 더 엄격해서 그럴까? 왜 예수를 잘 믿으려는 사람들이, 아니 잘 믿는다고 자처하는 사람들이 어려움에 처한 사람들을 동정하고 허물을 덮어 주고 용서하시는 따뜻한 마음을 지니신 예수님을 닮아가지 않고, 오히려 따지고, 비판하며, 시기하기를 일삼는, 냉엄한 바리새인들을 닮아가는 것일까? 하나님을 보여 주신 예수님은 원리 원칙을 따지지 않으셨다. 원리 원칙보다는 사람을 귀하게 여기시고 사랑하셨다. 그래서 원리주의자들의 돌에 맞아 죽게 된 간음한 여자를 정죄하지 않고 자비를 베풀어 살려 주셨다. 하나님께서는 우리의 허물과 죄를 그의 아들 예수 그리스도를 보시고 원리 원칙대로 벌하지 않으시고 사랑으로 허물을 덮어주셔서 우리는 살아 숨 쉬고 있는 것이다.

사람들이 불상사나 자연의 재해나 피할 수 없는 적대 행위로 인하여 불행을 당한 경우, 왜 잘 믿는다는 사람들이 하나님만 아시는 사건 이면의 의미부터 따지고 드는 것일까? 예수님을 닮으려는 사람이라면 먼저 마땅히 희생을 당한 사람이나 어려움에 처한 사람들을 위하여 마음 아파하고 그들과 함께 울어야 할 것인데 말이다.

사소한 일을 가지고 큰 죄라도 범했다는 듯이 윽박지르는 총회 목사님들 앞에 머리 숙여 사과하는 교수님의 모습은 처량하게도 보였지만 가히 존경스러웠다. 악법이라도 법을 지켜야 한다면서 사약을 마신 소크라테스처럼 그는 마음이 넓은 분이시다. 오래 참는 인내가 없는 나 같은 사람은 유랑하는 아웃사이더가 되었으나, 그분은 고신 교회 안에서 평생을 일하고 교회와 학교에 크게 기여한 선생으로 기억되는 삶을 사신 것이다. 고신 교수들 중 많은 분들이 네덜란드와 남아공에서 유학을 했는데 유학의 물꼬를 트고 계속 길을 열어 주신 이가 바로 이근삼 교수이시다.

이근삼 교수님은 나를 고신으로 불러 주신 분이고 내가 유학할 때 우리 가족의 이웃이 되어 주시고 나에게 교회사를 전공하도록 동기를 부여하신 분이시다. 우리가 미국 미네소타에 살 때도 찾아 주시고 애틀랜타에 살 때도 찾아 주셨으며 늘 가족사진도 보내 주셨다.

1992년 2월, 내가 합동신학교에 와서 교수한 지 두 해가 채 되지 않았을 무렵 이근삼 교수님이 졸업식 설교자로 오셨다. 그는 학교 귀빈으로 오셨는데도 호텔에서 묵지 않고 굳이 사모님과 함께 과천에 세를 얻어 살고 있는 우리 집에 오셔서 주무셨다. 그렇게 후배를 사랑하고 정을 주시는 분이요, 소탈하고 겸손한 분이며, 사람을 사람으로 사랑하는 인격자였다. 우리가 살고 있는 용인에도 오셔서 주무셨다. 그때 두 분을 모시는 것을 계기로 우리는 미국서 가지고 온 이십 년 묵은 야전용 침대 같은 철 침대를 처분하고 새것을 마련하였다. 은퇴 후 LA에서 신학교를 운영하며 여전히 왕성하게 활동하셨는데, 마지막으로 용인에 찾아 주신 것이 2005년 가을이었다. 그 후로는 활동을 않고 쉬시다가 2007년 2월에 소천하셨다. 그는 그와 사귄 사람을 사람으로 대접하고 사랑하는 분이셨다.

유트 목사님도 역시 사람을 사람으로 알고 사랑하며 사귀는 분이시다. 날 독일로 오게 했을 때 내가 장차 한국 교회를 위해서 일할 사람으로 알고 그렇게 바라는 마음에서, 즉 선교의 목적에서 나를 후원하기 시작했으나, 얼마 지나서부터는 그가 나를 선교 요원으로 생각해서가 아니라, 주 안에서 사귀게 된 형제요, 사귀면서 정을 나누게 된 친구가 되었으므로 사랑으로 대해 주신다는 것을 알게 되었다. 나를 두 번째로 독일로 오게 한 것은 이미 위에서 이야기한 바와 같이 거기서 같이 교회에 봉사하며 가까이 함께 살자고 부르신 것이었다.

2006년 9월 말에 전화에서 듣는 나의 어머니의 아직 정정한 목소리를 듣고 갑자기 우리가 보고 싶어졌다면서 거동이 불편한 부인은 집에 있게 하고 혼자 오셔서 한 주간 지내다가 가셨다. 그는 '코리아 악치온' 일로 한국에 대여섯 번 방문했으나 이번에는 순전히 불현듯 우리 식구가 보고 싶어서 오셨던 것이다. 내내 건강하게 지내시던 어머니는 그가 떠나는 날 아침에 치매 증상을 보이더니 노환을 앓으시다가 이듬해 3월 중순에 96세로 소천하셨다. 유트 목사님이 그 시기에 오신 것은 그가 우리를 사랑하므로 텔레파시가 통했기 때문일 게다. 우리가 고백하는 대로 말하자면 성령의 인도하심이었다.

난 사람을 있는 그대로의 사람으로 사랑하는 사람들을 여러 분 만나게 되고 그들의 사랑과 도움을 받은 행복한 사람이다. 모두가 하나님의 자비와 긍휼로 인한 것인 줄 알고 감사한다. 그래서 나도 사람을 사람으로 보고 사랑하려고 노력한다. 고린도전서 11장에 고린도 교회를 향하여 "너희는 그리스도의 몸"이라고 한 바울과 같이 목회자는 교회를 3인칭으로 인식하지 않고 2인칭, 즉 '여러분'으로 인식해야 함을 깨닫게 되었고, 목회를 위하여 목회하는 것이 아니고 그리스도의 몸의 지체인 한 사람 한 사람을 사랑하므로 목회하는 것이라고 내가 실천은 못하면서도 늘 생각은 그렇게 한다.

서울에서 우리 일행은 승동교회와 총신대학을 방문했다. 채플에서 헨리히 목사님이 설교하고 내가 통역하는데 설교자가 한참 설교를 하다가 다음 말을 이어 가지 못하고 멈춘 일이 있었다. 그것은 잠시였으나 옆에 서 있는 내게는 꽤나 긴 곤혹스런 시간이었다.

독일로 돌아오는 길에 우리는 일본 오사카를 경유하면서 하루 밤을 호텔에서 묵었다. 난 일행을 모시고 나가 전철을 타고 오사카 성을 관람하였다. 일행은 내가 낯선 곳인데도 전철을 갈아타며 안내하는 것을 희한하게들 여겼다. 난 표지판을 보고 안내했을 뿐인데 말이다.

이튿날 호텔 식당에서 조반을 마치고는 각자가 돈을 지불하였다. 카운터의 직원이 우리더러 한 사람 분을 내지 않았다고 말했다. 유트 목사와 나는 노회장이 식사대를 지불하는 걸 분명히 보았으므로 그럴 리가 없다고 했다. 직원이 고개를 갸우뚱하며 석연치 않은 표정을 짓더니 그냥 됐다는 것이었다.

택시를 타고 공항으로 가는 도중에 유트 목사가 "앗, 이게 뭐야!" 하면서 호주머니에서 손을 빼면서 소리쳤다. 허리 쪽이 축축해 와서 양복저고리 깃을 들쳐보자 물이 배어 있기에 호주머니에 손을 넣었더니 미끄덩한 액체가 손에 묻어 얼른 손을 뺀 것이었다. 조반식사 후 남은 날계란 하나를 호주머니에 집어넣고 온 것이 깨어졌던 것이다. 우리는 모두 웃음을 터뜨렸다. 그는 평소에 저녁 식사로 빵에다 버터를 바르고 그냥 소금만 뿌려서는 자시거나 삶은 계란 하나를 가지고 두세 쪽의 빵에 나누어 얹어 자시는 근검절약하는 것이 몸에 밴 분이시다.

그러자 이번에는 헨리히 목사가 '아차!' 하더니 아침 식사대를 부인 몫은 깜박 잊고 자기 것만 지불한 것이 생각난다면서 실토를 했다. 부인이 자기를 챙기지 않은 남편이 섭섭하고 어이가 없다면서 웃었다. 아니 어떻게 그럴 수가 있나 하면서 모두 또 한바탕 웃었다. 더치페이에 철저한 나머지 건망증이 강하게 작동한 것이었을까? 우리가 늘 만나는 이웃 교구 목사의 이야기다. 부인과 함께 외출했다가 집에 돌아와 보니 자동차 옆자리가 비어 있더라나. 부인을 태우지도 않고 혼자 와 버린 그 목사의 건망증에 비하면 그래도 나은 편이었다고 할까.

"그럼 돈을 주세요." 나는 헨리히 목사에게서 돈을 받아 택시 기사에게 주면서 일본 말로 부탁하였다. "호텔에 혹시 들르게 되면 우리 얘기를 하고 이 돈을 좀 전해 주십시오."

"택시 기사가 제대로 전해 주겠어요?" 하는 일행의 질문에 "일본 사람들은 비교적 정직하기 때문에 아마 꼭 전달할 겁니다." 하고 나는 대답했다.

우리가 탄 비행기가 베트남 상공을 지날 때는 사이공이 함락된 바로 직후였다. 그러한 비운이 조국 한반도에는 덮치지 않기를 기원했다.

폴크홀츠로 찾아온 고마운 분들

우리가 폴크홀츠에 있는 동안 찾아 주신 분들이 있어서 고마웠다. 박일웅 목사, 김진경 총장, 한명동 목사님, 변이남 목사, 서문교회의 박성복 목사, 차영배 교수, 홍치모 교수, 그리고 전영창 선생께서 다녀가셨다. 마르부르크에서 박사 공부를 한 안봉호 박사 내외분도 여러 번 방문했으며, 가장 자주 찾아 준 이가 김영한 박사이다.

박일웅 목사는 우리가 독일로 가서 정착한 지 2년째 되는 해 교회에서 안식년을 얻어 미국을 경유하여 우리 집에 들렀었다. 난 두 주간 특별 휴가를 내어 그와 함께 여행을 떠났다. 본에 있는 대사관에 들러 스위스에 입국할 수 있는 경유지 허가를 받으려고 했으나 영사 업무를 보는 관리가 까다롭게 굴며 허가를 해 주지 않아 하는 수 없이 그냥 남독

(南獨)을 구경하기로 했다.

1960년대 초반에 영국 유학 시절에 런던에 있는 주영한국대사관을 한 번 방문한 적이 있다. 대사관을 방문하면 직원들이 아주 반갑게 그리고 친절하게 맞아 주었다. 그 당시 영국에 거주하거나 체류하는 한국인이 고작 5, 60명밖에 되지 않았으므로 사람대접을 받은 것이다. 그러나 독일에서는 사정이 달랐다. 1960년대 중반부터 간호사들과 광부들이 독일에 거주하게 되다보니까 영사 업무를 보는 직원들이 사람 귀한 줄을 모르고 한국에서처럼 관료적인 사고와 행태를 드러내었다. 여권 연장을 위해서는 본(Bonn)에 있는 대사관까지 가야 했다. 연장을 허가한 여권을 우편으로 보내 주면 될 터인데 여권이 분실될 위험이 있다는 구실로 굳이 와서 받아 가라는 것이었다. 독일 우체국을 신용할 수 없다니, 그건 당치도 않는 말이다. 독일 각처에서 여권을 도로 받기 위해 수천 명 교민들로 하여금 본까지 오게 함으로써 교민들에게 엄청나게 귀한 시간과 돈을 낭비하게 만들었으니 그게 얼마나 바보스럽고 비합리적인 행정인가. 도대체 공관이 누구를 위해 존재하는 것인가.

한번은 대사관에 들렀을 때 밖에서 아기를 부둥켜안고 오열하고 있는 젊은 부부를 보게 되었다. 영사실에서 오래 있다가 일을 마치고 나와 보니 차에 두었던 아기가 질식해 죽은 것을 발견한 것이었다. 아기가 죽게 된 것은 밀폐된 공간에 아기를 둔 부모의 부주의 탓이기도 하지만, 관료주의에 찌든 관리들의 상식에 벗어난 행정 때문에 빚어진 사고이다. 권위주의적인 관료들의 불합리한 행정에 순응해야 하는 후진국 백성의 비애를 느끼며 모두들 분노와 울분을 삼키며 체념의 한숨을 내쉬었다.

1974년 여름에 김진경 벗이 방문하여 한 2주간을 같이 지냈다. 장인 어른의 사업을 돌보아 주던 것이 잘못되어 한국을 떠나야 했으므로 미국으로 가기 전에 먼저 독일에 들렀던 것이다. 언제나 활달하고 자신감에 차 있는 그가 모든 것을 맡기고 신뢰했던 동료에게 배신을 당하는 등 그의 생애에서 최악의 상황을 맞이했던 것이다. 그러나 그는 아침에 일어나서 부엌 화덕에 불 땔 장작을 패 주며 혼자 찬송을 부르곤 하던 일을 잊지 못한다. 어떻게 위로하고 도와주어야 할지 몰라 하던 나에게 그는 북한 선교에 대한 꿈을 얘기했다. 난 지금은 먼저 자기 자신을 추스를 때가 아니냐고 말하면서도 '사망의 음침한 골짜기'에서 그런 꿈을 이야기하는 것이 역시 김진경답다고 생각했다. 그로부터 십여 년이 지난 후 그는 자기의 꿈을 실현하기 위하여 미국 플로리다에서 하던 사업을 정리하고는 중국 연변에다 새 일터를 마련하였다. 아직 중국의 소위 죽의 장막이 채 걷히기 전이었다. 거기에 기적이 일어나고 있는 것을 보면 그의 꿈은 분명 하나님께로부터 받은 것이다.

한명동 목사님이 방문했을 때였다. 독일 사람들과 우리네가 손님을 맞이하는 풍습의 차이라고 할까 문화적인 큰 차이를 실감하게 되었음을 이야기하지 않을 수 없다. 네덜란드와 독일에서 손님들이 왔을 때 우리네 사람들은 그들에게 연회를 베풀다시피 식사 대접을 하고 선물을 사서는 안겨 주곤 했는데, 그들은 자기들에게 그토록 친절을 베푼 사람이 왔는데도 식사 한 번 대접할 생각을 하지 않는 것이었다. 한명동 목사님 뵙기가 너무 미안하고 민망해서 나는 목사님을 우리 집 뒷산 등성이에 있는 식당으로 모시기로 하였다. 그 자리에 노회장과 유트 목사님도 초대하였다. 식사 후에 헤어지면서 유트 목사가 노회장에게 김 목사에게 식사대를 지불하게 하는 것은 도리가 아니라면서 말을 주고받았다. 이튿날 노회장이 내게 전화로 음식 값을 묻고는 수표를 보내 주었다.

"우리가 너무 지나쳤어. 그러는 게 아니었는데, 그러는 게 아니었는데···" 하며 한 목사님은 한숨 섞인 어조로 그 말씀을 몇 번이나 되풀이하셨다. 대접을 받지 못해 섭섭해서라기보다는 그들에게 지나치게 친절을 베푼 일들이 멋쩍고 부끄럽게 여겨져서 하신 말씀이었을 게다.

포이딩겐 교구교회 (1218년 건립)

"포이딩겐 마을에 있는 교구 예배당은 1218년에 준공을 본 건물로 약 2,500명의 주민이 모여 사는 마을 중앙에 자리 잡고 있다"

유트 목사와 함께 화평교회에서 (2006년)

"유트 목사님은
나를 선교 요원으로 생각해서가 아니라
주 안에서 사귀게 된 형제요
사귀면서 정을 나누게 된 친구가 되었으므로
사랑으로 대해 주신다는 것을 알게 되었다"

폴크홀츠에 방문해 주신 분들 (1977년)

한명동 목사님(오른쪽 두번째)과 변이남 목사님(왼쪽)

논문 성적은 이미 알고 있었으나
구두시험까지 좋은 성적을 받을 줄은 생각도 못했던 일이다.
첼러 교수님은 대단히 기뻐하시며 아내가 참석하지 못한 것을 유감스러워 하셨다.
합격을 했으니 하는 말이지만,
나도 아내가 곁에 있어서 함께 기쁨을 나누지 못한 것이 못내 아쉬웠다.

11 독일에서 박사학위를 받다

마르부르크 필립 대학교에서 박사학위 공부하다

나는 4년 반을 교회 일을 전담하다가 다시 박사학위 공부를 하느라고 파트타임 봉사자로 전환하였다. 그렇게 한 후에도 월요일이면 포이딩겐에서 모이는 노인회에는 계속 가서 봉사할 수 있어서 좋았다. 그것은 내게 큰 힘이 되었다.

우리를 찾아 주신 이들은 다들 나더러 수도원에서처럼 은둔 생활을 그만하고 얼른 다시 공부를 시작해서 마치고 한국 와서 일해야 한다고들 말해 주었다. 모든 보장이 잘 되어 있는 자리와 특전을 포기하고 다시금 가난한 학생 생활로 되돌아가기로 결단하기란 쉽지가 않았다. 한데 그런 용단을 내리는 데 도움을 준 이가 김영한 박사이다. 그는 내가 마르부르크에서 공부를 다시 시작할 수 있는 계기를 마련해 주었다.

노회장 헨리히 목사는 내가 박사학위 공부를 했으면 한다는 말에 하나님께서 그렇게 길을 열어 주시는 것이라고 믿는다면서 찬성하셨다. 그는 나의 생일날 집으로 찾아와 생일을 축하하며 상담을 해 주셨다. 당시의 추세로 보아 앞으로 1990년대가 되면 독일 교회에 목사 수가 충분해질 것이라는 얘기였다. 그럴 경우 내가 언제까지나 필요한 사람으로 있을 수는 없는 상황이 될 것은 뻔한 일이었다. 유트 목사님은 내가 독일 교회에서 교구 목사가 되어 일할 수 있는 가능성을 빌레펠트에 있는 총회 본부에도 알아보고 그 일을 구체화하기 위하여 겨울 어느 날 나를 데리고 그곳으로 간 적도 있었다. 내 차로 내가 운전해서 갔는데 돌아오는 길이 얼음판이어서 답답할 정도로 차를 천천히 몰아야 했다.

유트 목사님은 나더러 그만하면 마스크도 괜찮고 사람들도 좋아하고 독일어 발음도 좋은 편이어서 교회를 단독으로 맡아도 될 터인데 왜 그렇게 소극적이냐며 나무라기도 하셨다. 한번은 베스트팔렌 총회 선교대회가 있어서 유트 목사님이랑 참석하러 갔다. 큰 홀에 독일 목사들이 모였는데 외국 사람이라고는 나 혼자밖에 없었다. 그런데서 느끼게 되는 소외감이라고 할까 위축감이라고 할까 그런 것을 떨쳐 버리지 못하는 것이 나라는 위인인 걸 어떻게 하랴.

1976년 봄에 김영한 박사가 라초우(Ratschou) 교수를 우리 집으로 모시고 온 바람에 다시 학교로 가는 일이 속히 성사되었다. 그래서 난 김영한 박사에게 빚을 졌으므로 1983년부터 3년간 총신대학교 신학대학원에 있을 때와 1990년 합동신학교에 온 이후에 그가 숭실대학교 문화연구소에서 무슨 강의를 하라든지 혹은 번역을 하거나 통역을 맡으라고 하면 군말 없이 맡았다. 하긴 그런 기회를 마련해 주는 것부터가 고마운 일이었다.

내가 다시 공식으로 면담을 하려고 마르부르크로 라초우 교수를 찾아가자 그는 첼러(Winfried Zeller) 교수를 소개해 주셨다. 나는 첼러 교수를 면담한 이후 여름부터 논문을 쓰기 시작하였다. 논제는 "한국 교회와 칼빈주의 전통"이었다. 그런데 논문 제목에 대한 두 교수의 견해가 달랐다. 라초우 교수는 어려운 논제라며 걱정이 된다는 듯 말씀해 주셨다. 조직신학자의 견지에서 하는 말씀이었을 게다. 그러나 첼러 교수는 겨우 백 년간의 교회 역사를 쓰는 것인데 어려울 것이 무어냐고 말씀하셨다.

1968년 독일에서 돌아왔을 때 고려신학교에는 구약을 전공하여 박사학위를 취득한 이가 홍반식 교수와 오병세 교수 두 분이나 계셨으므로 내가 구약을 가르친다는 것은 엄두도 낼 수 없는 일이었다. 고맙게도 이근삼 교수님이 당신의 교리사 강의를 내게 맡겨 주셨다. 그분은 후배를 키울 줄 아는 너그러운 분이시다. 이근삼 목사님은 옛날 1963년 내가 처음 영국으로 유학길을 떠날 때 교회사를 전공하면 좋을 것이라고 말씀해 주셨으나 나는 그때 교회사가 무엇인지 이해하지 못해 교회사를 전공할 생각이 없었다. 그러나 나의 전공이 결국 교회사로 낙착이 된 것이다.

마르부르크 필립 대학교 신학부와 산 위의 성

마르부르크의 높지 않은 산 정상에 있는 성 제일 위층에는 1529년 루터와 츠빙글리가 성찬에 대한 견해를 좁히려고 종교회의로 모였던 방이 있다. 열 명 정도 둘러앉을 수 있는 긴 탁자가 놓여 있고 당시에 참석자들이 서명한 문서를 볼 수 있도록 유리장 안에 전시하고 있다. 종교회의에 참석한 이들은 북 독일 비텐베르크에서 온 루터와 멜랑히톤, 취리히에서 온 츠빙글리, 바젤에서 온 외콜람파디우스, 슈트라스부르크에서 온 부처, 헤디오 등이었다. 칼빈은 종교개혁에 아직 등장하기 이전이었으므로 물론 그의 이름은 보이지 않는다. 당시 15개항 중에서 14개항에는 의견을 같이하였으나 성찬에 대한 1개 조항에 의견의 일치를 보지 못함으로 말미암아 결국 회담이 결렬되어 개신교의 일치는 이루어지지 못했다.

마르부르크 성의 성주이며 대학의 설립자인 헤센의 선제후 필립 공은 종교개혁의 열렬한 후원자였으며 특히 슈트라스부르크에서 개혁운동을 벌인 부처와 교분이 두터웠다. 1527년에 설립된 마르부르크 대학교는 설립자의 이름을 따라 마르부르크의 필립대학교(Philipps Universität zu Marburg)라고 하는데 종교개혁 이후 제일 먼저 선 개신교 대학교이다.

신학부 교사는 마르부르크 성으로 올라가는 꽤 번화한 길옆 산 중턱에 위치하고 있다. 예배당 모양으로 돌로 지은 천정이 높은 오래된 건물이다. 건물 안에 들어서면 내부의 구조와 분위기가 사람을 차분하고 겸손하며 교양 있게 만들어 주는 것 같은 느낌이 든다. 20세기에 와서는 하이데거와 불트만이 있어서 알려진 곳이다. 독일에서는 급진적 신학의 보루로 알려져 있다.

1966~67년 내가 부퍼탈에서 공부할 때 쉴링겐지펜(Schlingensiepen)이라는 은퇴하신 실천신학 교수를 알게 되었다. 중풍으로 걸음을 잘 걷지 못하는 분이어서 그의 집에 가서 두어 번 도우미 역할을 한 적이 있었다. 그 교수님은 나와 함께 그를 방문한 골트베르크(Goldberg)란 친구를 보고 한 두어 학기 마르부르크에 가서 공부하는 것이 좋겠다고 말씀하셨다. 그 학생이 좀 보수적이므로 마르부르크에 가서 신학적인 안목을 넓힐 필요가 있다는 뜻에서 한 말씀이었다. 그러자 그 친구가 교수님

께 여기 Herr Kim*은 거기로 가도록 말씀하지 않겠느냐고 여쭈었더니 Kim은 아직 안 된다고 하시던 것이 생각난다.

마르부르크에서 박사 과정 공부하는 것이 결정되자 비트겐슈타인 노회는 매달 1,000 마르크를 장학금으로 나를 돕기로 결정하였다. 교회 일로는 월요일마다 포이딩겐 노인회를 돌보는 일은 계속하며 가끔 한 번씩 설교하기로 하는 한편 논문 쓰는 일에 전념하도록 해 주었다. 경제 사정이 좀 어려워지기는 했으나 아내가 양로원에서 일했으므로 생활은 할 수 있었다.

논문 쓰는 일에 전념하자니까 내게 필요한 것이 하나 있었다. 반반한 서재였다. 우리가 세 들어 사는 집이 언덕에 지은 집이므로 제일 아래 층 지하실은 반쯤 지하에 묻혀 있으나 앞쪽은 지면으로 바로 걸어 나갈 수 있게 틔어 있었다. 바깥 길에서 정면으로 치켜다보면 지하실이 일층이었다. 그래서 지하 방을 서재로 꾸미기로 했다. 유트 목사님은 우리가 사는 집에서 약 2킬로미터 떨어진 글라스휴테 골짜기에 손수 집을 짓기도 하신 분이라 대목(大木) 실력을 발휘해 주셨다.

그는 먼저 시멘트벽에 횟가루 반죽한 것을 뭉텅 뭉텅 찍어 바르고는 회벽 판을 그 위에다 붙였다. 회벽판과 벽 사이가 뜨게 만들어 냉기와 습기가 차단되게 한 것이다. 시멘트 바닥에는 5×10센티미터의 각목을 적당한 간격으로 놓고는 그 사이 사이에 스티로폼을 끼워 놓고 그 위에 합판을 깔고 그 위에다 비닐 장판을 놓아 방바닥을 완성했다. 냉기나 습기가 없는 훌륭한 방이 되었다. 고맙게도 모든 것을 유트 목사님이 다 하다시피 하셨으며 난 재료를 사고 옆에서 거들었을 뿐이었다.

*저자를 말함

내가 논문을 쓰는 데 결정적으로 도움을 주신 이가 홍치모 교수이다. 내가 필요로 하는 자료를 현재 애틀랜타에 있는 이동교 목사가 학생으로 있을 때 그를 시켜 보내 주었다. 그건 아무나 할 수 있는 일이 아니다. 나를 동생처럼 사랑해서 그래 주셨고 워낙 좋은 사람이어서 남의 일을 자기 일처럼 보아 주신 것이다. 자료를 구하기 위하여 두어 분에게 편지로 문의했으나 별로 협조를 얻지 못했다. 하지만 웨스트민스터의 간하배(Harvie Conn) 교수가 고맙게도 제네바 WCC 본부에 있는 기록 보관소(archive)에 가면 자료를 구할 수 있을 것이라고 조언을 해 주셨다.

간하배 선교사는 도시 선교에 관심을 가지고 몸소 빈민층 사람들에게 복음을 전하며 선교한, 실천하는 실천신학자였다. 부산 고려신학대학과 총신대학에서 약 10년간 가르치다가 필라델피아 웨스트민스터 신학교에서 소천할 때까지 교수한 분이시다. 후에 흑인 동네에서 도시선교를 하게 된 아들 형일 목사가 제일 존경하는 분이었다.

1977년 5월 초순에 나는 자료 수집을 위하여 아내와 함께 제네바로 갔다. 고속도로가 나 있어서 십여 년 전과는 도로 사정이 많이 달라져 있었다. 이틀 동안 제네바 여관에 머물면서 한국에서 활동한 선교사들이 미국에 있는 선교 본부에 보낸 보고서와 편지 등의 사본을 여러 파일에 모아 둔 것을 선별하여 복사했다. 내가 앉아서 대충 보고 골라낸 문서를 아내가 복사하였다. 아내는 본래 매사에 꼼꼼하고 철저하므로 내가 많은 것들을 빼먹고 건성으로 고르지는 않는지 내내 마음을 썼다. 제네바는 프랑스어 지역이라 여관에서는 말이 통하지 않아 여간 불편하지 않았다.

돌아오는 날 제네바 대학교에 들러 교정에 나란히 서 있는 유명한 종교개혁자 네 사람, 파렐, 칼빈, 베자, 요한 낙스의 석상을 잠시 구경하고 칼빈이 목회했던 제네바 교회 앞을 지나 귀가 길에 올랐다. 제네바 시 교회에 가 보려고 좁은 언덕길을 올라갔으나 차 세울 곳이 없어서 교회 앞을 그냥 지나 내려오고 말았다. 칼빈주의 신학자들의 순례지나 다름없는 그 교회 앞에까지 가서 들어가 보지도 않고 그냥 지나쳐 오다니 나는 교회 역사를 한다는 사람으로 명함을 내밀 자격이 없는 한심한 사람이다.

제네바 호수를 오른쪽으로 내다보면서 호반을 따라 자동차를 몰아 호숫가에 서 있는 시롱 성을 지나 제네바 호수 북단에 이르렀다. 옛날 리처드와 데이빗과 함께 갔던 융프라우에 가보기로 했다. 투너 호수까지 고속도로로 가면 더 빨리 갈 수 있을 텐데, 산수도 보고 풍물 관광도 하자면서 좁은 지름길로 가기로 했다. 그러나 지도상의 지름길은 실제로는 직선거리의 지름길이 아니고 큰 산맥을 넘어야 하는 것이므로 상하로 우회하는 먼 길임을 곧 알게 되었다.

제네바 호반 길을 벗어나 한참 가자니까 깊은 협곡을 통과하게 되었다. 인가도 별로 없는 곳에 높이 솟은 산들이 양 옆으로 위압하듯 버티고 서 있는 골짜기를 지나려니까 무서운 생각이 들었다. 좋지 않은 사람이라도 만나게 될까 봐 겁이 나는 그런 두려움이기보다는 점점 짙어져 가는 산 그림자와 그 그림자로 뒤덮이는 계곡에 드리워진 적막함에서 다가오는 무어라 형언할 수 없는 두려움이었다.

상당히 가파른 오르막길을 한참 오르다가 사진을 한 장 찍어 두어야 하겠다는 생각에서 차를 세워 핸드 브레이크를 올리고는 무섭다면서 몸을 앞으로 구부리고 있는 아내를 차 안에 둔 채로 차 뒤로 갔다. 얼른 사진을 찍고 부리나케 얼른 다시 차를 타고 발동을 걸어 출발했다. 운전할 때는 그렇게 경사진 길인 줄 미처 몰랐는데 아내가 겁을 먹고 있는 것이 무리가 아님을 확인하게 되어서였다. 핸드 브레이크만으로는 차를 지탱하지 못하므로 사고가 나는 경우가 많은 줄 알므로 그때 일을 생각하면 늘 아찔해진다. 그나마 우리가 몰던 차 골프가 산 지 얼마 되지 않은 새 차여서 다행이었다.

한참을 더 달려 고개 위에 다다르니까 작은 마을이 있어서 반가웠다. 길 양옆으로 치워 둔 눈이 3, 4미터나 되는 높은 벽을 이루고 있었다. 1,500미터의 고지였으므로 5월인데도 눈이 녹지 않고 있었다. 스키복 차림을 한 한 무리의 사람들이 길옆 점포 앞에 서성거리고 있었다. 어두워지기 전에 목적지까지 가야 한다는 생각에 쫓겨 거기서 잠시 내려 쉴 생각도 못하고 계속 차를 몰았다. 산정 마을에서 차에서 내렸다고 하더라도 우리 옷차림으로는 추워서 얼마 버티지 못했을 것이다.

오르막으로 올라올 때는 양 옆으로 숲이 우거져 있어서 눈앞 길바닥만 보고 왔으므로 겁 없이 운전했으나 내려가는 길은 전혀 감이 달랐다. 찻길이 내리막인 데다 꼬불꼬불할 뿐 아니라 길 오른쪽은 훤히 트여 있어서 길옆으로 비탈과 그 아래로 아득히 멀리 계곡이 내려다보여 오금이 저렸다. 오른편에 벼랑 쪽으로 앉은 아내는 아마 더 무서웠을 게다. 그래도 난 아무렇지도 않은 듯 그러나 입을 다물고 슬슬 기다시피 차를 몰았다. 빨간 차 한 대가 마치 우리 기를 죽이려는 듯 휙 추월하더니 평지에서나 다름없이 냅다 내리막길을 쏜살같이 달려 금방 시야에서 사라졌다. 무지했던 덕분에 나는 아내와 함께 지름길로 알았던 알프스의 파스(Pass)가 어떤 것인지를 경험하였다.

땅거미가 질 무렵 우리는 투너 호반의 마을 스피에츠(Spietz)에 도달

했다. 그때까지 보이지 않던 산 융프라우가 갑자기 지척에 나타나 우리 앞을 가로 막듯 다가서서 지붕 너머로 모습을 드러내고 있는 것이 아닌가. 그 순간 나는 그 거대한 위용에 '헉' 하고 숨이 막힐 것 같았다. 우리는 투너 호반에 있는 여관으로 들어가 호수가 내다보이는 깔끔한 방에서 여장을 풀었다.

이튿날 거기서 호수를 왼쪽으로 끼고 가다 기차역에 다다라 차를 세워 두고 전철을 탔다. 중앙에 톱니바퀴가 달린 전철로 우리는 2,500미터 높이에 있는 클라이네 샤이데크까지 갔다. 거대한 바위 절벽 산 아이거와 묀히 그리고 그 옆에 나란히 붙어 서 있는 융프라우를 아내와 함께 치켜다 볼 수 있어서 좋았다. 십여 년 전에 영국 친구들과 유럽 투어를 하는 길에 들렀던 추억이 새로웠다. 그러나 이번에도 지난번처럼 정상으로 가서 만년설을 구경하는 일은 생략했다. 가난한 학생으로 되돌아왔으므로 1인당 150마르크를 추가로 지불할 용기가 나지 않아서였다. 그나마 날씨가 좋아서 다행이었다. 산을 올려다보며 사진도 찍었다. 집에 돌아와서 사진을 뽑으려고 필름을 사진관에 맡겼다. 다음날 사진관에 갔더니 점원이 필름에 담긴 것이 아무것도 없더라고 일러 주었다. 한심하게도 필름이 감기지 않은 상태에서 그냥 셔터만 눌러 대었던 것이다.

박사학위논문을 출판하다

독일어로 박사학위 과정 지도교수를 독토르파터(Doktorvater)라고 부른다. 우리의 '사부'(師父)와 같은 뜻이다. 나의 지도 교수 첼러는 17세기의 경건을 연구하는 보수적인 신앙을 가진 분으로 세바스찬 바흐 연구가이기도 하다. 젊은 시절 교회에서 목회할 때는 오르간 연주도 하신 분이다. 그 부인도 교회에서 오르간을 연주하지만 부인의 말로는 남편의 연주 실력이 자기의 실력보다 훨씬 낫다고 하셨다. 우리가 교수님 댁을 방문했을 때 쳄발로의 축소형이라고 할 수 있는 스피넷(Spinet)을 연주해 보여 주셨다. 스피넷은 그랜드 피아노 축소형처럼 생긴 게 직경 60~70센티미터 정도 크기의 참하게 생긴 건반 악기이다.

첼러 교수님이 나의 논문 지도를 맡았을 때는 이미 은퇴하신 후였다. 이듬해에 70회 생신을 축하하는 논문집 증정 기념회가 있었다. 참석한 이들과 논문을 보내온 이들의 명단을 보니 나를 제외하고는 모두가 교수요, 박사였다. 베스트팔렌 총회 사무처 담당자는 내가 건강이 좋지 않은 첼러 교수의 지도 아래 논문을 쓰는 것에 대하여 우려를 표명했다는 얘기를 들었다. 만일 주임 교수가 돌아가시고 다른 교수에게 가게 되면 모든 것을 다시 새로 시작해야 하므로 여태껏 작업한 것은 허사가 된다는 것은 상식이기 때문에 하는 말이었다. 그런 위험 부담은 있었으나 은퇴한 교수이므로 언제든지 시간을 내어 주셔서 그 점이 큰 이득이었다. 내가 학위 공부를 마치고 미국으로 간 그 이듬해 소천하셨으니 난 하나님의 자비하심을 특별히 입은 것이다.

논문은 골동품으로 보이는 사무실용 고물 타자기로 타자하여 먼저 독일어 선생 디트리히에게 교정을 받아 정리해서 교수님께 가져가 드리면, 교수님이 읽어보시고 보다 나은 표현으로 고쳐 주셨다. 그런 과정을 매장마다 거듭하여 논문을 완성해 갔다. 그런 과정에서 나는 고등학교 독일어 선생보다 신학 교수의 독일어 실력이 월등함을 경험하였다. 아마 내용을 잘 알기 때문에도 그러하고 저술가이기 때문에 더욱 그럴 것이다. 논문의 완성본을 만들기 위하여 난 세 번째로 타자한 것을 어떤 부인에게 부탁하여 다시 타자하게 하였다.

1979년 여름에 아내와 함께 라스페에서 방금 제본한 논문을 찾아 마르부르크로 가다가 자동차를 멈추고 나무 그늘 아래에서 논문 머리말 교정을 보고는 아직 채 풀이 마르지 않은 제본을 가지고 서둘러 학교로 가서 가까스로 마감 시간 직전에 제출했다. 구두시험 준비 기간이 3개월인데 마감 시간 안에 제출한 덕분에 준비를 위하여 방학 기간 3개월을 덤으로 얻게 되었다. 벨레부르크에 있는 노회 사무실에서 헨리치 목사가 새벽 2시까지 논문 인쇄를 도와주던 일을 잊지 못한다.

한 장(chapter)씩 읽으셨던 교수님이 책으로 묶은 것을 읽어 보시고는 "잘 썼어요. 마치 소설을 보듯 재미있게 읽었어요." 하면서 칭찬해 주셨다. 논문은 근 30명 되는 교수들이 각자 보고 평가하게 되어 있었다. 주임 교수와 부주임 교수의 평가가 같을 경우 다른 교수들은 별 이상이 없으면 그대로 따르게 되어 있다. 그러나 두 교수의 평가가 다를 경우에는 다른 교수들은 각자가 판정을 해야 하므로 시간이 걸리게 마련이다. 논문에 대하여 'magna cum laude'로 평가한 첼러 교수님은 부주임인 리빙(Liebing) 교수가 자유주의 신학자여서 자기가 한 평가에 동의할는지 염려가 된다고 말씀하셨다. 얼마 후 다시 만났을 때 교수님은 그분 역시 동의하고 자기와 똑같이 평가했다면서 좋아하셨다.

1980년 2월 2일 마침내 구두시험(Rigorosum)을 통과하여 합격 증서를 받았다. 구두시험은 쉬는 시간을 포함하여 전공(교회사)은 40분, 그 밖의 과목(구약, 신약, 조직신학, 실천신학)은 20분씩 치렀다. 각 과목마다 두 교수가 시험관으로 임석하였다. 각 과목 담당 교수가 주로 묻고 다른 분은 기록하는 식이었다. 논문이 통과되면 학생이 과목을 지도할 교수에게서 텍스트와 참고서를 지정 받아 응시할 준비를 한다. 나도 그런 과정을 거쳐 준비를 했으나, 막상 시험 칠 때는 책에 있는 내용은 묻지 않고 어떻게 보느냐 하는 관점을 물었다. 말하자면 박사학위 지망생이 신학을 어느 정도로 소화하고 있는지를 심사하는 것이었다.

구약을 전공한다는 일본 여학생 한 사람이 경험을 위하여 내가 받는 구두시험을 참관할 수 있게 해 주었으면 좋겠다고 청원했는데 허락할는지를 물었다. 나는 안 된다고 거절하였다. 날 더 긴장하게 하거나 주눅이 들게 할 수 있을 테니 허락할 수 없는 일이었다.

시험을 관장한 교수들이 모두 한 자리에서 사정을 끝내고 두 수험생을 불러들여 모두가 일어선 가운데 학장이 시험 결과를 발표하였다. 먼저 독일 목사에게 'cum laude'로 통과했다며 학장이 증서를 건넸다. 이젠 내 차례였다. 논문과 구두시험 및 종합성적 'magna cum laude'라며 증서를 읽고는 내게 증서를 주셨다. 췔러 교수님은 대단히 기뻐하셨다. 논문 성적은 이미 알고 있었으나 구두시험까지 좋은 성적을 받을 줄은 생각도 못했던 일이다.

췔러 교수는 'magna' 위에 'summa'가 있기는 하나 근 30년 교수하는 동안에 'summa cum laude'를 받은 사람은 거의 없었다고 하면서 기뻐하셨다. 그것은 슈바이처 같은 신학자가 받는 노벨상 같은 것이라고 하시면서 췔러 교수는 내가 아내를 그의 댁에 두고 와서 참석하지 못한 것을 못내 유감스러워하셨다. 합격을 했으니 하는 말이지만, 나도 아내가 곁에 있어서 함께 기쁨을 나누지 못한 것이 못내 아쉬웠다. 집에 돌아오니 우리를 기다리고 계시던 유트 목사님이 말씀하셨다.

"오늘 저녁은 산정 식당에 가서 축하 파티를 하자꾸나."

내가 논문을 쓰기 시작한 지 1년 반 정도 되었을 때였다. 유트 목사님이 그간에 얼마나 썼느냐고 내게 물으시기에 한 50쪽 썼다고 했더니 그는 매우 걱정이 되어 대꾸하셨다.

"그 참 암담하구나."

"우리말에 시작이 반이라는 말이 있으니 남은 시간에 마칠 수 있을 겁니다."

내가 대답한 말이 곧이 들릴 리가 없었다. 50쪽이면 보통 논문 길이의 4분의 1도 안 되는 분량이니 말이다. 노회에서 장학금을 주기로 한 기간이 거의 반이나 지났으니 걱정이 될 밖에. 또한 총회 사무처에서도 건강이 좋지 않은 교수 아래서 학위 논문을 쓰는 것이 염려가 된다는 말을 들었던 그였기 때문이었다.

나는 감정의 평정을 가장하느라 먹는 것은 다음으로 미루자고 말했다. "그런 건 미루는 것이 아닌데···" 하며 그는 집으로 돌아가셨다. 그의 말씀이 옳았다. 막상 그날 밤에 나는 잠을 이루지 못했다. 다섯 식구를 거느리고 모험을 했던 터에다 뜻밖에 좋은 성적으로 통과되어 나 역시 흥분이 되었던 모양이다. 대수로운 일이 아니라는 식으로 자신을 타이르지 말고 그날 모두 함께 저녁을 먹으며 자축하면서 애써 눌러 둔 흥분과 그간에 쌓였던 긴장을 확 풀었어야 하는 건 데 말이다.

한 주일 후에 우리가 사는 집에서 약 400미터 더 골짜기 안쪽에 위치한 글라스휴테 마을 어귀에 있는 란호프 음식점에서 축하연을 열었다. 축하연에는 교수님과 노회장 내외분, 유트 목사와 헨리치 목사 내외와 프란츠 내외, 송한용 씨 내외, 그리고 어머니와 우리 식구가 자리를 같이하였다. 그러나 그때는 이미 흥이 거의 다 가라앉은 뒤였다. 언제부터인지 란호프 음식점은 정치가들과 명사들이 헬리콥터로 찾아올 정도로 유명한 식당이 되었다고 한다. 2004년 독일을 방문했을 때 들은 이야기다.

한 주 전에 노회장 헨리히 목사님은 그의 집무실에서 나의 박사학위 증서를 받아 보고는 믿기지 않는다는 표정으로 멍하니 보고 또 보는 것이었다. 그도 역시 박사학위 공부를 하고 싶어 하던 분으로 교회와 신학에 관하여 내가 더러 질문할 경우 많은 도움을 주셨던 분이다. 매월 한 번씩 모이는 교직자회의를 통해서도 난 많은 것을 듣고 배워 풍월을 읊게 된 셈이다. 유트 목사를 위시하여 많은 분들의 도움을 입어 큰 산을 넘었다.

통과된 논문은 다시 인쇄하여 학교에 제출해야 했다. 비매 인쇄본인 경우 150부를 제출하도록 되어 있었다. 책으로 낼 경우는 책이 출판 될 때까지 오래 기다렸다 학위증을 받게 되어 있었다. 내 경우는 학위 논문을 주로 발행하는 프랑크푸르트의 '피터 랑' 출판사에서 출판하였다. 책이 출판되면 유럽과 미국 대학 도서관과 주요 도서관에서 구입하여 소장한다. 베스트팔렌 총회 사무처에서 책을 내도록 6,000마르크를 보조 받았다. 교수님이 출판을 의뢰해 주셨으며 교정은 첼러 교수 부인께서 보아 주셨다. 이래저래 나는 얌체라고 할 정도로 크게 사랑의 빚을 진 사람이다. 우리가 미국으로 온 그 이듬해 책이 출판되어 책 10권과 학교에서 보내온 학위증을 받았다.

어머니는 1973년 가을에 그러니까 우리가 독일에 온 지 1년 후에 오셔서 말도 통하지 않는 곳에서 아이들을 거두시고 집안일을 하시면서 고생하셨다. 늘 새벽이면 예배당 아래층에 가서 혼자 기도하셨다. 독일어로 하는 예배에 참석하느라 그 답답함과 외로움이 어떠했을지는 아무도 가히 짐작조차 못할 것이다. 늘 체한 듯 가슴 아래가 답답하다고 하셔서 의사에게 진찰을 받았으나 별 이상이 없다는 이야기였다. 그게 바로 아무런 증상도 발견할 수 없는 향수병이었다.

"고목은 옮겨 심는 게 아니라는 말이 있습니다."

포이딩겐 교구의 유일한 의사 로 선생의 말씀이었다. 그는 왕진도 즐겨 다니는 친절한 의사로 제2차 세계대전 이후 폴란드에 편입된 쉴레지엔에서 온 실향민이었다. 어머니는 오신 지 2년 후에 한 두어 달 고국을 방문하셔서는 씻은 듯이 나아 오셨다. 그 후로는 그런 증세가 도지지 않았다.

아내가 고생한 것은 말로 다 못 한다. 우리가 사는 마을에서 약 12킬로미터 떨어진 곳에 있는 라스페의 양로원에서 근 7년을 근무하면서 체구도 큰 연로한 환자들을 돌보느라 골병이 든 것이다. 생각하면 미안하기도 하고 가슴이 미어진다. 날 선비로 살게 하느라고 자기는 온갖 궂은일을 아무런 불평도 내색도 하지 않고 다 하면서 온 식구들에게 웃음을 선사하며 살아왔다.

정든 독일 마을을 떠나서

나는 가족을 데리고 1980년 3월 4일 독일을 떠나 미국 미네소타로 갔다. 상처하신 지 얼마 안 되는 유트 목사님을 두고 떠나는 것이 마음 아팠다. 유트 목사의 부인 에미(Emi)는 유트 목사보다 12세 연상이고 남편보다 체구도 크고 인물이 훤한 부인이었다. 그의 전 남편은 에른스트 유트(Ernst Judt)의 주일학교 선생이면서 그를 신앙적으로 지도한 멘토였다. 2차 대전 당시 출병하여 러시아군과 대치한 동부 전선에 있는 동안에도 에른스트에게 늘 성경 퀴즈를 보내 주곤 했는데 격렬한 전쟁터에서 더 오래 버티지 못하고 전사하였다. 에른스트가 군에 소집되기 2, 3개월 전 일이었다. 전 남편은 전사하기 얼마 전 편지에 에른스트더러 자기가 죽거든 부인 에미와 아들과 딸을 돌보아 달라고 부탁했다.

에른스트는 서부 전선에 배치되어 포로가 되었다가 2차 대전이 끝나고 고향에 돌아와 자기 주일학교 선생의 부인과 결혼하여 아들과 딸을 자기 자식처럼 길렀다. 아들 프란츠(Franz Jud)는 나와 생년월일이 같은 동갑이요, 서로를 늘 기억하고 위해서 기도하는 친한 친구이다. 1979년 부인 에미가 69세의 나이에 장암으로 세상을 떠났다. 유트 목사는 혼자 되신 이후 우리 집에 자주 오셔서 함께 식사도 나누셨다. 원래 목사는 외로운데 부인이 돌아가고 덩그런 목사관에 혼자 살고 있자니 그 외로움이 오죽했으랴. 사택도 마을과는 외따로 떨어져 있는 들판 한 가운데 공동묘지와 인접해 있는 예배당 옆에 있었으니 말이다.

우리는 룩셈부르크에서 미국행 비행기를 타게 되어 있어서 유트 목사와 헨리치 목사가 우리를 쾰른까지 데려다 전송해 주었다. 자동차가 폴크홀츠 마을을 뒤로 하고 떠날 때 아내는 눈물을 지었다. 유년 시절을 거기서 보내며 자란 아이들도 서운한 나머지 모두 시무룩하니 말이 없었다. 막내 주희는 그곳에 계속 살고 싶어서 나더러 왜 박사 공부를 해야 하느냐, 저기 산판에서 나무 베는 아저씨들처럼 일하면 되지 않느냐 하고 물은 적도 있었다. 논문과 구두시험 심사위원이었던 교수님들도 내가 떠난다니까 다들 아이들이 안 되었다고 말씀하셨다.

유트 목사는 우리가 떠나자 허탈에 가까운 고독에 빠졌다고 하는 이야기를 들었다. 그러나 얼마 후에 처녀 총각 때 서로 좋아했던 여자와 재혼하여 행복하게 살게 되었으니 참으로 감사한 일이다. 남편을 먼저 보낸 유트 목사의 첫사랑 게르트루트는 유트 목사가 혼자 되었다는 소식을 듣고 그가 자기를 곧 찾아오겠거니 하고 기대하고 있었다고 한다. 유트 목사의 삼촌은 그녀의 소식을 알고 있었으나 유트 목사에게는 잠자코 있었다. 알려 주면 곧장 달려갈 것이므로 건덕을 위해서 상처한 지 1년이 차도록 기다렸다고 한다. 유트 목사가 상처한 지 1주기가 되는 날 삼촌은 오번도르프로 오셔서 그에게 옛 애인의 소식을 알려 주었다. 소식을 듣자 그는 즉시 차를 몰고 애인을 만나러 갔다고 한다.

유트 목사는 은퇴한 이후 게르트루트와 함께 자란 고향 마을 부어바흐에 살고 있다. 그가 평생 목회하던 마을 오번도르프에서 차로 약 한 시간 거리에 있는 마을이다. 높직하게 산 중턱에 위치한 마을이어서 시야가 확 트여 멀리까지 내려다볼 수 있어서 전망이 아름다운 곳이다.

2004년 5월에 내가 유트 목사를 방문했을 때 게르트루트와 살고 있는 집 바로 맞은편에 청소년 시절에 자기들이 살던 두 집이 한 집 건너 이웃하여 나란히 서 있는 것을 볼 수 있었다. 나는 유트 목사와 함께 마을 뒤로 완만하게 경사를 이루고 있는 산을 가로질러 고개를 넘어가는 길을 따라 산책하면서 바로 발아래 보이는 마을까지 골짜기를 따라 구불거리며 올라오는 길이랑 그 너머로 멀리 산들이 펼쳐져 있는 아름다운 경관을 만끽할 수 있었다. 나는 문득 그에게 물었다.

"옛날 게르트루트와 같이 자라면서 서로 좋아하고 사랑했는데 왜 그때 혼인을 못했어요?"

"사실은 내가 혼자 짝사랑한 것이었어. 게르트루트는 나보다는 전남편을 더 좋아해서 그 사람과 혼인한 거야."

나는 옛날 중3 때 일어 역으로 읽었던 알프레드 테니슨의 서사시

"에녹 아덴"(Enoch Arden)을 머리에 떠 올렸다.

두 소년과 한 소녀가 한 마을에서 함께 친한 동무로 자랐다. 두 소년이 다 소녀를 사랑했으므로 소녀는 두 사람을 두고 망설이다가 보다 활달하고 적극적인 에녹 아덴과 결혼하였다. 둘이 아담한 집에서 알뜰하게 살던 어느 날 에녹은 외항선을 타고 나가서는 소식이 끊겼다. 부인은 돌아올 남편을 기다리며 한 해 또 한 해를 보냈다. 여전히 그녀를 잊지 못하는 필립은 수줍음을 무릅쓰고 이제는 더 기다려 보아야 틀렸으니 자기와 결혼하자고 청혼을 했다. 그럴 때마다 한 해만 더 기다려 보자고 했는데 어느덧 10년의 세월이 흘렀다. 여자는 더 이상 기다리기를 단념하고 일편단심 자기를 사랑하며 참고 기다려 온 자상하고 다정다감한 필립과 마침내 결혼했다.

그 후 어느 날 한시도 아내를 잊지 못하던 에녹 아덴이 천신만고 끝에 고향으로 돌아오게 되었다. 정든 고향 마을에 이르렀을 때는 이미 해가 져 날이 어두웠다. 그는 어둠 속에서 어슴푸레 불빛이 배어 나오는 자기 집에 다가가 창문을 통하여 안을 들여다보았다. 아내가 필립과 마주 앉아서 오순도순 정답게 이야기를 나누고 있었다. 아덴은 그 정경을 보고는 말없이 발걸음을 돌려 정처 없이 떠난다는 이야기다.

우리가 미네소타에 살 때 1982년 여름에 유트 목사 내외분이 와서 한 달을 유하다가 가셨으며, 1994년 11월 막내 딸 주희 혼인 예식 때도 필라델피아에 와서 참석하셨다가 우리가 애틀랜타에 갈 때 동행하여 맏딸 선희 집에서 한 주간 함께 지내셨다.

우리가 독일에서 미네소타로 가게 된 것은 거기에 정총해 내외가 있었기 때문이다. 난 서구 생활에 익숙한 아이들을 데리고 한국으로 귀국할 용기가 나지 않아 미네소타로 가기로 하였다. 그리고 그보다 중요한 이유는 1978년 11월 마산 작은할아버지가 돌아가셔서 꼭 한국으로 돌아가야 할 이유가 없어졌기 때문이었다.

난 숙부님이 돌아가셨다는 소식을 듣고서야 급히 서둘러 귀국하였다. 유일한 혈육이면서도 숙부님의 임종을 지켜드리지 못하고 빈소와 무덤을 찾게 된 것을 참으로 죄송하게 생각한다. 1·4 후퇴 때 수많은 사람들이 그랬듯이, 잠시 몸을 피한다면서 피난 오셨다. 남과 북을 가르는 휴전선과 보이지 않는 장벽은 너무나 공고하게 되어 곧 돌아갈 수 있으려니 했던 북녘 땅은 지구상에서 가장 먼 곳일 뿐 아니라 가볼 수도 없는 땅이 되어 버렸다.

어머니, 즉 나의 할머니와 아내와 세 딸을 데리고 피난하려고 집을 나섰으나 온 식구가 다 배를 탈 수가 없어서 혼자만 겨우 배에 몸을 싣고 부두에 서서 안타깝게 울며 손을 흔드는 가족들을 뒤로하고 오신 것이다. 숙부님은 마산 어시장에서 사업을 하시며 현재의 숙모님과 결혼하여 사셨으나 이북에 남겨 두고 온 가족을 향한 그리움과 죄책감으로 한이 맺힌 마음을 술로 달래면서 사셨다.

난 비행기를 타고 마닐라를 경유하여 서울로 오면서 내내 울었다. 당신이 이산가족으로 한을 품고 사신 것도 마음 아팠고, 지나치다고 할 정도로 근검절약하시며 사신 것도 마음이 아팠다. 내가 당신이 원하는 것과는 전혀 다르게 살아온 것도 마음이 아팠다. 당신은 내가 당신이 하시는 사업을 이어받기를 소원했으나 그럴 수 없어서 서운하게 해 드린 것이다. 내가 가족을 데리고 독일로 간다고 했을 때도 혼자 버림을 당한 것 같은 생각에서 많이 섭섭해 하셨다고 한다. 박사학위를 속히 끝내고 귀국하기를 고대한다는 편지도 보내 주시고 돌아가시기 직전에는 마지막 편지, 즉 유서를 보내 주셨다.

묘소 무덤의 비석에는 아들로 달랑 내 이름만 기록되어 있었다. 난 묘소 앞에 고개를 숙이고 서 있으면서 엎드려 절이라도 하고 싶은 마음이 들었다. 우리네 사람들이 돌아가신 부모의 빈소나 무덤을 찾을 때 절하는 풍속이 왜 생겼는지 이해할 것 같았다.

마산 할아버지는 구두쇠처럼 아끼며 사시느라고 변변한 옷도 한 벌 없으셨다. 내가 독일서 옷 해 입으시라고 보내드린 돈으로 지으신 옷이 반듯한 옷으로는 거의 유일한 것이었다. 마산 할아버지는 내가 보내드린 돈과 낙타 담요를 받고 그렇게 좋아하시고 기뻐하셨다고 한다. 부모는 자식에게 가진 것을 다 주면서도 자식이 주는 작은 선물을 큰 것으로 여기며 대견스러워하고 기뻐한다. 그것이 부모의 마음이다.

마산에 혼자 계시는 숙모님도 내게 많은 것을 주셨고 지금도 주시는 분이신데 내가 드리는 작은 선물을 그렇게 귀하게 여기고 기뻐하신다. 이제는 거동이 자유롭지 않아 모든 것을 정리하시고 2012년 3월에 우리에게 오셔서 한 달쯤 같이 계시다가 집에서 멀지 않은 곳에 있는 의료 양로원에서 지내신다. 숙부님이 돌아가신 이후 가톨릭 신자가 되셨으나 이제는 아들이 믿는 개신교 신앙으로 개종하겠다고 스스로 선언하셨다. 그만큼 날 신뢰해 주시고 의지해 주시니 감사할 따름이다.

미네소타 한인 교회에서 나를 목사로 청빙해 주어서 1979년 여름부터 수속을 진행하여 영주권을 받았다. 어머니는 우리가 미국에 당장 함께 모시고 갈 수 없었으므로 우리가 독일을 떠나기 얼마 전에 한국으로 가서 계시다가 우리가 미국에 입국한 그 이듬해에 미국으로 오셨다. 어머니는 프랑크푸르트에서 서울로 가는 비행기 안에서 P 교수를 만나 반가웠다고 하시며, 비행기가 알프스 상공을 지날 때 마침 날씨가 좋아 창문을 통하여 아름다운 알프스의 산들을 한눈에 구경할 수 있어서 너무나 행복했으며 하나님께 감사했다고 하셨다. 푸른 숲과 짙은 초록색 목초로 덮인 산들과 깊은 계곡이랑 백설을 이고 솟아 있는 바위산들로 어우러진 알프스의 웅대한, 감동적인 파노라마를 잠시나마 볼 수 있었던 것은 어머니에게 잊을 수 없는 추억이었다.

내가 유랑민처럼 돌아다니면서 어머니를 모신다고 했으나 이국에서 향수병이 날 정도로 외로움을 달래며 사시게 한 것은 죄송하기 이를 데가 없는 일이다. 그러나 알프스의 장관을 한눈에 보는 감격을 경험하셨다니 다행으로 여긴다. 알프스 상공을 지나는 비행기에 탔다고 다 그런 파노라마를 볼 수 있는 것은 아니다. 그것은 분명 하나님께서 어머니에게 주신 위로의 선물이었다.

1980년 3월 8일 우리는 시카고 비행장에서 입국 수속을 마친 후 비행기를 갈아타고 미네아폴리스에 도착하였다. 정충해 형 내외와 여러 교인들이 우리를 맞이해 주었다.

이민 교회는 예배공동체이면서도

이민 생활의 스트레스도 풀고 적적함이나 심란함도 달래며,

때로는 다투고 싸우기도 하지만, 서로 위로를 주고받는 한인 사회의 센터이기도 하다.

목사는 그 중심에서 상담자 역할도 해야 하고,

때에 따라서는 기꺼이 동네북도 돼 주어야 한다.

12 미국 미네소타에서 첫 단독 목회 사역

목회자의 삶을 시작하다

독일을 떠나 미국에 오기 전까지의 "살아온 이야기"는 허심탄회하게 지난 일을 회상하며 즐겨 쓸 수 있었다. 그러나 미국에 와서부터 있었던 이야기는 선뜻 쓸 수 없다는 느낌이 들어 망설여 왔다. 그러면서 몇 해의 세월을 보냈다. 그간에 "살아온 이야기"의 많은 부분을 읽으셨던 너희 할머니는 돌아가셨으며, 너희 엄마도 무릎 관절염으로 인공 관절 수술을 받게 되었다. 이제는 외출할 때 늘 지팡이를 챙기신다. 엄마 곁에 우산을 들고 서 있는 사진에서처럼 엄마를 돌보아 주겠노라고 호언하던 나는 뇌졸중의 일격을 받고는 이젠 그런 장담을 할 수 없는 처지가 되었음을 자인한다. 그러나 다행히 병세가 가벼웠던 데다가 치료를 잘 받은 덕분에 너희 엄마와 함께 차를 몰고 시장에 가거나 병원과 교회에는 갈 수 있어서 하나님께 감사한다. 예전처럼 글 쓰느라고 책상머리에 오래 버티고 앉아 있지는 못하나, "살아온 이야기"를 읽어 준 가까운 친구들이 그 이후의 이야기도 들어 보았으면 좋겠다고 하는 격려에 용기를 얻어 계속 써 보려고 한다.

내가 이야기를 계속해서 쓰기를 주저한 이유는 독일을 떠나기 전까지의 삶과 그 이후의 삶이 확연히 다르다는 생각에서이다. 독일을 떠나기 전까지 나는 아직 학생이라는 의식을 가지고 살아왔다. 하긴 늘 책과 씨름만 한 것은 아니고 교회에서 봉사하는 일도 했으나, 독일에서의 생활을 박사학위 공부로 매듭을 짓고 보니 더욱 그런 의식을 갖게 된 것이다. 미국으로 오기 이전까지의 삶은 아직 온실 속의 식물처럼 보호를 받으며 앞으로 할 사회생활을 위하여 준비과정을 이수하는 삶이었다. 그러나 미국에서부터 시작하는 교회를 담임하는 목회자의 삶은 만사에 책임을 지는 성숙한 사회인으로 살아야 하는 것이므로, 그 이전까지의 삶과는 확연히 구별되는 것이었다. 마치 온실 속에서 자라다가 이제는 바깥세상에 이식된 식물이 비바람과 눈보라를 견디며 살아야 하듯 전혀 다른 여건과 현실 속에서 살아야 하게 된 것이다.

준비 과정에 있을 때의 삶, 즉 온실 속에 있을 때의 삶과 온실 밖에서의 삶에 대한 자타의 평가가 같을 수가 없다. 공부하는 과정에 있는 사람에게는 학업 성적이 그에 대한 평가의 거의 전부일 수 있으나, 목회자에 대한 평가의 잣대는 복합적이어서 아주 다르다. 목회자는 책보다는 교인들, 즉 사람들을 좋아하고 사랑해야 하며, 그들에게 관심을 두고 그들을 접하는 시간이 많아야 한다. 그래서 목회자로 살았던 이야기를 글로 남기자면, 교회 일과 교인들과의 사귐에 대한 이야기를 하게 마련이다. 하지만 그런 이야기를 곧이곧대로 하는 것은 바람직하지 않다. 그것은 목회 윤리에 어긋나는 일이기 때문이다. 교인들의 고해를 들어 주는 로마 가톨릭교회의 신부는 무덤에 갈 때까지 어떤 경우에도 고해의 내용을 발설하지 않아야 한다는 것을 철칙으로 하고 있는데, 그러한 목회 윤리는 개신교 목회자에게도 그대로 적용된다.

지난 일을 진솔하게 이야기하자면 '불의한 청지기'처럼 여러 가지 일에 불성실하고 부족했음을 참회하는 글을 써야 할 터이지만, 그냥 남들처럼 살아온 것을 이야기로 기술하기로 한다. 부끄러운 치부를 드러내 보일 용기도 없을뿐더러 그런 얘기가 무슨 도움이 되는 것도 아니기 때문이다. 게다가 참회하는 글을 쓰다가는 위선하기 쉬우므로 그런 부분은 하나님께 은밀히 아뢰며 용서와 자비를 간구할 뿐이다.

내가 교회와 신학교를 오가며 목회하거나 가르치는 일에 종사했으나 유명 인사들이 회고록을 쓰듯이 무슨 자랑스럽게 내세울 수 있는 업적이나 이렇다 할 특별한 경험도 없어서 주저가 되었지만, 여태껏 너희 엄마와 함께 살아온 것이 너희에게는 역사이므로 마음을 추슬러 남들처럼 그저 평범하게 살아온 이야기를 계속 쓰기로 한다. 미국에 정착한 지 얼마 후에 우리가 다음에 갈 곳은 아프리카라고 하면서 너희가 우스갯소리를 했듯이, 굳이 남다르게 산 것을 꼬집어 이야기하라면, 유랑민처럼 산 것이다. 여하튼 우리가 살아오는 가운데 주변의 사람들로부터 분에 넘치는 은혜와 사랑을 받으며 살아온 것은 하나님께로 말미암은 것이어서 우리에게 그것은 결코 예사로운 것이 아니고 특별한 것이었음을 너희에게 일러주고, 그리고 나를 아는 이들에게 얘기하고 싶어서이다.

미네소타 이야기

미국 50개 주의 하나인 미네소타 주는 미국 중부 내륙의 북부에 위치해 있어서 겨울이면 미국에서 제일 추운 지방으로 손꼽힌다. 이 주에서는 캐나다와 접경하고 있는 북부 지방을 제외하고는 땅이 평평하여 산을 별로 볼 수 없어서 경관이 단조로울 것 같으나 자동차 번호판에 만 개의 호수를 가진 주라고 표시할 정도로 가는 곳마다 호수들이 산재해 있는 데다 우거진 숲들이 있어서 미국 어디나 마찬가지로 풍경이 아름다우며, 낚시와 캠핑 등 레포츠 리조트가 수없이 많은 곳이다. 이곳의 크고 작은 호수들은 빙하시대에 온통 땅을 뒤덮고 있던 빙하들이 물러나면서 남긴 흔적들이라고 한다. 주 영토의 크기는 21만 7천여 평방킬로미터라니까 우리나라 한반도의 크기와 거의 같다.

'미네소타'는 수(Sioux) 인디언 족의 말로 '하늘이 엎지른 물'(sky-spilt-water)이라고 한다. 호수들은 북부에 더 많이 있으며, 건너편 호반을 볼 수 없을 정도로 바다같이 넓은 호수들도 꽤 많이 있다. 호수 수의 공식 통계는 이만이천 개이며, 합산한 호수의 넓이는 주 영토의 20%에 해당한다고 하니 가히 '물로 덮인 주'라고 칭할 만하다. 북부의 동쪽 한 자락은 5대호의 하나인 수피어리어 호수(Lake Superior)의 호안이 되고 있으며, 세계에서 제일 길다는 미시시피 강이 미네소타에서 발원하고 있다. 산업으로는 곡물 생산과 목축과 임업이 성하며, 철강석의 매장량이 많아 미국 철강석의 70%가 미네소타에서 채굴되고 있다는 것은 내가 새롭게 알게 된 사실이다. 인구는 1975년 통계에 따르면 약 4백만이고, 스칸디나비아에서 온 이주민들의 후손이 다수라고 한다.

사방으로 아득히 먼 지평선까지 펼쳐져 있는 하늘은 유난히도 크고 넓어 우리가 광활한 대륙에 와 있음을 실감케 하였다. 우리는 화이트베어레이크(White Bear Lake)에 살고 있는 정충해 내외 집 근처 아파트에 거처를 정했다가 몇 개월 후에 거기서 멀지 않은 곳에 새로 서는 주택단지에 집을 분양 받아 정착하였다. 화이트베어레이크는 호수 이름에서 따

온 카운티(county) 이름이다. 미국에서는 집값의 10~20%를 첫 할부금으로 내면 집을 살 수 있어서 내 집을 마련하게 되었다. 마산 할아버지의 유산 일부와 독일에서 일시불로 받은 퇴직금으로 꽤 많은 첫 할부금을 충당할 수 있었다. 주택 단지의 집들이 다 나가고 거의 마지막으로 남은 것이 우리 몫이 되었다. 집 뒤에 마당이 있었으며 마당 너머에는 비가 많이 오면 늪지로 변하는 넓은 갈대밭이 있었다. 때때로 뇌성을 동반한 장대비가 쏟아질 때면 널찍한 창문을 통하여 번개가 번쩍이고 벼락이 내려치는 경이로운 경관을 감상하곤 하였다. 그것은 여태껏 어디에서도 경험하지 못했던 장관이었다.

사람들이 새집으로 입주한 지 며칠 지났을 때였다. 사람들이 여러 대의 트럭에 둘둘 만 잔디를 싣고 와서 마당에 풀어 놓더니 이불을 펴듯이 마당에 깔았다. 우리 집을 제외한 온 마을 집 흙 마당들이 마술처럼 순식간에 잔디밭으로 변했다. 이틀 만에 온 마을이 딴 세상이 되었다. 1,500달러를 아끼느라 잔디 까는 일에 참여하지 않은 결과 우리 집 흙 마당은 유별나게 궁색해 보였다.

"동네를 다 돌아보았는데 우리만 잔디가 없잖아요."

"잔디 씨를 심어 자라면 훨씬 더 좋은 잔디 마당이 될 거야."

나는 창피하다고 볼멘소리를 하는 아이들을 달래고는 넓은 마당을 쇠갈퀴로 긁고 온 식구가 달려들어 잔디 씨를 뿌렸다. 잔디 씨를 사는 데 35달러가 들었다. 약 3주간이 지나니까 반갑게도 파란 풀싹이 돋아났다. 이듬해에는 제법 풀이 자라 퍼졌으나 아직도 엉성하여 흙바닥이 보였다. 2년이 지나자 잔디가 마당을 덮어 자주 잔디를 깎아 주어야 할 정도로 자라서 이웃에게 미안하게 여기던 마음을 지울 수가 있었다. 잔디 깎는 기계로 한 시간 이상 잔디를 깎고 나면 내의가 땀에 흠뻑 젖었다. 가물 때는 물 살포 장치를 가동하여 물도 뿌렸다. 잔디 전용 비료도 가끔씩 뿌려 주었다. 그러면 신기하게도 잡초는 다 죽고 잔디만 기름기가 흐르도록 무성해지는 것이었다.

우리는 그 집에서 3년을 채 살지 못하고 떠났으나 2, 3년 후에 우연한 기회에 그 집을 방문했을 때 신록색을 띠며 촘촘히 자란 마당의 잔디는 푸석하게 보이는 동네 이웃들의 검푸른 잔디와는 비교가 되지 않을 정도로 빛깔도 선명하고 건강하게 보였다. 우리가 떠날 때 교회가 그 집을 사서 사택으로 사용하였으므로 후임 목사님이 내가 미네소타에 들렀을 때 정총해 장로와 나를 초대해 주어서 그 집에 갔던 것이다. 정총해 네는 우리가 미네소타를 떠난 후에 호숫가에 집을 지어 오늘까지 살고 있다.

나는 반지하에는 내 손으로 부부 침실과 탁구를 칠 수 있는 방을 꾸몄으며, 화장실도 넣고 센트럴 에어컨도 설치하였다. 에어컨을 위한 배선이 옳게 되었는지는 감독관의 검사를 받아야만 했다. 지하실 천정에 패널 판을 붙이고 흰 횟가루를 분무기로 뿌려 칠하느라 온 식구가 하얀색 칠을 뒤집어썼던 일을 잊지 못한다. 미국에는 인건비가 비싸므로 '두 잇 유어셀프'(Do it yourself)라는 말대로 손수 작업을 하도록 권장하며 자재나 기구 및 도구를 파는 대형 마트들이 있다. 그리고 기구나 도구를 손쉽게 빌려 주는 가게도 있어서, 손수 일하기 편리하게 되어 있다. 새집을 갖고 필요한 것을 만들고 손질하는 것은 즐거운 놀이다. 처음 집을 가져서는 온 식구가 내 집을 가졌다는 기쁨을 만끽하였다. 목사가 한 곳에 오래 머물면서 목회하는 경우는 예외이겠으나, 그렇지 않은 경우 목사가 자기 집을 가지는 게 바람직하지 않다는 것을 나중에 내가 미네소타를 떠나면서 새삼 깨달았다. 전도자는 돈주머니도 지팡이도 갖지 말라는 성경 말씀의 뜻을 새삼 알게 되었다.

여름이면 미국 중부에는 거대한 돌풍 토네이도가 불의에 엄습하는 경우가 많은데, 미네소타도 예외가 아니었다. 그래서 집을 지을 때는 반드시 지하실 또는 반지하실을 두도록 법으로 정하고 있다. 하늘을 뒤덮은 먹구름이 회오리바람을 일으키며 다가오면 토네이도 경보가 울리고 거리에 있던 사람들은 황급히 큰 건물 안으로 대피한다. 가정집에서는 온 식구가 지하로 내려가 창문가에서 떨어져 방 한가운데 있어야 한다. 자동차를 타고 가다가 토네이도를 만나면 차를 버려두고 얼른 길가 고랑창이나 움푹 꺼진 곳에 엎드려야 한다.

미네소타의 겨울은 몹시 춥고 길며 눈도 많이 온다. 섭씨 영하 25~30도의 날씨가 열흘 이상씩 계속된다. 우리 집 반지하 방에 벽난로가 있었다. 불을 땔 때는 아궁이를 유리문으로 바람 샐 틈 없이 닫아 봉하게 되어 있었다. 아궁이 안에는 실외로 연결되는 파이프가 있어서 바깥 공기를 공급하게 되어 있었다. 아궁이를 연 채로 장작불을 때면 집안과 바깥의 온도 차가 너무 커서 난방 보일러로 데워진 공기가 다 아궁이를 통해 굴뚝으로 빠져 나가므로 난방비가 두 세배나 더 들기 때문이었다.

중고차를 가진 학생들이 사는 다운타운에서는 아침에 자동차 시동이 걸리지 않아 애를 먹는 경우가 많았다. 겨울에도 좀처럼 눈 구경을 할 수 없는 남부에는 눈이 조금이라도 오는 날이면 학교가 휴교하는 등 온 도시가 마비된다. 그러나 트윈시티를 비롯한 북부의 도시에서는 시 당국이 눈 치우는 장비와 조직을 잘 갖추고 있어서 도로에 눈이 쌓이도록 내버려두는 법이 없다. 그럼에도 눈이 오면 사람들은 지붕에 쌓인 눈을 끌어 내리거나 차고에서 길까지 나 있는 '드라이브 웨이'에 쌓인 눈을 삽질로 치워야 한다. 그럴 때면 내의가 땀으로 흠뻑 젖는다. 나이 많은 사람이 눈을 치우다 심장 마비나 뇌졸중으로 쓰러져 죽는 불상사도 간혹 일어난다. 웬만큼 사는 사람들은 잔디 깎는 기계와 비슷한 눈 치우는 기계로 작업을 한다.

폭설을 만나면 시내를 관통하거나 우회하는 고속도로에서도 고립되어 사고를 당하는 경우가 더러 있다. 눈에 갇혀 정차한 상태에서 엔진을 켜놓고 있으면 배기가스에 질식해 죽을 수도 있으며, 그걸 피하려다가는 추위에 동사할 수도 있다. 초등학교에서는 일찍부터 어린이들에게 이런 경우를 당할 때 살아남는 법을 가르친다. 겨울에는 차에 방한과 방습을 위하여 필요한 담요와 몸을 덮을 수 있는 큼직한 비닐 조각, 그리고 양초 한 자루와 빈 깡통 하나를 늘 비치해야 한다고 한다. 눈 때문에 차가 움직이지 못 하면, 담요와 비닐을 뒤집어쓰고 깡통 안에다 촛불을 켜 놓고 손을 따뜻하게 데워 주면 체온을 유지할 수 있어서 구조될 때까지 버티는 데 도움이 된다고 실제적인 산 교육을 한다. 독일에서도 그렇듯이 초등학교에서 남녀 어린들에게 요리와 뜨개질을 가르친다. 삶을 위한 실제적인 교육에는 남녀의 구별이 없다.

교육 이야기가 나왔으니 말이지, 미국의 교육에 비추어 볼 때 우리의 교육에는 반성할 점이 많다. 박정희 정부는 중·고등학교의 평준화를 위하여 학군을 만들어 학군 내에 거주하는 학생들이 다른 학군에 있는 학교를 지원할 수 없도록 하고, 학군 내의 학교에도 추첨으로 지원하도록 하였다. 이러한 정책은 교육과 사회에 큰 변화를 불러왔다. 소위 명문 중·고등학교는 없어졌으며, 종교 교육을 이념으로 하는 사립학교들의 목적과 자율성도 인정을 받지 못하게 되었다. 교육의 평준화 정책은 하향평준화를 지향하게 만들었으며, 마침내 노무현 정부는 대학의 평준화까지 언급하면서 서울대학교의 실질적인 폐쇄까지 들먹였다.

중·고등학교의 평준화로 전통적인 명문 중·고등학교는 없어졌으나, 세월이 감에 따라 자연히 도시와 지방의 학교들 간에, 그리고 서울의 경우에는 학교 간의 우열에다 학군 간의 우열이 생기게 되었다. 서울 강남 지역에 있는 학교들이 우수한 학군으로 알려지면서 불건전한 풍조가 조성되었다. 그것은 이곳의 집값 상승을 부채질하는 한 중요한 요인으로 작용하였다. 이 지역으로 미처 이주를 못 하는 사람들은 위장전입을 감행하였다. 법과 질서를 지켜야 할 사회의 지도적인 인사들도 예사롭게 위장전입을 자행하는 등 한국 사회의 준법정신은 해이해지고 도덕 불감증은 더 심화되었다. 고위 공직자의 자격을 심사하는 국회 청문회에서 이런 유의 곤혹스런 범법 사실이 비일비재하게 드러나는 것은 슬픈 일이다. 개개인의 도덕성도 문제지만, 학교 선택의 자유를 제한하는 부자연스런 법 제정이 이러한 불미스런 사회 현상을 초래한 것이다.

아이젠하워가 대통령이 되기 전 컬럼비아 대학교 총장으로 가 있었을 때의 일화이다. 수위가 학생들이 한사코 정원 잔디밭을 가로질러 다닌다고 불평하면서 총장더러 학생들에게 타일러 달라고 청원하자, 총장은 "거기에 길을 내주면 될 것 아니요?" 했다는 일화는 미국의 실용주의 사상을 대변하는 것이기도 하지만, 법과 규칙이 무엇을 위해, 누구를 위해 존재하는지 생각해 보게 하는 새겨들어야 할 이야기다.

미국에는 교육의 평준화를 지향해야 한다는 콤플렉스가 없다. 영재학교가 있는가 하면, 일반 중·고등학교에서도 학생들로 하여금 능력에 따라 과목별로 더 많이 배우기를 선택할 수 있는 '우등반'(advanced class)을 운영하고 있다. 해방 이후부터 우리는 학력 평가를 위하여 주로 객관식 시험만 보아왔으나, 영국, 독일은 물론이고 미국에도 주관식 시험을 많이 시행한다. 우등반의 7학년 학생의 과제물 중에는 논문 쓰기도 있다. 이를테면 미국 역사 과목의 과제를 위하여 여러 권의 책을 읽고 각주를 달게 한다. 성적 B를 받으려면 각주 7개, A는 9개, A+는 11개 이상 달아야 한다는 식으로 과제를 내어 주면서 조건을 제시한다.

객관식 테스트만 시행하는 우리의 교육은 교사들의 편의에는 도움이 되나 학생들의 창의력과 논리적 사고력, 문장력을 기르는 데는 도움이 되지 않을 뿐 아니라, 과정은 소홀히 하고 결과만 중요시하는 사고방식을 낳는다. 이러한 경향은 곧 논리성과 도덕성의 결여로 이어진다. 객관식 테스트로는 교사와 학생 간의 교육적인 교감이 이루어지지 않을 뿐 아니라, 정답에 표시만 하면 되므로 부끄럽게도 커닝 문화가 쉽게 조성된다. 나는 신학교에서 교수하면서 늘 리포트를 제출하는 것으로 시험을 대신하였다. 드물게 시험을 칠 경우에는 '오픈 테스트', 즉 책을 참고하면서 하도록 하였다. 누구나 글을 쓸 경우 으레 책들을 참고하며 쓰는 것이므로 아는 것을 논리성을 갖추어 적절히 잘 표현하는 능력을 평가하는 것이 옳은 평가일 수도 있으며, 학생들에게도 그런 연습을 하는 것이 암기했다가 시험지에 쏟아 놓는 것보다 더 유익할 것이라는 생각에서였다.

큰 딸 선희는 미국에 와서 자기 나이에 맞는 학년에 편입되는 바람에 고등학교 과정을 옳게 배우며 학교생활을 충분히 즐기지도 못하고 졸업하였다. 대학 다니다 중단했던 과정은 결혼 후에 남편의 이해와 후원으로 마저 마쳤다. 초등학교 6학년과 5학년인 형일이와 주희의 영어 공부를 위하여 학교는 특별히 배려해 주었다. 트윈시티의 다운타운에서 독일어를 잘하는 강사를 초빙하여 한 학기 동안 개인 지도를 받게 해 주었다. 너무나 송구스럽고 감사한 일이었다. 이러한 배려는 한국에서는 도저히 상상도 할 수 없는 일이다.

학생들은 고등학교 때까지는 오전에만 공부하고 오후에는 운동을 하거나 각자 좋아하는 특기활동을 한다. 한국의 학생들처럼 두세 개의 학원을 돌아다니거나 입시 준비를 위해 아침 일찍부터 밤늦게까지 학원이나 도서관에서 파김치가 되도록 공부에만 매달리는 법이 없다. 미국에서 밤늦게까지 혹은 밤을 새우며 하는 그런 식의 공부는 대학에 가서 한다. 미국 학생들은 대학에서 힘을 발휘하기 위하여 중·고등학교 시절에 체력을 단련하고 비축해 둔다고 이해할 수 있다. 교육환경이 이렇게 다르다 보니 미국 학교에 익숙해진 많은 어린 학생들이 귀국했다가 한국에서 적응을 못하고 도로 미국으로 가는 경우가 허다하였다.

미국에서 경험한 일 가운데 인상에 남는 것은 보험회사의 친절이다. 우리가 미네소타에 정착할 무렵이 온 세계에 석유 파동이 있을 때여서 우리는 새 차를 비교적 싸게 살 수 있었다. 미국인들이 좋아하는 큰 스테이션 왜건이 헐값에 나와 있었으나 기름 많이 먹는 하마라면서 사람들은 한동안 쳐다보지도 않았다. 나는 새 자동차를 몬 지 한 6개월 만에 사고를 당하였다. 해가 져 약간 어두워 올 무렵에 버거킹에서 나오는 밴이 그 앞을 지나가는 우리 차 오른쪽 앞부분을 들이받았다. 술 마신 운전자가 급히 한길로 나오려다가 사고를 낸 것이었다. 우리 차는 받힌 부분과 앞 뒤 범퍼가 다 찌그러졌으나 차안에 가득 앉아 있던 식구들은 다행히 무사하였다.

보험회사에서는 당장 모든 것을 처리해 주고 열흘 동안이나 대차도 하게 해 줄 뿐 아니라 새차 가격의 1/10 미만의 돈을 더 내고 보다 나은 새 차로 교환할 수 있도록 조처해 주었다. 모든 일을 신속히 그리고 자기들이 다 알아서 해 주는 것이었다. 한국에서는 보험회사 직원까지 관료주의 티를 내며 어떻게든 가입자에게 불리한 방향으로 법규를 해석하고 일처리를 함으로써 도와주는 데 인색하게 구는 것이 우리가 들어서 알거나 경험하는 일이다. 그런 얘기를 들을 때마다 나는 당시의 경험을 떠올리며 우리도 하루 빨리 백성과 고객을 존중하고 그들을 위하여 최선을 다하는 그런 문화를 가진 사회가 되었으면 하는 바람이 간절하다.

내가 영국에서 유학할 당시 런던에는 철도역이 13개 처에 있었다. 역들이 다 종착역이어서 우리나라의 철도역 구조와는 판이하였다. 승객은 승강장에서 내려 계단을 오르내리거나 역 사옥을 거치지 않고 승강구 끝에 있는 개찰구를 통과하여 바로 밖으로 나온다. 그러면 거기서 택시를 타거나 버스를 타게 되어 있다. 이러한 구조와 편이성은 독일 프랑크푸르트에서도 경험하였다. 대중교통을 이용하기 좋게 되어 있기는 뒤셀도르프도 마차가지였다. 우리의 부산역은 종착역이어서 런던이나 프랑크푸르트의 대도시의 역과 같은 구조를 얼마든지 가질 수 있음에도 불구하고 고객의 편이를 위주로 하는 구조와는 거리가 너무 멀다. 기차에서 내린 승객은 짐을 들고 높이 계단을 올라가 구름다리를 건너 개찰구를 통과하여 역사로 들어간다. 역사를 나와서는 올라왔던 것만큼 다시 계단을 내려가야 한다. 역전 광장은 왜 그렇게 넓은지 짐을 들고 택시를 타거나 버스를 타려면 한길까지 한참을 걸어가야 한다. 역전에 넓게 광장을 두기는 어느 역이나 마찬가지이다. 부산의 경우 에스컬레이터를 설치하고부터는 다행히도 승객들에게 계단을 걸어 오르내리는 수고는 덜어주고 있다. 으리으리하게 역사를 새로 지었건만 변한 건 별로 없다. 승객들이 지상 일층에서 차표를 사서 바로 개찰구를 통하여 승강장으로 가게 하고 기차에서 내린 승객들은 승강장에서 바로 길로 걸어 나오게 한다면 승객들에게 편리한 것은 말할 것도 없고 역사도 덜 복잡할 뿐 아니라 에스컬레이터 운용을 위한 비용도 절감할 수 있을 것이지만, 관료나 설계자가 문턱 문화의 고정관념을 벗어나지 못해서 그런가 싶다.

근래에 와서 도청이나 시청 청사들을 많은 돈을 들여 크고 호화롭게 건축하여 세금을 낭비한다는 여론과 비난이 드높다. 그런데 그보다는 청사의 위치가 문제이다. 민원 업무를 처리하는 관청 청사는 길거리에 있어야 사람들이 쉽게 드나들 수 있음에도 불구하고 한길에서 멀리 떨어져 있는 게 보통이다. 그런데 이런 경향은 더 심해지고 있다. 한길에서 좀 멀리 있는 어느 시청에 볼 일이 있어서 차를 몰고 가니까 주차장은 민원실 반대편에 있었다. 관아의 문턱이 높다는 것을 실감하게 해주었다. 관청의 문턱은 높고 넓어진 셈이다. 그것은 우리 문화 곳곳에 용해되어 있으나 눈에 보이게 드러나 있는 경우도 허다하다. 자동차를 덜컥거리도록 필요 이상으로 많이 깔아놓은 가시적인 문턱들로부터 시작하여 해마다 엄청나게 늘어나서는 대통령의 시책에도 불구하고 줄어들 줄 모르는 중앙과 지방 정부의 각종 규제들이 다 문턱 문화의 소산이다.

미네소타 이민 교회 담임목사 3년 사역 이야기

미네소타 주가 우리 귀에 익숙하게 된 것은 미네소타 주립 대학교가 서울대학교와 자매결연한 학교이기 때문이었을 것이다. 나를 담임목사로 맞아 준 교회는 트윈시티, 즉 미네아폴리스와 세인트폴에 있는 몇 안 되는 한인 교회 중 하나였다.

1960년대에 처음 코리언 펠로우십(Korean Fellowship)이란 이름으로 시작할 당시 이 교회가 유일한 한인 교회였다. 한국 이민자들이 늘어나면서 다수의 교파 교인들, 즉 장로교, 감리교, 침례교 교인들은 제가끔 자신들의 신앙에 맞는 교회를 형성해 나가고 나머지 사람들이 처음의 전통을 존중한다는 의미에서 한인 공동체 교회(Korean Community Church)란 이름으로 모이는 교회였다. 출석 교인이 약 70명이었으며, 교회 구성원으로는 교수, 의사, 유학 온 대학 연구생들이 대다수이고, 비전문직의 이민자들은 몇 가정 되지 않았다. 바울은 고린도 교인들에게 "너희는 그리스도의 몸이요, 지체의 각 부분이라."고 하면서 교회를 2인칭으로 이해하였다. 교회의 구성원 한 사람 한 사람이 다 인격을 갖춘 이들이요, 주님께서 사랑하시는 귀한 분들이다. 그런데 이들이 구성하고 있는 교회 공동체를 객관화하여 이야기한다는 것은 참으로 죄송한 일이다.

교회에 부임하여 제일 먼저 한 일은 교회 정관을 고친 것이었다. 장로교회에서 공동의회로 알고 있는 전체 교인 회의는 그냥 총회라고 칭하고 있었으며, 세례교인이나 그렇지 않은 사람들까지 구별 없이 회원이 되고 있었다. 총회가 열릴 때는 좀처럼 교회로 나오지 않던 사람들도 나와서 거리낌 없이 발언하고 투표권을 행사한다는 것이었다. 한인 공동체라면 그러는 것이 당연하지만, 담임목사를 두고 오래 끌어온 갈등 끝에 의식 있는 교인들은 교회 공동체에는 누구나 회원권을 가지는 것이 부적절한 것임을 인식하게 되었다. 그리하여 다수의 찬성으로 교회다운 교회를 위하여 정관을 개정하기로 하였다. 교인 대다수가 장로교인들이었으므로 장로교회의 법에 준하는 정관으로 우선 개정하고,

장로교 노회에 가입하는 대로 장로교 헌법을 따르기로 하였으며, 교회 이름도 '미네소타한인제일장로교회'로 바꾸었다. 목사의 임기도 3년에 한 번씩 신임투표를 하게 되어 있던 것을, 한국 장로교회 식으로 취임 1년 후에 한 번만 신임 투표를 하기로 개정하였다. 내 경우는 자신이 발의자였으므로 건덕을 위해 2년 후 신임을 묻기로 하였다. 미네소타 근교의 세인트 올라프 대학에 교수로 있던 길희성 박사가 교인들을 설득하는 등 교회 일에 많은 도움을 주었다. 그는 하버드에서 철학을 연구하는 한편 신학도 공부했는데도 평신도로 봉사하고 있었으므로 그의 말은 설득력이 있었다. 그는 2년 후 귀국하여 모교인 서울대에서, 그리고 얼마 후 서강대에서 내내 교수하였다.

미국 교회에서는 임시목사와 위임목사라는 구별이 없다. 교회와 목회자의 본래적인 관계를 감안할 경우 그런 구별은 불합리한 것이다. 한국 교회가 선교 교회이다 보니까 본래 장로교회에는 없는 과도기적인 서리집사 제도를 두듯이 임시목사를 두게 되었던 것이다. 나는 교회에다 앞으로는 목사를 충분히 잘 살펴서 초빙하도록 해야 한다고 말해주었다. 초빙할 목사를 교회로 오게 하여 설교를 한두 번 들어보고 결정하기보다는 그분이 시무하는 교회에 초빙위원 한두 사람을 몰래 보내어 설교도 듣고 목사에 대한 평가나 목회 현황도 알아보게 하여 판단하는 것이 더 나을 것이라는 이야기도 하였다. 네덜란드에서는 교인들이 목사를 오래 모시고 있고 싶으면 목사에 대한 자랑을 하지 않는다는 얘기를 들었다. 다른 교회에서 자기 교회 목사를 탐내는 일을 미리 방지하기 위해서라는 것이었다.

한국 교회는 이제 임시목사 제도가 없어도 될 정도로 성장하였다. 목사 위임이란 노회가 주님의 이름으로 주님의 교회를 목사에게 맡긴다는 뜻이므로, 목사가 1년이든 1년 이상이든 교회를 목회하도록 맡았으면 위임목사이다. 그런데 한국에서는 교회 헌법에 임시목사 제도를 두다 보니까 임시목사와 함께 위임목사가 타이틀이 되어 버렸다. 위임목사가 임시목사와 대칭이 되다 보니까 위임목사는 그 본래의 의미를 상실하게 되어 '임시목사 아닌 목사' 즉, 종신토록 시무하는 목사로 이해하게 되었다. 이것은 분명 잘못된 이해임에도 불구하고, 언제부터인지 한국 장로교의 제일 큰 교단이 헌법에 위임목사를 버젓이 '종신목사'로 정의하고 있음을 발견한다. 아마도 교권주의적인 안목에서 감행한 당치도 않는 해석에 아연할 뿐이다. 그리고 노회가 임시목사의 취임에 관여하지 않는 것은 노회가 지역 교회에 대한 임무를 다하지 않는 것을 의미하므로 장로교회 원리에 어긋나는 것이다.

미국 교회는 장로가 4년 혹은 5년의 임기 동안 봉사하다가 1년간 휴무를 하고 다시 선임되면 시무장로로 봉사하도록 하고 있다. 한국 장로교회 헌법에는 장로를 종신직으로 분류하며 장로의 시무 기간에 "신임을 물을 수 있다."고 되어 있다. 그러므로 이 법 조항은 잘못 토착화된 것으로 장로를 불신임할 경우 이외에는 적용되지 않는 유명무실한 법이 된 것이다.

미네소타 한인 교회에서 구역예배는 한 달에 한 번씩 온 교인들이 다 한 군데서 모이고 있었다. 경건회에 이어 식사를 나눈 후에 목사가 먼저 자리를 뜨면, 모두들 교회 모임에서는 전혀 바람직하지 않은 오락을 즐기곤 하였다. 내가 부임했을 때는 뜻 있는 이들이 이를 지양해야 한다는 생각을 가지고 있었다. 그런데 여태껏 즐겨 해 오던 것을 그만두려면 그것을 대치할 대안이 있어야 한다. 나는 구역예배를 본래의 모임으로 돌려놓기 위해 구역을 다섯 가정 단위로 세분하여 모임을 갖도록 제안하였다. 그러나 나의 이런 제안은 쉽게 받아들여지지 않았다. 근 반년 동안 여러 번의 시도 끝에, 마침내 제직회의 동의를 얻게 되었다. 목회자가 당회나 제직회에서 교회를 위한 좋은 안(案)일지라도 과반수의 지지를 얻을 수 있다고 해서 밀어붙이는 일은 절대 삼가야 한다.

나는 성경 문답 교재를 작성하여 각 구역장들에게 나누어 주고 미리 준비하여 구역회를 이끌도록 하였다. 구역장더러 구역회에서 성경을 제발 혼자 설명하지 말고 회원들이 다 함께 참여하여 말씀의 뜻을 생각하며 생각을 나누도록 당부하였다. 구역 성경공부는 오락하던 관례를 몰아내는 데 성공적이었다. 토론에는 교인들 거의가 다 일가견이 있는 지성인들이므로 구역 성경공부는 활기 있게 진행되었다. 모두들 성경 토론에 몰입하다 보니 시간 가는 줄을 몰랐다. 오락을 즐길 시간도 없을뿐더러 그럴 생각도 나지 않았다. 그러나 오락의 미련을 버리지 못한 소수의 청년들이 구역회 후에 따로 모임을 가졌다는 것을 나는 나중에 들어 알게 되었다.

미국의 한인 교회들은 다분히 한인 사회 공동체의 성격을 띠고 있다. 주일 예배 후에 점심을 나누는 일도 그러하다. 미네소타 한인 교회의 경우, 여름이면 예배 후에 자주 호숫가로 나가 온 교인들이 함께 피크닉을 즐겼다. 애틀랜타에 살 때 들은 이야기다. 처음에 남편들은 부인들이 예배하도록 교회에다 자동차로 태워다 주고 부인들이 예배하는 동안에는 바깥뜰 나무 그늘 아래 있는 탁자에 둘러앉아 담배도 피우면서 한담을 나누었다고 한다. 그러던 어느 날 "우리도 예배당에 한번 들어가 볼까요?" 하면서 엉거주춤하다가 들어와 예배에 참석하게 된 남편들이 설교 말씀을 듣고 믿음을 얻어 집사도 되고 장로도 되었다는 이야기였다.

이민자들이나 유학생들 중에 한국에서였다면 교회에 나오리라고는 상상도 할 수 없던 이들이 교회의 문턱을 넘어 들어오게 되었으니 얼마나 감사한 일인가. 이민 교회는 예배공동체이면서도 이민 생활의 스트레스도 풀고 적적함이나 심란함도 달래며, 때로는 다투고 싸우기도 하지만, 서로 위로를 주고받는 한인 사회의 센터이기도 하다. 목사는 그 중심에서 상담자 역할도 해야 하고, 때에 따라서는 기꺼이 동네북도 돼주어야 한다. 목사가 동네북 노릇도 해야 한다는 것을 나는 미네소타 교회를 떠나면서야 깨닫게 되었다.

많은 이민 교회에서는 자녀들을 위하여 한글학교도 운영하며, 태권도도 배우게 한다. 그러므로 목회자나 한국에서 신앙교육을 잘 받은 교인들은 한국에서 익숙한 신앙의 규범으로 이민 교회를 평가하거나 모든 교인들이 그 틀에 맞추어 생활하도록 성급하게 요청하기보다는 사람들의 마음속에 복음의 씨가 심어져 자라기를 관용과 인내로 기다릴 줄 알아야 한다. 하긴 그것은 한국에 있는 교회에서도 마찬가지이지만, 이민 교회에서는 더욱 그러하다. 많은 이들이 미흡해 보이더라도 그들이 교회 문턱을 넘나드는 것만도 대견스럽게 여기며 감사하는 마음을 가져야 한다. 먼저 된 자가 나중 되고 나중 된 자가 먼저 된다는 말씀을 되새기면서 말이다. 하긴 우리 모두가 부족하기는 마찬가지이니까.

한인 교회와 미국인 교회의 특성

미국 교회는 영국의 국가 교회나 독일의 국민 교회와 달리 자의로 회원이 된 교인들로 구성되는 교파 교회이다. 그 점에서 한국 교회는 미국 교회와 별 다름이 없다. 그러나 미국 교회는 오랜 기독교 문화와 전통을 가진 교회요, 한국 교회나 미국의 한인 교회는 선교 교회라는 점에서 여러 면에서 차이가 있다.

영국 교회와 독일 교회도 그러하지만, 미국 교회 교인들은 주일 예배를 축제로 여긴다. 독일에서는 목사와 장로가 먼저 별실에서 기도로 준비하고 예배 시간 10분 전에 예배당으로 들어온다. 그러면 종이 울리고 오르간 전주가 시작된다. 교인들은 벌써 오래 전부터 와서 자리에 앉아 있다. 종이 울릴 때에 허겁지겁 들어오는 교인은 없다.

미네소타 한인 교회는 큰 감리교회 채플을 빌려 본당의 미국인 교회와 같은 시간에 예배하고 있었다. 예배 시작 시간은 오전 9시 30분이었다. 목사인 나는 식구들을 데리고 늘 9시에 예배당에 도착한다. 이미 넓은 마당에는 주차할 곳을 찾아야 할 정도로 차들이 꽉 들어차 있다. 그런데 우리 교인들은 어떠한가? 예배를 시작할 때 목사의 마음은 불안해진다. 왜 이렇게 교인들이 적게 나왔지? 다들 어디로 갔지? 그러면서 예배를 시작한다. 예배가 진행되는 동안에 하나둘 교인들이 들어온다. 그러다가 기도하고 나서 고개를 들어 비었던 자리가 메워져 있음을 발견하고는 비로소 안도의 숨을 내쉰다. 이 같은 현상은 본국이나 해외를 막론하고 모든 한인 교회에서 경험하는 것이다. 지성인들이 대다수인 교회도 그 점에는 다름이 없다. 시간을 못 지키는 것, 그것은 한국인의 관습이요, 문화여서 어쩔 수 없는가 보다. 만왕의 왕을 배알하고 경배하러 나오는 사람들이 어떻게 지각을 할 수 있느냐고 아무리 말해도 소용이 없다. 예배에 늦게 오더라도 오는 것만 해도 대견한 일로 알고 반겨야지.

독일에 살 때 유트 목사님과 주고받은 이야기가 생각난다. 우리가 사는 폴크홀츠 마을은 옛날 모교회인 포이딩겐 교회에서 먼 곳에 살 때 얻은 습성 때문인지 마을에 새 교회가 섰는데도 교구내의 다른 두 교회에 비하여 예배 출석률이 좋지 않았다. 유트 목사는 설교 중에 예배 출석률이 좋지 않다고 나무라는 것을 두어 번이나 들었다. 난 유트 목사에게 말했다.

"목사님, 출석률이 저조하다고 나무라지 않는 것이 좋겠어요. 정작 나무람을 들어야 할 사람들은 그 자리에 없고 대신 출석을 잘 하는 사람들만 나무람을 듣게 되는데, 그건 공정하지 못한 것 아니에요? 적은 수이지만 그들이 꼬박꼬박 출석해 주는 것만도 고맙게 여겨야지요."

한국 교회에서나 국민 교회라는 독일 교회에서나 교회에서는 아무도 무슨 일이든지 강제할 수가 없다. 시간을 안 지키기는 예배 시간뿐 아니라, 구역회나 무슨 파티에서도 마찬가지다. 어느 한인 식당에서 한인회 파티가 열렸다. 두 시간이나 늦게 온 사람이 파티 음식을 내어놓으라고 하는 데는 식당 주인도 인내의 한계를 드러내지 않을 수 없었다고 한다. 가정에 저녁 초대를 받았을 경우에는 정한 시간보다 약간 늦게 도착하는 것이 에티켓이라는 얘기를 듣기도 하였다. 그럼에도 불구하고 나는 늘 정 시간에 갔다. 거의 언제나 제일 먼저 온 손님이 되는 것은 계면쩍은 일이기도 하지만 나는 그러기를 고집하였다. 나는 옛날 부산 남교회에서 저녁 예배 전 찬송가 인도를 맡았을 때도 한 사람이 와 있건 두 사람이 와 있건 늘 예배 30분 전이면 인도를 시작하였다.

애틀랜타에서 경험한 이야기다. 목사 다섯 사람이 연구회를 가지자면서 모임을 갖기로 한 적이 있었다. 난 정각에 그 장소에 갔다. 아무도 나와 있는 사람이 없었다. 좀 있다가 한 사람이 오고, 또 얼마 있다가 한 사람이 왔다. 마지막 다섯째 사람까지 다 모이는 데 정확히 무려 두 시간이 걸렸다. 그렇게 기다리느라 시계를 보아가며 무의미하게 보내는 시간이 너무나 아까웠다. 그래도 이 정도는 참으면서 어울릴 줄 알아야 한국 문화에 적응할 수 있으며, 한인 교회 목사 노릇도 잘할 수 있을 텐데, 하고 자책하면서 나는 그 모임에서 빠지기로 하였다. 그 후로 나는 그 모임이 존속했는지, 그리고 전원이 모이기까지 얼마나 시간이 걸렸는지 알지 못한다.

어느 미국 선교사에게서 들은 이야기다. 멕시코인 교회에 가면 한국 교인들보다 더 시간 개념이 없다는 것이었다. 그래서 목회자가 그들을 데리고 목회하려면 그 문화에 적응해야 한다고 했다.

한국 교회와 미국 교회의 성경공부 모임은 너무나 대조적이다. 예배하기 전에 실시하는 한국의 장년 성경공부는 몇 사람을 앉혀 두고 주로 장로나 집사의 인도로 공부를 시작한다. 공부하는 시간 내내 드문드문 한 사람씩 들어와 앉는다. 그리하여 성경공부가 끝날 무렵에야 자리가 어느 정도 차곤 하였다. 그것은 시간을 때우기 위한 것이지 무슨 공부일 수는 없다. 미국 교회에서 이런 풍경은 그 어디에서도 찾아 볼 수 없다. 플로리다 장로교회에서 경험한 것이다. 예배 두 시간 전, 즉 아침 9시부터 주로 소그룹으로 나뉘어 하는 장년 성경공부에 회원들은 지각하는 사람 없이 모두가 참석하는 것이었다.

애틀랜타의 페리미터 교회(Perimeter Church) 예배당은 성경공부와 성도의 교제를 위한 기능을 배려하여 건축한 교회로 유명하다. 원형으로 둥글게 지은 예배당은 예배실 주변으로 뻥 둘러가며 작은 방들이 있어서 교인들의 그룹들이 각 방에서 두어 시간 성경공부와 성도의 교제를 나누고 시간이 되면 본 예배실로 나와 모두 함께 예배한다. 그들은 시간을 철저히 지키는 문화를 가진데다 우리보다 책임 의식이 강하므로 이렇게 교회 생활을 영위할 수 있는 것이다. 참으로 부러운 일이다.

미국 교회는 예산 중 많은 부분을 선교와 구제봉사를 위해 지출한다. 예산은 주정헌금으로 충당하는데, 연초에 연보를 작정하면 미네소타 중앙감리교회의 경우 1년치의 주정헌금 봉투를 연초에 교인들에게 배부한다. 헌금봉투에는 주일 순차 번호가 있어서 교인이 헌금을 냈는지 여부를 쉽게 점검할 수 있다. 혹시 출타했거나 어떤 다른 사유로 헌금을 못했을 경우에는 고지서를 보내온다. 그것은 주일학교 학생들의 경우에도 마찬가지다. 작정헌금은 약속한 것이니까 교인은 약속을 지킬 의무가 있는데 교인이 지키지 못했을 경우, 교회는 그것을 상기시켜 약속을 지키게 하는 것이다. 교회 운영을 두고도 그들의 사고와 일 처리는 우리의 정서로는 이해 못할 정도로 합리적이고 철저하다.

미국 지역 교회가 노회나 총회에 바치는 소위 상납금은 우리 한인 교회가 교인당 바치는 액수의 두 배 이상이다. 노회 분담금은 노회를 원활하게 운영하고 힘을 모아 공동으로 선교나 구제 등 유익한 일을 하자는 취지의 헌금인데, 우리 한인 교회나 본국 교회들은 분담금이 훨씬 적은데도 그것을 내는 데 인색하여 연말에 가서야 정산하는 경우가 많다. 그것은 노회나 총회 기관이 연중 내내 적자 운영을 하더라도 상관없다는 이야기다.

미국 장로교회에서는 서리집사란 제도가 없다. 집사는 다 안수 받은 집사이다. 그러나 우리의 경우는 교회에 일할 사람은 있어야 하겠는데, 안수하여 세울 정도로 성숙한 신앙인이 없으므로 임시로 서리집사를 세워 봉사하게 하는 것이다. 선교 교회에서 어쩔 수 없이 시행하는 과도기적인 조치가 제도화된 것이다. 1930년대는 한국 교회의 원입교인과 세례교인의 비율이 3:1 정도였으나 이제는 교인들 거의 전원이 세례교인이다. 마찬가지로 개척 교회 아닌 기성교회에서는 안수집사의 수가 옛날 서리집사 수 못지않게 많아졌으므로 교회 질서를 위해 서리집사 제도는 이제 철폐하는 것이 순리일 것이다. 오늘날 한국의 여러 큰 교회에서 제직회가 열리면 극소수의 제직들만 참석한다는데 이러한 유감스런 풍조가 우연히 생긴 것일까? 그리고 이러한 풍조를 그냥 방관할 것인가? 어떤 공동체나 사회에서 다수의 사람들이 규칙을 잘 지키거나 법을 어길 경우 구성원들만 나무랄 것이 아니고 규율이나 법의 합리성과 합법성을 따져 보아야 한다.

미국 장로교회는 목사와 장로로 구성되는 당회와 집사로 구성되는 집사회가 따로 있어서 각 회가 고유의 소임을 다한다. 당회와 집사회는 두세 달에 한 번씩 혹은 필요에 따라 연석회로 모인다. 우리의 경우는 제직회로 장로와 집사가 같이 모이므로 당회에서 결정한 것을 재론하는 경우가 많다.

목사를 포함한 교회 직분자 선임은 우리의 경우에는 2/3의 찬성으로 하는 데 반하여 미국 교회는 민주주의의 다수결의 원칙을 따라 과반수의 찬성으로 한다. 미국인들은 소수가 다수에 승복하는 문화가 오래 전부터 조성되어 왔으나, 우리는 그렇지 못한 것이 다른 점이다. 2/3의 다수로 결정하는 것은 찬성에 무게가 실리는 다수 결의 같지만 실상은 그렇지 않다. 2/3의 찬성 결의는 뒤집어 보면 소수 결의다. 나라의 헌법이나 법인이나 단체의 정관은 함부로 고치지 못하도록 2/3 이상의 찬성으로야 개정하도록 하고 있다. 다시 말하면 1/3이 반대하면 통과를 볼 수 없도록 하여 소수의 의견에 힘을 실어 주는 결정이다. 헌법이나 정관의 경우는 함부로 개정이 안 되도록 억제하는 것이 마땅하다. 그러나 순조롭게 진행되어야 하는 일상의 적극적인 일에 참여할 일꾼을 뽑는 데 2/3 다수 결의를 적용하는 것은 불합리하다. 즉, 2/3 찬성의 결의는 1/3의 소수가 반대하면 아무것도 할 수 없으므로 다수 결의가 아니고 소수 결의다.

교회를 섬길 일꾼이나 학교의 기관장을 선출하는 데 2/3 찬성 결의를 적용함으로써 선출을 억제하는 것은 자가당착이다. 소수의 반대에 부딪혀 직분자를 충분히 세우지 못하거나 기관장을 선출하지 못해 선거를 거듭하거나 장기간 기관장 없이 지내게 만드는 것은 일이 순조롭게 진행되는 것을 막는 불합리한 처사이다. 이런 선거법은 가톨릭의 '콘클라베' 교황선거에서처럼 필연적으로 치열한 정치 로비와 협상을 초래하므로 한국 교회는 이런 불합리한 법을 시급히 고쳐야 한다. 소수가 다수에 승복할 줄 모르고 폭력을 휘두르며 극한투쟁을 하거나 장외로 뛰쳐나가는 우리의 한심한 정치문화를 위해서도 교회에서부터 2/3 결의, 소수에 힘을 실어 주는 불합리한 소수결의는 철폐되어야 한다.

중세 가톨릭교회에서는 1059년 니콜라오 교황 2세 때 교황 선출을 추기경단이 하기로 했으며, 1179년 제3차 라테란 공의회에서 2/3 다수결 선출방식이 결정되었다. 그런데 2/3 다수의 찬성표는 얻기 어려워 추기경들을 한 장소에 유폐하여 선출 결과를 얻어 내고자 한 데서 1241년에 '유폐'라는 의미를 가진 콘클라베가 생기게 되어 오늘에 이르렀다. 그러나 콘클라베에도 불구하고 2/3의 찬성표를 얻기가 어려운 적이 많았다. 예를 들면, 1268년 말부터 1271까지 거의 3년간 투표를 반복했으나 결과를 얻지 못하자 5년째 되는 해에 비테르보(Viterbo) 시당국과 시민들은 추기경들을 유폐해 두고 그들에게 8일 이내에 교황선출을 완료하지 않으면 그때부터 빵과 포도주만 공급하겠다면서 일을 끝내도록 겁박하였다고 한다.《한국 가톨릭 대사전》140쪽에서 이 이야기를 볼 수 있다. 한국 교회는 이런 역사를 반면교사로 삼아야 함에도 불구하고 그런 일을 맹목적으로 되풀이하고 있다.

미네소타 제일장로교회는 내가 부임했을 때 서리집사 7명으로 운영위원회를 구성하고 있었다. 공동의회는 1년이 지났을 때 공동의회의 절차를 거쳐 이윤호 씨와 전인석 씨 두 사람을 장로로 세워 당회를 조직하였으며, 그 이듬해 송창원 씨와 정총해 씨 두 사람을 더 선출하여 장로로 세웠다. 2년이 지난 후에 목사 신임투표를 하기로 한 것을 아무도 거론하지 않고 회피하기에 목사 자신이 서너 차례 제안하여 투표를 실시하였다. 신임투표란 본래 정상적인 관계에 있을 때보다는 불신임하려는 생각이 많을 때 시행하는 것임을 재삼 확인하게 되었다.

내가 부임한 지 3년째 되는 해에는 목사가 생활 문제에 별로 마음을 쓰지 않을 수 있도록 예산을 책정하고 병원 보험도 들어 주었다. 교회가 그런 여건을 갖추는 것은 후임 목사를 위해 좋은 일이어서 환영할 일이라고 생각하면서 나는 총신대학교 신학대학원의 부름을 받아 교회를 사임하였다. 교회에 부임한 지 1년이 지났을 때도 같은 부름을 받아 총신대학에 왔다가 3주 만에 도로 교회로 간 것은 교회나 학교에 큰 잘못을 범한 것이었다. 그런데 이제 다시금 교회를 떠나기로 했으니 참으로 죄송한 일이었다.

미네소타 교회 교우들과 함께 한 생일 파티 (1981년)

사회하시는 분은 전인석 장로

"미네소타에서 3년의 목회 생활로는 내가 교회와 목회를
어느 정도 알게 되었다고 말하기에는 너무나 부족하다고 느꼈다
교회나 목회는 이론으로 배워 알게 되거나 잘할 수 있게 되는 것이 아니니까"

미네소타 교회 옛 교우들을 만나 (2014년)

송창원 장로, 이순자 권사(이윤호 장로 부인), 정지석 집사 부인, 김종례,
정총해 장로, 저자, 이후한, 송창원 장로 사모

하나님의 말씀과 위로를 필요로 하는 사람들을 위하여 봉사하며
그들과 사귀는 것이 얼마나 값진 삶인가.
목회자의 생활이 교수 생활보다는 훨씬 역동적이라는 생각이 들면서
목회 생활이 다시 그리워졌다.

13 서울 총신대에서

기러기 아빠가 되어

독일에서 박사학위 공부를 시작할 때 마르부르크 대학교에서는 연구생이 교수 요원으로 필요한 사람이라고 보증하는 총신대학 학장의 추천서를 요구하였다. 김희보 학장께서 감사하게도 쾌히 추천서를 학교로 보내 주셨다. 장학금을 만들어 준 노회도 다 내가 그러기를 기대하고 바랐다. 그럼에도 나는 그 약속을 즉시 이행하지 않고 목회하는 길로 우회하였던 것이다. 영국과 독일의 경우를 보면 이러한 우회가 전혀 부자연스러운 것은 아니다. 영국의 경우는 교회가 명하는 대로 목회하다가 신학교 교수로도 가고, 또한 교수로 있다가 목회지로 가기도 한다. 독일의 경우 바르트도 그랬지만 다년간 목회하다가 신학 교수로 종사하는 많은 사례들이 있다.

1983년 5월에 나는 교회에다 후임을 구하도록 부탁하며 사임하였다. 신학교로 가르치는 사명을 다하기 위해 간다고 하니 교인들 중에는 이해한다는 이들도 있었고, 섭섭하다는 이들도 있었다. 목회를 하려면 콧대를 좀 낮추어야 한다고 말하는 이도 있었는가 하면 낯이 두꺼워야 한다고 하는 이도 있었다. 내게는 둘 다 필요한 것이기에 고맙게 새겨들어야 할 충고였다.

목회는 "땅을 파자니 힘이 없고 빌어먹자니 부끄럽구나." 하고 불의한 청지기가 말했듯이, 다른 아무것도 할 수 없을 때 전심을 다해 할 수 있는 직업이요, 소명이다. 조금이라도 기댈 데가 있거나 한 걸음이라도 후퇴할 여유가 있어서는 하기 힘든 일이 목회다. 엘리사는 밭 갈던 소를 처분하고 엘리야를 따라갔으며, 제자들도 가진 것을 다 버려두고 예수님을 따랐다.

내가 떠난 후 3, 4개월 만에 교회에는 좋은 목사님이 오셔서 6년간 목회하셨다. 그분은 교회를 트윈시티장로교회와 하나로 연합하게 하고는 떠났다. 그 연합은 내가 있는 동안에도 한때 시도했던 일이다.

아이들의 의사를 존중하여, 또 아이들이 한국에 와서 적응하기가 어려울 것이라는 친구들의 조언을 들어 가족 모두가 귀국하는 것은 포기하고 내가 한국에서 교수하는 동안에 가족들은 김진경 친구가 있던 플로리다 펜사콜라에 가서 살도록 정하였다. 한 곳에 정착해 좀 오래 살지 못하고 먼 길로 다시 뜨내기로 이사하게 되었으니 식구들에게, 특히 나이 많으신 어머니께 미안하고 죄송한 일이었다. 나는 어머니와 아내, 주희더러 딸 선희가 운전하는 큰 중고 왜건차를 타고 먼저 떠나게 하였다. 나는 이삿짐을 실은 유홀(U-haul) 조수석에 아들 형일이를 앉히고 작은 차는 트럭 뒤에 매달고는 이삿짐을 실어 주기 위해 왔던 청년들의 전송을 받으며 목적지로 향하였다.

미국 사람들은 직장을 따라 혹은 더 살기 좋은 곳을 찾아 이사할 때 여유가 있는 사람들은 이삿짐을 운송회사에 맡기지만, 그렇지 못한 서민들은 흔히 가진 물건들을 '개러지세일'(garage sail)로 이웃들에게 헐값으로 팔아 처분하고 나머지는 자가운전 트럭에 싣고 이사를 한다. 유홀이 대표적인 자가운전 트럭회사로 전국적인 조직망을 가지고 있다.

옛날 이주민들이 서부 개척을 위해 마차로 이동하던 것에 비하면, 잘 닦여진 고속도로 위로 차를 몰고 이사하는 일은 너무나 편한 일이다. 그러나 이삼 일이나 달려 북에서 남으로 종단을 하는 일이 그렇게 쉬운 일은 아니었다. 1년 전에 온 식구가 플로리다로 여행을 다녀왔을 때는 미처 몰랐으나 짐차를 운전해 가다 보니 한참을 올라가고 또 내려가는 경사진 산길들이 꽤 많은 걸 알게 되었다. 모텔에서 하룻밤을 자고 이튿날 일찍 길을 떠나 오후나 되었을 때였다. 병행하여 달리던 다른 차들의 운전자들이 우리 차에 문제가 생겼다고 신호를 보내 와서 갓길에 차를 세웠다. 유홀 뒤에 달고 가던 작은 차의 뒷바퀴가 다 달아서 타이어가 떨어져 나가기 직전임을 발견하였다. 차 앞쪽이 살짝 들리도록 트럭에 매달려 오다보니 차의 무게가 온통 뒷바퀴에만 실려 타이어가 절단난 것이었다. 나는 선희가 운전하는 차를 먼저 보내고 화물차를 천천히 몰아 고속도로를 벗어나서 카센터를 찾아 작은 차의 바퀴를 갈아 끼웠다. 어정대는 사이에 해가 저물어 왔으므로 아들 형일이와 나는 모텔에 들러 하룻밤을 더 보냈다. 인도인이 경영하는 허술한 모텔이어서 개운치가 않았으나 곤하게 자고는 아침 일찍 다시 출발하여 그날 정오경에 목적지에 도착하였다. 장시간을 운전하여 그 전날 저녁 늦게 먼저 도착한 식구들이 김진경 가족과 함께 우리를 맞아 주었다.

플로리다 주는 돈 많은 부자들이 은퇴하여 재산을 가지고 와서 사는 곳이므로 주정부의 재정이 풍부한 편이어서 자동차세 등 각종 세금이 다른 주들에 비하여 월등히 쌌다. 펜사콜라 역시 은퇴한 사람들이 많이 와서 사는 조용한 항구도시였다. 인상에 남는 것은 멕시코만의 한 가닥 해안을 형성하고 있는 해변의 모래사장이었다. 그것은 백설탕처럼 흰 모래로 덮인, 말 그대로의 백사장이었다.

길 좌우로 빽빽이 늘어선 나무들에는 북쪽에서는 보지 못하던 기생하는 넝쿨나무들이 무성하게 자라 큰 나무들을 휘감거나 뒤덮고 있었다. 그리고 북쪽과는 달리 소나무가 많음이 눈에 띄었다. 우리를 위해 구해 놓은 셋집이 오랫동안 사람이 살지 않던 집이어서 엄지손가락만 한 커다란 바퀴 벌레들이 흉하게 집 안팎에 우글거려 약을 뿌려 퇴치하는 데도 여러 날이 걸렸다. 아열대 지방으로 이사 온 것을 실감할 수 있었다.

김진경 친구는 펜사콜라에서 양복상점을 운영하는 한편 한 두어 시간 떨어진 포트월튼비치에 지점을 열고 있었다. 포트월트비치에는 미군기지가 있어서 미군들과 혼인한 한국 여자들이 상당히 많이 살고 있었다. 그는 이들을 위하여 예배당을 빌려 주일 오후에 예배하는 모임을 갖도록 하여 그들에게 위로와 기쁨을 안겨 주고 있었다. 목회자를 초청하여 목회하게 했으니 한인 교회를 설립한 것이었다. 어디로 가나 쉼 없이 복음을 전하고 예수 사랑을 실천하는 존경스런 친구이다.

교수 사역과 《신학지남》 편집 사역

1983년 9월에 총신대학교 신학대학원에 부임하여 이듬해 3월에 부교수로 임명을 받았다. 학교에서는 오래 전에 고신대학에서 조교수로 있었던 경력 등을 참작해 준 것이었다. 교수를 위해 마련해 놓은 사택에 살게 해 주는 등 고마운 대접을 받았다. 펜사콜라에서 우편으로 부친 책

뭉치들은 신촌에 있는 우체국까지 가서 그것도 한꺼번에 찾지 못하고 번거롭게도 책이 도착하는 대로 여러 번에 걸쳐 가서 찾아와야 했다. 미국에서는 등기 값이 하도 비싼 바람에 독일어 신학 책을 누가 빼돌리랴 하는 생각에서 보통 소포로 부친 게 불찰이었다. 서른다섯 개의 책 뭉치 중 다섯 개가 분실된 것이다. 삼사십 권의 귀중한 책을 잃어버린 것이 두고두고 아쉬웠다.

학교에서 강의 이외에 맡은 일은《신학지남》편집이었다. 1918년에 창간한 역사적인 신학지를 편집하는 것은 영광스런 일이면서 책임이 무거운 일이다.《신학지남》은 계간지여서 출간일이 금방금방 다가왔다. 권두언은 으레 편집인이 써야 하는 줄 알고 내가 즐겨 썼는데, 반드시 그래야만 하는 게 아님을 나중에야 알고는 미안한 생각이 들었다.

또한 장학위원회 위원장도 맡았다. 장학위원회에서는 장학금의 10분의 1을 해외 유학생 장학금으로 돌리기로 하고 이미 해외에서 공부하고 있는 학생에게 장학금을 보내기로 하였다. 1986년 봄이었다. 전국 목사 장로 기도회에서 이야기할 수 있는 기회를 얻었을 때 나는 교수 요원을 양성하는 일에 관심을 가져 주시라고 호소하였다. 가령 선교사 다섯 명을 해외로 파송할 재원이 있다면 네 명만 보내고, 나머지 한 명 분은 해외 유학생을 위한 장학금으로 돌린다면 교회가 더 균형 있게 발전하고 성장하게 될 것이라고 말했다.

자유주의 신학을 마다하지 않는 소위 진보측에서는 학자들을 많이 양성해 왔으며, 저서랑 번역서를 많이 출판하고 있었다. 그에 비하여 보수 측의 문서 활동은 당시만 해도 빈약한 편이었다. 더욱이 염려스러운 것은 보수측 신학생들도 진보측에서 내놓은 책들을 분별없이 읽고 있는 실정이었다. 이러한 현상이 어떤 결과를 낳을 지는 불을 보듯 뻔한 일이므로 이러한 현실이 지양되어야 한다고 호소하였다.

총신대학 신학대학원 캠퍼스는 동작구 사당동과 양지에 둘로 나뉘어 있었다. 양지 캠퍼스에는 신학대학원 1, 2학년생들이 공부하고 있었으며, 3학년 학생들은 대학부 학생들과 같이 사당동 캠퍼스에서 공부하고 있었다. 그러므로 교수들은 강의 시간에 따라 양 캠퍼스로 학교 봉고차로 오가야 했다. 교수들에 비하여 학생 수가 월등히 많았으므로 교수들의 강의 시간이 법정 시간을 두 배 이상 상회하곤 하였다. 난 방학이면 가족에게 간답시고 방학 동안에도 교수로서 더러 해야 하는 일을 하지 못했으며, 어느 한 교회에 적을 두고 봉사하지도 못했다. 그것은 모양새도 좋지 않을뿐더러 자신에게도 떳떳하지 못한 일이었다.

연구 생활도 옳게 못하고 이렇게 살다가는 책도 하나 쓰지 못하고 공허하게 교수 생활을 마감해야 하는 것이 아닐까 하는 불안감이 불현듯 나를 엄습하였다. 문득 옛날 어느 대학에서 있었던 일이 떠올랐다. 교단에서 각광을 받고 있던 세 분의 교수가 작은 책 한 권을 공동 명의로 내놓았다. 조촐한 출판기념회가 마련되어 사람들이 저자들에게 축하인사를 건네며 넓다란 탁자에 둘러앉은 자리에서이다. 순서에 따라 축사를 맡은 선배 목사님이 자리에서 일어서셨다. 덕담을 기대하고 있는 사람들 앞에서 그는 책을 집어 치켜드시더니, "책이 이제나 저제나 나올 것인가 하며 오래 기다렸는데, 그래 이게 뭣고?" 하면서 대갈하셨다. 교수들을 그렇게 질타할 수 있는 그분은 내가 존경하는 참 멋있는 분이셨다. 그 때는 그 꾸지람이 그들에게 대한 것이거니 했는데, 나 역시도 그런 힐책을 면할 수 없다는 생각이 들었다.

총신에 와서 사귄 사람들 중에 권성원 목사를 잊지 못한다. 예전에 한 번도 이야기를 나누어 본 적은 없었으나 그가 연구실로 찾아왔을 때 나는 그가 진해로 이사 가기 전에 마산 문창교회에서 더러 본 선배임을 단 번에 알아보았다. 한데 그는 교수와 학생이라는 관계를 의식한 나머지 나에게 깍듯이 예대를 하면서 이야기를 나누다가 공손히 인사를 하고는 밖으로 나가질 않겠나. 나는 뒤따라 복도로 나가서 그의 팔에 매달리며 말했다.

"아이고, 형님이 후배에게 왜 이러십니까?"

그러자 그의 얼굴은 파안이 되었다. 그 후 우리는 격이 없이 서로를 존중하며 사귀었다. 그는 연세대 신학과를 나오고 내무부 장관 비서를 지내며 공직생활을 하다가 어느 작은 교단에서 목사 안수를 받고 신학대학원에 M. Div. 과정을 이수하기 위하여 온 것이었다. 나는 그가 개척하는 교회에 자주 출석하였으며, 그는 나의 거처로 늘 찾아 주었다.

"목사가 되니까 외롭다. 이야기를 주고받을 사람이 없어."

그는 내가《신학지남》에 쓴 글을 즐겨 읽었다면서 열심을 내어 더 많이 글을 쓰지 않는다고 나무랐다.

"글을 잘 쓰면서 왜 책을 내지 않지? 김 교수, 가만 보니 게을타."

그는 자기가 유전성 심장병이 있어서 오래 살 수 없다고 말하곤 했다. 형님과 누님이 다 심장병으로 돌아가셨다는 것이었다. 심장에 통증이 올 때면 너무 고통이 심한 나머지 머리로 벽을 처박는다고 했다. 1987년 내가 다시 미국에 가 있을 때 그는 마침내 세상을 떠났다. 내가 책을 써서 출판할 때면 나를 질책하며 격려하던 그가 생각난다.

장로교 신학교의 교수로서 한국 교회를 위해 일하게 된 데 대하여 감사하며 자부심과 사명감을 가지고 일해야 했는데, 나는 겨우 3년을 버티고는 좌절하였다. 내가 총신으로 가기 위해 미네소타를 떠날 무렵이었다. 우연히 만난 총신대 실행이사 중 한 분 목사님이 내가 학교로 가기로 했다는 것을 알고 나에게 조언을 해 주었다. 총신대에는 총회에서 임명을 받아 실권을 가진, 즉 교육부가 인정하는 재단이사회를 구성하는 15명의 재단이사와 각 노회에서 파송하는 수십 명의 실행이사가 있었다.

"한국 가거든 교회에 대하여는 일절 아무 말도 하지 말고 교수하는 일에만 충실하세요."

"감사합니다. 그러나 나의 전공이 교회사 하고도 한국교회사인데 어떻게 하지요?"

나는 총신에 가서도 비슷한 말을 대학 시절부터 잘 아는 선배 교수에게서 들었다.

"김 교수, 양쪽 눈 옆을 가리고 마차를 끄는 말처럼 앞만 보고 가시오."

두 분이 다 나를 아껴서 해 주신 말이었다.

나는 영국, 독일, 미국에서 십여 년의 세월을 보내고 보니까 그 동안에 국내에서 일어난 일들에 관해서는 무지하였다. 무슨 가요들이 언제 어떻게 지어져 불리고 유행하게 되었는지 알지 못한다. 군사 정부 아래 있었던 산업화의 과정, 격심한 사회적인 갈등과 격렬했던 반정부 시위 등 정치적 및 사회적인 사건들이나 교회에서 있었던 일들을 국내에서 경험하지 못하였다. 1960년대 중반에 있었던 초교파적인 복음화운동, 1970년대 초반에 있었던 빌리 그레이엄 집회, '엑스플로 74', 1980년에 있었던 '80 세계 복음화 대회'에 관해서도 영국과 독일에서 소식지를 통해서 알게 되었을 뿐이다. 국외에서 사는 사람들은 국내에서 사는 사람들처럼 날마다 TV와 신문 등 매스컴을 통하여 한국 사회의 현실과 환경의 변화에 접할 수 없으므로 현실에 대한 생생한 지식을 가질 수가 없는 법이다. 그 대신 본국에서 일어나는 사항들을 나름대로 객관적으로 볼 수 있는 눈을 갖게 된다. 한국 교회도 1970년대와 1980년대에 국가의 경제성장과 나란히 고속 성장을 이룩하였으므로 거기에 따른 많은 변화를 겪게 되었다. 그런데 긍정적인 변화보다는 부정적인 변화가 눈에 잘 띄는 법이다. 그러므로 옛날의 교회 모습을 아는 사람은 비판적이 될 수밖에 없는 데다 변화하는 현실과 함께 살아오지 않았으므로 현실에 밀착되어 있지 않은 탓에 현실을 보다 자유롭게 비판한다.

총신에 있을 때인 1984년에 기독교 선교 100주년을 맞이하였다. 통합측 장로교회는 선교 100주년을 기념하여 종로5가에 "100주년 기념관"을 건립하였다. 알렌 의사 선교사가 최초로 내한한 것에서 기산하여 100주년을 기념하였다. 합동측 장로교회는 아마 미처 대처하지 못하고 있다가 언더우드 목사 부부와 아펜젤러가 1885년 4월 5일에 제물포(인천) 항에 도착한 것에 의미를 부여하여 그 이듬해 1985년 4월 5일에 그들이 배에서 내려 서울까지 온 것을 재현하는 퍼레이드를 벌이는 일회적인 행사로 100주년을 기념하였다.

선교 100주년을 기념하여 통합측은 큰 건물을 지었으니 오래 전부터 계획하고 준비했음에 틀림없다. 기념관은 세미나와 강연 등 교회의 여러 가지 행사를 위하여 유용하게 활용되고 있으므로 기념관 건립은 실속 있는 기념행사였다. 그와 반면에 합동측은 일회적인 퍼레이드를 했으니 4, 5억 원이라는 큰돈을 드려 했는데도 남은 것이 없으므로 실속 있는 행사는 아니었다. 나는 합동측에 몸담고 있는 사람으로 실속 없는 행사를 대대적으로 벌이는 것에 교회 지도자들에 대하여 미안하지만 한심하다는 생각을 금하지 못하였다. 참으로 애석하게 생각했다. 어쩌면 대형 집회를 열던 관성 때문에 그런 행사를 한 것일까? 그간에 있었던 대형 집회에서는 복음전파와 설교가 있고 그리스도에게로 돌아오는, 많은 회심자들과 감동적인 사건들이 있었으나, 인천에서 서울까지의 퍼레이드를 얼마나 많은 사람이 구경했으며, 그걸 구경한 사람들이 어떤 생각들을 했을까? 도대체 무슨 감동 같은 것이나 있었을까?

1984년 가을 서울대학교 기독교 동문회 세미나에서 "한국 교회의 문제점"이란 제목으로 발제하고는 이듬해 1985년《신학지남》봄호에 같은 글을 실었다. 한국 교회, 특히 다수를 차지하는 장로교회가 교회 분열과 분열로 인한 개교회주의와 대교회주의로 치닫고 있는 현실과 종교개혁자들이 극구 반대하며 경고한 목사를 제사장으로 아는 사제주의가 한국 교회에 만연해 있음을 말하고, 동시에 이런 사상은 필연적으로 교권주의를 동반한다는 것을 지적한 글이었다. 사제주의가 로마가톨릭적인 사상인 줄도 모를 뿐 아니라 그 사상이 몸에 배어 있는 보수적인 장로교 목사님들을 혼란스럽게 만들었으니, 그것이 내가 총신을 떠나게 된 이유의 전부는 아니었으나, 여하튼 하룻강아지 범 무서운 줄 모르듯 내가 아는 역사적인 사실을 그대로 발설함으로써 수많은 선배 목사님들의 심기를 불편하게 만든 데 대한 대가를 치러야 했다.

총신이 소요에 휘말리기는 오래 전에 시작된 일이었다. 다음의 이야기는 내가 직접 경험한 것이 아니고,《박윤선》평전을 쓰면서 알게 된 것이다.

1975년 Y 목사가 교권을 장악한 이후부터 영남과 평안도의 주류파와 호남과 황해도의 비주류파의 대결로 말미암아 학교의 소요는 더 격화되었다. 1979년 9월 총회에서 합동측 교단은 마침내 소위 주류와 비주류의 두 교단으로 분열하게 되었다. 분열된 두 교단은 정통성의 명분 및 교세 확보와 확장을 위하여 신학생 모집을 두고 경쟁을 벌였다. 총신대학교 이사회 역시 비주류측에 지지 않으려고 지원자들의 입학 자격을 가리지 않고 학생모집을 하려고 함으로 말미암아 이사회와 이를 반대하는 교수들 간에 갈등이 야기되었다. 합동 교단이 분열된 이후부터 학교는 편할 날이 없었다.

교단 지도자들과 이사회가 많은 신학생들을 환영하는 데에는 교세 확장 이외에도 그럴 만한 긍정적인 이유가 없는 것은 아니었다. 교수 수보다 적은 몇 명 안 되는 학생들을 가르치는 일본 신학교나 일본 교회와는 달리 신학을 하겠다는 젊은이들이 넘쳐나는 한국 교회와 신학교의 현상은 참으로 행복하고 감사한 일이 아닐 수 없다. 신학 지망생이 많은 것은 한국 교회와 세계 선교를 위하여 진정으로 복되고 희망찬 일이다.

그런데 신학생, 즉 설교자 지망생의 갑작스런 증가는 국내 전도와 해외 선교를 위해 긍정적으로 기여한 면이 있으나, 또 한편으로는 목회자 수급의 불균형, 설교자의 질적 저하 등 여러 부정적인 결과를 초래하였다. 교수들은 후자의 결과를 내다보고 학교가 원칙 없는 공동체로 실추되어 가는 것을 우려하여 이사회의 정책에 반대하였던 것이다.

교수들은 한국 교회 초기의 레이놀즈와 스왈른 선교사들의 생각과 마찬가지로 신학을 하려는 사람은 소정의 학력을 갖추어야 하고, 소명감이 있어야 하며, 신앙 인격과 지도자의 자질을 갖춘 사람이라야 옳게 교육을 받을 수 있고 앞으로 교회에도 유익한 일꾼이 될 수 있다는 생각에 변함이 없었다. 그러나 이사회는 나름대로 교회 성장 정책을 따라 자격 여하를 불문하고 많은 학생을 받아들이려는 방침을 강행함으로써 마침내 학교 운영뿐 아니라 학사의 업무까지 일일이 간섭하였다.

이사회의 전횡으로 학사 행정이 제대로 시행되지 않게 되자 교수들은 좌절하고 학생들은 분노하였다. 1979년 10월 말경부터 학생들은 불만을 농성과 시위로 표출하였다. 학부 학생들의 시위에 신학대학원 학생들이 가세하였다. 그리하여 학교는 정상 수업을 진행할 수가 없게 되었다. 학생들의 시위는 겨울 방학에도 그치질 않았다. 1980년 3월에 학교가 개학하자 이사회는 교수회와는 협의도 없이 시위를 주동하는 학생들을 무기정학에 처하였다. 그러자 학생들은 등록을 거부함으로써 이에 맞섰다. 과격한 대학생들은 폭력적인 시위로 호소하였다.

1980년 5월 17일 전두환 장군의 사주로 최규하 대통령이 전국에 계엄령을 선포하였다. 박정희 대통령이 시해된 후 잠시 동안 움츠리고 있던 군부가 다시금 정권을 장악하였다. 대학들은 다시 휴교에 들어갔으며, 총신도 역시 문을 닫았다. 군사 정권의 복귀는 강압으로 다스리려는 이사회에 힘을 실어 준 셈이었다.

1980년 2학기가 시작되자 개강을 허용하는 정부의 포고령이 내려 비상계엄령으로 문을 닫았던 대학들이 9월 1일에 다시 문을 열었다. 그러나 총신대학은 여전히 문을 열지 않았다. 이사회는 9월 중순 이후에 열릴 총회 전까지 개학을 연기하기로 결정하고는 교수와 학생들이 이사회와 총회의 결의에 절대 순종하기 이전에는 개학을 할 수 없다고 선언하였다. 이사회의 전횡은 10월 말경까지 계속되었다. 교수들은 이러한 상황에서는 도저히 학생들을 가르치고 지도할 수 없다는 판단에서 신복윤, 윤영탁, 김명혁, 박형용 네 교수는 10월 23일 사직서를 제출하였다. 이 사실을 알게 된 많은 학생들은 모임을 갖고 네 교수와 행동을 같이하기로 결의하였다. 교권의 간섭을 받지 않고 자유롭게 말씀 중심으로 교육하고 배울 수 있는 학교를 세우기로 뜻을 모았다. 그리하여 합동신학교가 설립되었다. 박윤선 목사님도 얼마 후 이에 동참하였다. 이와 같은 사건으로 교수들이 결원이 되자 이사회의 실질적 책임자인 Y 목사가 교수 충원을 위해 직접 나섰다.

1981년에 나는 내가 교수로 옴으로써 학교의 분립이 완전히 고착되는 것이 아닌가 하는 생각도 들고 해서 다시 미국으로 들어갔다가 1983년에 재차 학교로 왔다. 나는 그 후에도 한참 동안 어떻게든 여건만 조성되면 분립해 나간 교수들이 다시 복귀할 수 있지 않을까 하는 순진한 기대를 갖고 있었다. 1985년 말에 합동신학교의 두 분 교수를 만나 뵙고 복귀를 타진하며 간청하였으니 내가 얼마나 세상 물정도 모르는 숙맥이었던가? 그 일을 떠올릴 때면 쓴 웃음을 머금게 된다.

총신대 신학대학원의 해묵은 소요는 마치 진화된 듯하나 불씨가 꺼지지 않은 산불처럼 잠잠해졌다 싶으면 다시 일어나곤 하였다. 1985년에도 학생들의 시위로 말미암아 수업을 못 하는 날들이 많았다. 학생들이 학교에 대한 불만을 여러 날을 두고 수업 거부와 시위로 표출하는 바람에 나는 학교 사택에 틀어박혀 지낼 때가 많았다. 그럴 때면 나는 모처럼 얻은 시간을 글 쓰는 데 사용할 수 있었다. 그렇게 틈틈이 시간을 얻어 번역한 책, 오토 베버의 *Die Treue Gottes in der Geshcichte der Kirche*(교회사에 나타난 하나님의 신실)을 풍만출판사를 통하여 《칼빈의 교회관》이란 제명으로 출판하였다.

그 후 기독신보사의 주필로 있던 변순제 목사가 신문에 "교회와 신앙고백"을 연재했으면 한다면서 원고를 부탁하였다.

"교수님들이 릴레이식으로 돌아가면서 써 주셨으면 하는데, 먼저 김 교수님이 개시를 해 주시면 좋겠습니다."

"예, 그렇게 해 보겠습니다." 하고는 글을 썼다.

매주 목요일이었던가? 때가 되면 신문사의 여사무원이 와서 한 회분의 원고를 받아 갔다. 어떤 때는 원고지를 메우는 걸 옆에서 기다렸다가 받아 가기도 하였다. 한참 후에 이제 바통을 돌릴 때가 되었거니 했는데, 변 목사는 글이 마음에 들었던지 나더러 혼자 다 써 달라고 부탁하였다. 그때 연재하던 것을 집에 가서 보완하여 1989년에 성광문화사에서《교회와 신앙고백》이란 제명으로 책을 내놓았다. 그런데 처음으로 책을 내면서 오자투성이의 책을 내놓게 되어 너무나 부끄러웠다. 미국에 있다 보니까 원고를 받아 다시 보내는 번거로움을 피하고 시간을 절약하느라고 최종 교정을 남에게 맡긴 것이 불찰이었다.《교회와 신앙고백》은 본문 없는 해설서로 미흡한 책이어서 늘 아쉽게 여겼으나, 이십여 년이 지난 2011년에 해설도 보완하여 새로 쓴 책의 2/3를 차지하는 분량의 신앙고백 본문들을 첨부함으로써 그런대로 짜임새를 갖춘《기독교 신앙고백》을 영음사를 통하여 내놓았다. 2012년 기독교출판문화상 신학부문 우수상을 받게 된 것을 다행으로 여긴다. 같은 상을 받기는 2008년의《되돌아보는 한국기독교》에 이어 두 번째다.

책 이야기가 나왔으니 잇따라 이야기한다. 난 1992년에 출판한《한국교회사》와 2000년 정년을 기념하며 내놓은《기독교 교회사》를 개정 3판을 내며 쇄를 거듭해 올 수 있게 된 것과 2006년《기독교 교리사 강의》를 써서 2008년《기독교 교리사》라는 이름으로 재판을 내게 된 것을 감사한다. 후배 교수님들이 위의 책들을 교과서로 써 주셔서 그분들에게 늘 감사하는 마음을 갖고 있다. 교회사가 다루는 중요한 분야를 이것저것 가리지 않고 책으로 낸 것은 주제넘은 일이긴 하지만, 교회사 부문의 개척자의 한 사람으로써 한 것임을 자신과 여러분들에게 양해를 구하는 마음이다. 《교회와 예배》는 합신출판부에서 고맙게도 새로 인쇄할 때마다 수정 보완하게 해 주어서 5판을 내었다. 보안할 부분이 발견되어서도 그러하지만, 한국의 많은 교회들의 예배가 전통에서 벗어나 신학적인 근거도 없이 시시로 변해 가고 있어서 새롭게 할 말이 떠오르기 때문이었다.

2006년 은퇴 이후에도 합신에서는 한 강좌의 강의를 맡아 왔으나, 내게 주어진 시간을 활용할 겸 현직 교수들이 시간을 내지 못할 것을 감안하여 마지막 봉사를 하겠다는 생각에서 작고한 예일대학교 교수 알스트롬(Sydney E. Ahlstrom)이 쓴 《미국 종교사》(A Religious History of the American People)를 번역하기로 하였다. 본문만 약 1,100쪽에 달하는 방대한 책으로 1963년 그해의 책으로 미국출판계에서 상을 받은 것이다. 650여 쪽을 번역해 놓고는 번역권을 얻으려고 예일대학교 출판사(Yale University Press)에 알아보니까 이미 그 권한을 한국에서 누군가 가져갔다는 것이었다. 누가 어느 출판사에서 얻어 갔는지는 알려 주지 않았다. 그래서 그걸 알아보려고 두어 출판사를 통해 그럴 만한 데를 타진해 보았으나 오리무중이어서 중단하고 말았다. 누가 번역 출판권을 가졌다면 언젠가는 책이 출판될 것이라고 기대하지만, 좀 더 일찍 빛을 볼 수 있는 길을 너무 오래 동안 막고 있는 것이라면 유감이 아닐 수 없다. 옛날에 비슷한 경험을 했던 일이 떠오른다. 대학 다닐 때 먼저 졸업하여 학원사 기자로 있던 이중이 고맙게도 내게 아르바이트로 책 한 권을 번역하도록 청탁해 주었다. 미국 앨라배마 주 터스키지 대학교를 설립한 흑인 교육의 선구자 부커 T. 워싱턴의 전기였다. 옛날 붉은 색 줄로 글 한자씩

쓸 칸이 만들어져 있는 2백자 원고지를 메울 때면 벽돌공의 작업을 곧잘 연상하곤 하였다. 그러나 그 작업은 무위로 끝나고 말았다. 거의 탈고할 무렵 그 책이 이미 다른 출판사를 통하여 나온 것을 알게 되었다.

목회에 대한 그리움

여기서 나는 총신대학원에 무슨 일이 일어났는지 상세하게 이야기할 생각은 없다. 교회와 학교의 실권을 장악하고 있던 Y 목사가 물러나게 되면서 이사회는 소위 개혁을 지향하는 이사들로 개편되었다. 이사회는 신학대학원과 대학, 양자를 다 총괄하는 단일한 기관장 제도가 필요하다는 판단에서 김희보 교수를 총학장으로 임명하였다.

총학장이 신학대학원의 보직자를 선임하는 과정에 학생들이 개입하고 나섰다. 총학장이 신학대학원 교무처장으로 S교수를 내정하여 임명하려고 하자 학생들은 반대 의사를 표하면서 그들의 의견을 들어주지 않으면 시위도 불사하겠다는 것이었다. 총학장이 어떤 보직에 누구를 임명하든 그것은 총학장의 권한에 속한 것이므로 학생들이 관여할 문제가 아닌데, 학생들이 좌지우지하려고 드니 참으로 어의가 없고 한심한 일이었다. 그만큼 학생들은 학교의 권위와 처사를 불신하였던 것이다. '학교 개혁'이란 명분을 내세운 학생들의 완강한 저항 앞에 총학장은 처음 계획했던 안을 철회하였다. 그리하여 그 짐이 내게 지워진 것이다. 학생 대표 몇 사람이 양지 캠퍼스 사무실로 나를 찾아와서 짐을 져 달라면서 한나절 내내 끈질기게 농성하다시피 졸라대었다. 총학장의 권고로 나는 하는 수 없이 그 제안을 받아들여 달갑지 않은 짐을 지게 되었다.

그리하여 나는 마침내 교회 정치의 거센 바람의 소용돌이에 휩싸이게 되었다. 나중에 알게 된 일이지만, 내가 어디에서 누구를 만나며, 내가 거주하는 사택 아파트에 누가 드나드는지 감시를 당하고 있었다. 합신을 세워 나간 교수들이 예전에 경험했던 이사회의 전횡과 부조리가 어느 정도였는지를 알 만하였다. 그 학기가 끝날 무렵에 나는 합신에서 특강을 해 달라는 초청을 겁도 없이 받아들였다.

내가 평소 같으면 미국에서 겨울 방학을 지내고 3월 새 학기가 시작되기 전 2월 말경에나 학교에 왔을 터인데, 이번에는 그럴 수가 없었다. 입학시험을 치를 일을 준비하고 진행할 책임을 졌기 때문이었다. 1986년 새해 1월 2일에 나는 애틀랜타에서 서울 행 비행기를 타야 했다. 서울에는 눈이 많이 와 비행기가 착륙할 수 없어서 부산으로 가서 기착하였다. 그러나 공항 직원들이 밤 시간에는 근무하지 않으므로 비행기는 다시 홍콩으로 날아가 밤늦은 시간에 도착하였다. 홍콩 호텔에서 승객들은 하룻밤을 보내고 4일에야 다시 서울로 와서 입국할 수 있었다. 마침 미네소타 한인 교회의 성주호 선생님이 미네소타에서부터 동승하였으므로 홍콩에서 반갑게 만나 호텔 같은 방에서 지내며 조반도 같이 하며 이야기를 나눌 수 있어서 무료한 줄 몰랐다. 그분은 미네소타 대학의 교수인데 연세대학교 의과대학장직을 맡아 몇 해 동안 수고하고 계셨다.

지내고 보니 정초에 있었던 이런 일들이 내가 좀 있다가 겪게 될 매끄럽지 않은 일들의 서막이었다. 총신에서 여러 과정의 입학시험은 무사히 끝냈다. 새로 구성된 이사회가 개혁이사회라는 명분을 내세우고 있다고 알려졌으므로 나는 일을 소신껏 하노라고 했다. 그러나 실망스럽게도 개혁이사회의 이사들 중에는 개혁의지를 가졌는지 의문이 들 만한 이들이 있음을 알게 되었다. 당시 선발되는 수백 명의 학생들 가운데 당시의 교육부에서 인가한 목회학석사 정원은 고작 60명이었다. 그것은 총신 교단의 1/5에 불과한 교세를 가진 다른 교단 신학대학원의 목회학석사 정원수와 같았다. 그것은 분명 형평성에도 어긋나는 불합리한 처사였다. 총신에서는 이를 지적하면서 정원수를 늘려 주어야 한다고 요청했으나 교육부는 요지부동이었다. 그러나 학교는 많은 수의 후보생을 교육해야 했으므로 학사 정원 이외의 학생을 선발하는 것은 불가피한 일이었다. 교육부는 학교가 이러한 편법을 행하는 것을 묵인해 주었다. 한데 정원 외로 합격한 어느 유력한 이사의 자제를 학사 정원에 끼워 달라는 청탁이 들어왔다. 그것도 한 건이 아니고 두 건이었다. 그런 청탁을 들어 주려면 정원에 든 학생을 희생시키고 바꿔치기를 해야 한다. 이렇든 저렇든 그것은 있을 수 없는 일이다. 나는 주저 없이 고개를 저으며 대답했다. "안 됩니다."

후에 합신에서 K 교수가 이 이야기를 듣더니 말했다.

"그런 분들의 청탁을 거절했다니, 그래 가지고는 그 자리에서 배겨내기 어려웠을 거요."

입학시험이 끝난 2월 중순경이었다. 총학장이 날 부르더니, "학교 일에 수고했으니 미국 집에 가서 푹 쉬다 오시오." 하고 말씀하셨다.

새 학기가 시작할 때가 다 되었는데 대뜸 왜 이런 말씀을 하실까 하며 의아해 하였다. 한데 며칠 후 그 말씀의 진의를 알게 되었다. 구세력의 반격으로 이미 총학장이 자리에서 내려앉으신 것이었다. 그래서 나는 작전 본부와 우군들이 다 후퇴한 줄도 모르고 최전방에 고립된 채로 남아서 전투 지휘를 하며 고군분투하는 야전 부대장과 같은 꼴이 된 것이다. 의욕적으로 뭘 해 보려던 자신이 너무 멋쩍고 어리석었다는 자괴감이 나를 짓눌렀다. 그분이 나더러 쉬고 오라고 할 때 그 이유를 솔직하게 말씀해 주셨어야 하는데 그러지 않으신 것이 야속한 일로 생각되었다. 그 후 그는 나더러 모든 것을 인내하며 학교에 오래 있어야 한다고 충고도 해 주셨다.

내가 1986년 첫 학기를 마치고 미국에 들어가서 학교를 그만두게 된 데에는 몇 가지 이유가 있어서였다. 그 전 해 가을 학기에 정규 학생들이 교수들을 임의로 두 부류로 나누고는 자기네들이 부적격하다고 생각하는 교수들의 강의 청강을 거부하였다. 그것은 교수들의 화목과 화합을 깨트리게 된 참으로 불행한 사태였다. 어제까지 서로 웃으며 화기애애하게 지내던 선배 교수 한 분은 골마루에서 나를 보더니 버럭 화를 내는 것이었다. 난 너무 곤혹스러워 어떻게 대꾸할 말을 잊었다. 강의를 거부당한 교수가 갖게 된 분노와 자괴감이 어떠할지는 능히 짐작할 수 있는 일이다. 만일 내가 같은 경우를 당했다면 어떠했을까? 생각만 해도 아찔하다. 그때 적격으로 판정받은 소수의 교수들이 교수들의 화합을 위하여 강의를 거부했어야 했는데 학생들의 요구에 그대로 순응한 것이 잘못은 아니었던가 하는 생각도 해 본다. 여하튼 당시 학생들의 개혁의지와 기세는 아무도 거스를 수 없을 정도로 대단한 것이었다. 영예롭다고 해야 할지 유감스럽다고 해야 할지, 어쩌다 내가 학생들이 의지하는 배후 인물처럼 되어 버렸다. 그것이 나의 망상이었으면 좋았겠는데, 알고 보니 그렇게 소문이 나 있었다. 그러다 보니 나는 교수들 가운데 거의 외톨이가 되어 버렸다.

나의 의지와는 상관없이 무언중에 서로 대립하는 구도가 형성되었으며, 흑색선전이 난무하는 것을 경험하게 되었다. S 교수가 나더러《손자병법》을 읽어보라고 권하였다. 난 첫 쪽을 펼쳤다가 목사가 더구나 이러한 상황에서 읽어야 할 책이 아니다 싶어 도로 접어서 구석에 밀쳐 두었다. 그 학기가 끝날 무렵에 나는 밤에 피를 흘리며 싸우는 악몽을 꾸기도 하였다. 비록 꿈일지언정 내가 피투성이가 되도록 싸우다니, 이래서는 안 된다, 내가 살아야지 하는 생각을 하게 되었다. 학생들에게 강의하고 세미나에 그들과 생각을 주고받으면서 공부하고 사귀는 생활은 값지고 재미있었으나 나는 학생들의 시위를 잠재우기 위해서라도 다음 학기는 그냥 집에 머물러 있어야겠다고 마음먹었다.

교리사, 근세교회사, 한국교회사를 강의하자니까 나는 자연히 한국교회의 현실을 언급하지 않을 수 없었다. 교회의 현실을 성경과 교회 역사에 비추어 반성하며 바람직한 교회상을 제언하는 것이 교회사 연구의 의의요, 목적이기 때문이다. 교회와 목회 이야기를 할 때면 나는 더러 자신에게 혼잣말을 하게 되었다. '넌 할 수 있니? 네가 해 보렴.'

독일에서 교회 봉사를 한 것은 공무원이 주어진 일을 하듯 맡은 일만 하면 되는 그런 것이었다. 미네소타에서 3년의 목회 생활로는 내가 교회와 목회를 어느 정도 알게 되었다고 말하기에는 너무나 부족하다고 느꼈다. 교회나 목회는 이론으로 배워 알게 되거나 잘할 수 있게 되는 것이 아니니까.

총신에 처음 부임했을 때 학생들이 내게 물었다.

"목회하다가 교수하시게 된 느낌이 어떻습니까?"

"은퇴한 것 같아요."

목회자는 교인들의 생명을 책임져야 하므로 늘 긴장 가운데 살아야 하는데 교수하면서는 그런 긴장에서 벗어나 홀가분해졌다는 의미에서 한 말이다. 설교 준비만 하더라도 긴장의 연속이다. 강의는 교과 과정을 따라 책을 보고 노트하며 작성하지만, 설교는 그렇게 편하게 준비할 수 없다. 무얼 설교할 것인지 우선 생각하고 고민해야 하며 성경 말씀을 묵상하며 의미 있는 감동적인 설교를 내놓기 위하여 창작하듯 하는 산고를 치러야 한다. 하나님의 말씀과 위로를 필요로 하는 사람들을 위하여 봉사하며 그들과 사귀는 것이 얼마나 값진 삶인가. 목회자의 생활이 교수 생활보다는 훨씬 역동적이라는 생각이 들면서 목회 생활이 다시 그리워졌다.

그 밖에 입국하는 애틀랜타 공항에서 영주권자로서 허락 없이 한국을 드나든다고 미국 출입국 관리국의 경고를 받은 것도 하나의 이유였다. 내가 영주권자로서 미국 시민이 되기 위하여 5년 동안 미국을 떠나지 않고 거주해야 한다는 규정을 지키지 못하고 있다는 경고였다.

"아들과 딸은 박사학위와 비교도 할 수 없는 귀한 존재들이다
사람으로 세상에 와서 평범하게 살다가
남기고 가는 것이 자식 말고 또 무엇이 있는가?"

아들 가족 (2012년)

수경, 홍정연(자부), 김형일 목사(아들), 은경, 찬영

큰 딸 가족 (2015년 7월)

브라이언, 선희(딸), 함종원(사위), 저스틴

작은 딸 가족 (2015년 7월)

지정일 목사(사위), 빅토리아, 조나단, 주희(딸)

외부 사람들이 남부장로교회의 담임목사는 교수하다 온 사람이므로
언젠가는 다시 학교로 갈 것이라는 말을 흘리는데도
그런 내색을 하지 않고 나를 목회자로 인정하며 교회 생활을 해 온 교우들이 고마웠다.
많은 세월이 흐른 지금도 그분들을 생각하면 고마움과 아련한 그리움에 젖어 든다.

14 다시 미국으로 가다

교포 교회의 어려움

1986년 첫 학기를 마치고 돌아와서는 애틀랜타 집에 그냥 머물기로 하였다. 우리 식구는 펜사콜라에 1년 반을 머물다가 1985년 초에 이미 애틀랜타로 옮겨 살고 있었다. 우리 형편에 소도시에서 살아서는 아이들을 도시로 유학을 보낼 수 없다는 점을 고려하던 나머지 우선 애틀랜타로 이사하기로 마음을 정하고 결행한 것이다. 우리가 이사한 다음 날이었던가? 날씨가 몹시 추워 여기저기서 동파 사고들이 있었다. 애틀랜타에서는 극히 드물게 경험하는 추위였다고 한다. 아파트의 보일러가 쉼 없이 돌아가는데도 난방이 되지 않아 이불을 뒤집어쓰고도 추워서 떨다가 온 식구가 모텔에 가서 하룻밤을 지냈던 일을 잊지 못한다.

펜사콜라에서 서울로 가려면 10인승 경비행기를 포함하여 비행기를 두세 번씩 갈아타야 했으나, 애틀랜타는 미국 남부의 수도라고 할 만한 도시인 데다 교통의 중심지이며, 공항은 시카고나 뉴욕의 케네디 공항에 버금갈 정도로 비행기의 이착륙이 빈번한 곳이어서 왕래하기가 훨씬 편했다. 애틀랜타만 해도 겨울에 눈이 오는 경우는 흔치 않다. 한 해의 평균 강설량이 2.5센티미터라고 한다. 겨울에 비행기로 이륙하면 광활한 녹지가 한눈에 들어온다. 그러나 잠시 후에는 녹지와 동토의 경계선이 나타나고 경계선 너머에는 눈으로 하얗게 뒤덮인 대지가 끝없이 펼쳐진다. 미네아폴리스나 시카고의 시가지 거리들은 바둑판처럼 반듯하게 직선으로 나 있는 데 반하여, 애틀랜타는 나지막한 언덕들이 많아 시가지의 길들은 구불구불한 곡선으로 되어 있어서 더 친근감을 준다.

조지아 주는 미국 최남단에 있는 플로리다와 접경하고 있으며 북으로는 테네시와 캐롤라이나와 접하고 있다. 조지아는 개신교 선교의 선구적인 경건주의자 슈팡겐베르크가 와서 활동했으며, 영국에서 와서 한 동안 선교했던 웨슬리 형제에 이어 조지 휫필드가 선교 본거지를 두었던 곳이다. 그리고 재침례교인들이 많이 와서 살았던 곳이기 때문인지 애틀랜타에는 한때 주류 판매가 규제를 받았으며, 로또(lotto)는 주정부가 금하기 때문에 로또를 하고 싶은 사람은 플로리다까지 가서 사야 했다. 마가레트 미첼의 소설에서 만든 영화 〈바람과 함께 살아지다〉에서도 보듯이, 남북전쟁(1861~1865) 시에 조지아는 남군의 본거지요, 최후의 보루였다. 당시 남부의 다른 여러 주에서와 마찬가지로 목화 재배가 조지아의 중요한 산업이서 조지아 사람들은 노예의 일손이 필요했으므로 아브라함 링컨의 노예해방 정책에 반대하여 전쟁도 불사하였다.

애틀랜타는 인구의 증가 때문이기도 하지만, 도심을 벗어나려는 백인들로 말미암아 도시는 계속 팽창한다. 남부의 주들이 다 그렇지만 애틀랜타도 유색인종에 대한 차별이 심한 곳이어서 오래된 도심지는 흑인들이 점하고 산다. 생활수준이 좀 나아진 흑인들이 백인들이 사는 지역으로 들어오면 집값은 떨어지고 백인들은 이들을 피해 더 멀리 밖으로 나가는 바람에 도시는 점점 외곽으로 뻗어간다.

애틀랜타에는 1985년 우리가 이사했을 당시 약 오만 명의 교민들이 살고 있었다. 대다수의 교민들이 주로 장사와 세탁소 등 서비스업에 종사하고 있었다. 교포 교회의 수는 오십여 개였다는데 2004년 올림픽을 개최한 후로는 도시 인구와 함께 교민들도 불어나서 2010년에는 십만의 교민에 삼백여 교포 교회를 헤아리게 되었다는 이야기를 듣는다. 애틀랜타의 교포 교회는 자주 이합집산을 하는 교회로 알려져 있다.

애틀랜타에서 일찍이 목회를 시작한 한인교회 S 목사는 설교를 잘하는 부흥사로 알려진 목사였다. 그의 교회는 교인들이 많이 모이는 교회였는데, 간헐적으로 교인들이 떼를 지어 나와서 새 교회를 형성하곤 했다. 그 어디서나 교인들은 담임목사가 본 교회에서 충실히 목회하기를, 다시 말하면 자신들을 잘 돌보아 주기를 원한다. 교인들은 담임목사가 목회 이외의 일, 즉 선교 일이나 노회 및 총회의 업무나 신학교 출강 등을 위해 시간을 너무 많이 할애한다 싶으면 좋아하지 않는다. 아마도 목사가 바쁘면 설교도 부실해질 뿐 아니라, 자신들이 그만큼 소외된다고 느끼기 때문일 것이다. 이러한 경향은 이민 교회에서 더 두드러짐을 볼 수 있다.

하나님의 나라와 교회에 대한 교인들의 이해가 목회자의 이해에는 미치지 못한다. 교회를 보는 목회자의 안목은 더 넓고 크므로 목회자는 당연히 해야 할 일을 한다고 생각하고 이를 강행하거나 혹은 교회 성장을 희구하며 서두르는 데서 더러 말썽이 일어나며, 때로는 교회가 파탄에까지 이르는 경우를 종종 본다.

목회자는 겸손해야 한다는 말은 우리가 익히 듣는 말이다. 겸손은 사람을 공손하게 대하는 태도와 마음가짐을 가리키는 말이며, 그리스도인의 경우 자신이 하나님 앞에서 많은 죄와 허물을 용서 받은 것을 알고 남을 나보다 낫게 여기며 남을 섬기는 마음과 자세를 갖는 것을 일컫는 말이다. 그러나 목회자에게 겸손은 여기에 덧붙여 자신을 교인들의 눈높이에 맞추려고 해야 하며, 교인들이 따라오기 힘들어 하면, 의욕도 줄이고 걸음도 늦추어야 한다는 말로 이해해야 할 것이다. 교회성장에 욕심을 내어 조급하게 서둘지 말고, 이해력이 모자라고 걸음이 느린 이들을 참고 기다렸다가 부추겨 주고 보조를 맞추어 함께 걸어가야 한다. 목회자는 사랑으로 교인들과 함께 살고 함께 거룩한 성전으로 지어져 가야 한다. 그것이 곧 교회를 섬기는 겸손한 삶이요, 목회이다.

목회자가 명심해야 할 것은 교인 한 사람 한 사람이, 비록 어느 누가 괴로움을 안겨 주는 껄끄러운 교인일지라도, 다 주님께서 목회자에게 잘 돌보고 생명의 길로 인도하라고 맡기신 주님의 자녀라는 사실이다. 바울은 고린도전서에서 교인을 젖먹이로 여긴다고 하며, 사역자를 가리켜 유모 혹은 보모라고도 한다. 교인들 중에는 보채는 어린이와 같은 이도 있고 사춘기의 청소년들 중에 더러 그러듯이 반항하는 이도 있게 마련이다. 목회자는 그런 이들도 주님의 자녀로 귀엽게 보고 존중하며 사랑해야 한다고 성경은 가르친다.

목회자가 동역자들의 모임에서나 다른 사람들 앞에서 자기 교회나 교인으로 말미암아 겪는 어려움을 하소연하거나 푸념하는 것은 절대로 삼가야 한다. 말은 돌고 돌아 교인들은 그런 사실을 즉각 알게 된다. 마음에 품고 있던 생각을 발설하면, 마음에 품고 있던 생각이 객관적인 사실로 확증이 된다. 어느 누구든 사람을 존중한다면 그 사람에 대한 부정적인 이야기를 함부로 할 수 없는 법이다. 교인들을 존중하지 않는 목회자는 존경을 받지 못한다. 목회자가 존경을 받지 못하면 목회가 되지 않는다.

1985년 총신에서 교수하던 해 여름 방학 때였다. 나는 S 목사가 시무하는 교회에서 나온 한 그룹의 교인들에게 S 목사의 양해를 구하고 2개월간 설교하는 한편, 그들이 교회로 조직하는 것을 도와주었다. 그들이 박차고 나온 교회가 미국장로교회(Presbyterian Church in America, PCA)에 속해 있었으므로 나는 이들이 교회를 조직하는 대로 PCA 노회에 가입하도록 권고하였다. PCA에는 한국 목회자로 구성되는 노회가 조직되어 있었다. 분열을 지교회 설립을 위한 분립으로 합법화하기 위하여서였다. 모두들 처음에는 그럴 의향이 없다고 했으나 나중에는 이해가 되어서인지 아니면 마지못해서인지 나의 제안을 받아들였다.

나는 호남에서 선교하던 인도아(Dwight Linton) 선교사의 도움을 받아 공동의회를 열어 필라델피아에 있는 J 목사를 초빙하게 해 주었다. 인도아 목사는 애틀랜타에서 새로 시작하는 여러 한인 교회를 도와준 분이다. 그는 또한 한인 1.5세들과 2세들을 위하여 '오픈도어 처치'(Open Door Church)를 설립하였다. 영어로 소통하는 세대가 한인 1세대의 교회의 그늘에서 벗어나 독립적인 교회 생활을 함으로써 한인 2세들뿐 아니라 인종을 초월하여 미국에 사는 주민이면 누구든지 다 함께할 수 있는 교회를 이루어야 한다는 비전을 보여 주며 실천한 것이다. 한인 교회 목사님들이 자기 교회만 챙기느라 그런 비전을 이해하지 못하는 것은 유감이라면서 나와 말을 주고받던 일이 생각난다. 2010년에 그는 오픈도어 처치 행사에 참여했다가 집에 돌아가는 길에 교통사고로 애석하게도 자신이 돌보던 치매를 앓고 있던 부인을 두고 소천하셨다.

J 목사는 연세대학교 출신으로 느지막하게 필라델피아에서 신학을 한 이로 나와는 동년배인 데다 자녀들도 우리 아이들과 같은 나이 또래였으며, 한동안 같은 교회에 다녔으므로 서로 가깝게 지냈다. 그는 애

틀랜타에 와서 열심을 다하여 목회하였다. 한때 교인들도 많이 모였으나 민망하게도 교회에는 크고 작은 어려움이 끊이질 않았다. 그는 어려움을 해결하고자 자주 기도원을 찾았다. 목회를 잘해 보겠노라고 서울사랑의교회에서 제자 훈련을 받아 와서 적용해 보기도 하였다. 그러나 애쓴 보람도 없이 교회는 5년 만에 와해되어 버렸다. 그때가 공교롭게도 내가 애틀랜타에서 근 4년을 목회하다가 합동신학교로 떠나올 무렵이었다. 내가 떠난 후에 일부 교인들은 내가 목회하던 교회에 합류하였다. J 목사는 부인과 함께 3남매의 가족을 데리고 그가 살던 필라델피아로 돌아가 다시금 목회할 교회의 청빙을 기다리던 중에 심장마비로 소천하였다. 목회하면서 받은 스트레스와 충격이 너무 커 몸이 망가졌던 것이다. 그가 부인과 함께 잠시 한국을 방문했을 때 화평교회 4층 단칸방에서 지내던 우리를 찾아 주어서 고맙고 반가웠는데, 그들이 다녀간 지 얼마 후에 우리는 비보를 듣게 되었다.

애틀랜타 남부장로교회를 개척하다

1986년 여름 방학이 끝날 무렵 나는 아내와 함께 기도할 수 있는 조용한 곳을 찾아 애틀랜타 남쪽 변두리에 위치해 있는 가톨릭 수도원으로 갔다. 어머니도 함께 가셨다. 내가 애틀랜타에서 개척교회를 시작하겠노라고 적어도 주님께 아뢰어야 한다는 생각에서였다. 수도원 예배당 바깥문은 열려 있어서 입구 현관에는 들어갈 수 있었으나 장의자가 놓인 예배실은 창살이 내려져 가로 막고 있어서 들어갈 수가 없었다. 그것은 대부분의 수도원이 가진 건물 구조이다.

우리는 창살에 기대어 서서 성의 없이 신고하는 정도로 기도하다가 집으로 돌아왔다. 여하튼 나는 목회를 하기로 하고 학교에는 사표를 제출하였다. 교회를 개척하더라도 학교에는 휴학계를 내고 하는 것이 좋을 텐데 왜 좀 더 현명하게 처신하지 않느냐고 조언하는 사람들도 있었다. 그러나 목회는 기댈 수 있는 언덕이 없이 배수진을 치고 해야 하는 것이라는 생각에서 입장을 분명히 하기로 하였다.

내가 애틀랜타에 계속 머물 것이라는 이야기를 듣고 두세 가정이 방문해 주어서 우리가 사는 아파트에서 두어 주일 같이 예배하다가 가까운 곳에 있는 미국 컴벌랜드 장로교회에 속한 자그마한 예배당을 빌려 오후에 모여 예배하기로 하였다. 컴벌랜드(Cumberland) 장로교회는 19세기 초에 부흥운동의 여파로 웨스트민스터 신앙고백에서 말하는 이중 예정론에 이의를 말하는 한편, 팽창해 가는 교회의 수요에 응하기 위하여 엄격한 목회자의 신학교육을 반드시 고집할 필요가 없다는 견해를 가진 이들이 분립한 장로교회이다. 주로 남부에 분포되어 있었는데, 20세기 초에 웨스트민스터 신앙고백의 이중 예정과 선교에 관한 조항이 수정되고 보완되면서 다수의 컴벌랜드 교단 소속 교회들이 복귀하는 바람에 그 이후로 교세가 약해졌다. 교세가 쇠퇴하고 있음을 이 교회를 보아서도 감지할 수 있었다.

조지아 공대(조지아텍)에는 상당수의 한국 학생들이 박사과정에서 연구하고 있었다. 대전과기대의 교수 윤완철 박사가 연구생 시절에 때때로 인도아 선교사의 도움도 받으면서 성경공부반을 인도하고 있었는데, 그들 중 많은 연구생들이 합세하여 교회가 이루어졌다.

나의 가정 문제와 나의 불찰로 처음 함께 예배하던 분들과 결별한 후 윤 박사와 함께 교회 생활을 같이하던 분들이 와서 교회를 재출발하다시피 하였다. 첫 예배에 근 40명의 교인들이 참석하였다. 교회는 두 그룹으로 형성된 셈이었다. 즉 공부가 끝나는 대로 귀국할 유학생들과 애틀랜타에 정착하여 사는 이민들이 내가 돌보아야 할 교인들이었다. 교회는 곧 미주한인장로교회에 가입하였다. 미주한인장로교회는 합동계열에 속한 교회들로 구성된 총회로 당시 회원교회가 약 삼백이었다.

유학생 교인들이 자신들이 잠시 체류할 동안에 다니는 교회라면서 손님이라는 의식을 가지고 대충 교회 생활을 하지 않고, 교회의 지체라는 주인의식을 가지고 이민교인들과 격이 없이 어우러져 적극적으로 서로 섬기면서 교회 생활을 하는 모습이 정말 존경스럽고 고마웠다. 나는 주중에 하루는 조지아텍 캠퍼스에 가서 성경공부를 인도하며 다른 연구생들과도 사귀게 되어 행복하였다.

주로 세탁소, 식료품상 등의 생업을 가진 이민교인들은 몇몇 교회를 순례하던 끝에 남부장로교회에서 함께 정착하며 교회로 이루어 가면서 서로 섬기게 된 것은 참으로 고마운 일이었다. 외부 사람들이 남부장로교회의 담임목사는 교수하다 온 사람이므로 언젠가는 다시 학교로 갈 것이라는 말을 흘리는데도 그런 내색을 하지 않고 나를 목회자로 인정하며 교회 생활을 해 온 교우들이 고마웠다. 많은 세월이 흐른 지금도 그분들을 생각하면 고마움과 아련한 그리움에 젖어 든다.

남부장로교회 장로로 세움 받은 박천기 장로와 이젠 고인이 된 강명덕 장로, 좀 뒤늦게 와서 함께 취임한 임균영 장로 등 여러 분들이 내가 애틀랜타에 들를 때면 늘 반갑게 맞아 주셨다. 이옥순 권사랑 후에 장로가 된 구본영 장로도 잊을 수 없는 분들이며, 고인이 된 박상호 집사 내외도 어진 분들이었다. 그 밖에도 여러 분들의 이름을 낱낱이 들지 못함을 미안하게 생각한다. 후에 이들과 합류한 오승환 장로 가족이랑 여러 분들이 아들 형일 목사의 도시 선교 사역을 위해 기도해 주고 후원해 주심에 감사한다.

애틀랜타에서 목회하면서 나는 자주 심방을 할 수 있어서 좋았다. 이민 교인들이 많다 보니 심방을 원하고 환영하는 가정도 많았으며, 조지아텍의 학생 교인들은 연구하느라 시간에 쫓기면서도 자기네들이 모일 때면 나를 초대해 주었으며, 우리 집으로 방문해 주기도 하였다. 윤완철, 권동수, 정재영, 조이수, 윤창선, 김현실, 길현곤, 최경일, 장종훈, 이수환 제씨는 현재 한국과학기술대학교와 기타 공과대학의 중진 교수로, 대기업 사장으로, 혹은 자기 기업의 경영주로 활동하는 분들이다. 오랜 세월이 흘렀는데도 늘 부족한 나를 기억해 주시고 황송하게도 우리를 찾아 주셔서 우리는 참으로 감사하고 행복하다. 1995년 5월에는 여러 분들이 모처럼 경주에 함께 모여 고맙게도 나의 회갑을 축하해 주시던 일을 잊지 못한다.

예배를 인도하고 설교할 뿐 아니라, 교인들을 심방하여 그들과 가깝게 사귀며, 필요한 대로 상담하는 것이 목회자에게는 보람이요, 즐거움이므로 하는 말이다. 교인은 교회를 이루는 단순한 구성원이거나 교회 성장이나 선교를 위한 수단일 수 없다. “너희는 그리스도의 몸이니” 하는 바울의 말씀대로 교인은 교회의 지체이면서 동시에 그리스도의 몸인 교회로서 목회의 대상이면서 동시에 목적이요, 그리스도의 유업을 이을 하나님의 자녀로 모두 함께 자라 가야 하는 존귀한 그리스도의 사람들이다. 심방이 목회자에게 보람이고 즐거움이라고 하더라도 교인이 원치 않으면 할 수 없다. 심방은 교인의 행복을 위해 하는 것이지 목회자의 자기만족을 위해 하는 것은 아니니까.

요한복음 21장에 교회의 머리이신 예수 그리스도께서 교회를 돌보시는 당신의 직권을 사역자에게 위임하시는 장면을 볼 수 있다. 예수님께서는 베드로에게 교회를 위임하시면서 "네가 나를 사랑하느냐?" 하고 세 번을 반복해서 물으시고 "네가 나를 사랑하면 내 어린 양을 먹이라." "내 양을 치라." "내 양을 먹이라" 세 번 말씀하심으로 주님의 양을 먹이라고 부탁하셨다.

교회를 양 혹은 양떼에 비유하는 말씀은 주님께서 얼마나 당신의 교회를 일방적으로 사랑하시는지를 잘 나타내 주는 말씀이다. 목회자는 주님의 마음을 헤아리며 날마다 주님의 마음을 품고 하나님의 백성이요, 하나님의 자녀인 성도들을 진정으로 사랑하는 목회자가 되어야 한다. 교회를 말씀으로 가르쳐야 하고 교회를 주님께서 뜻하시는 대로 인도해야 할 목회자의 특권과 책임은 막중하다. 목사는 그런 특권과 책임을 진 사역자이므로 성도들로부터 존경을 받는다.

교회를 양떼로 비유하는 말씀은 주님께서 지극한 사랑으로 우리를 돌보시는 목자이시고, 우리 교회는 주님만 바라고 의지하며 주님께서 말씀하시고 이끄시는 대로 따라야 하는 주님의 백성이요, 자녀임을 알게 하는 말씀인데, 목회자가 이 비유를 잘못 적용하여 교회를 어리석은 양무리로 취급하고 교권을 행사하는 경우가 허다하다. 그리스도의 교회를 개척하고 세워 말씀을 가르치고 돌보는 목회자로 세우심을 받은 바울은 동역자인 아볼로와 자신을 가리켜 사역자들, 즉 봉사자(집사)들(diakonoi)이라고 하였다. 사람들은 바울을 복음을 전하고 가르치는 사역자, 즉 목사로 존대하였으나, 그는 자기 자신을 '섬기는 자'로 의식하여 봉사자라고 표명하였다. 교회의 머리이신 예수님께서는 당신 자신이 섬김을 받으러 온 것이 아니고 섬기러 왔다고 하시면서 제자들의 발을 씻어 사랑해 주시며 섬기는 도리를 가르치셨다. 바울은 이러한 예수님의 마음을 품고 달려갈 길을 간 것이다.

바울은 그리스도인의 자유에 대하여 말씀하면서 직분을 맡은 자는 자기를 위해 살지 않고 교회를 위해 산다고 거듭 말씀한다. “우리는 우리를 전파하는 것이 아니라 오직 그리스도 예수의 주 되신 것과 또 예수를 위하여 우리가 너희의 종 된 것을 전파함이라”(고후 4:5). ‘우리가 너희의 종 된 것을 전파한다.’는 말씀은 우리 목회자들이 흔히 간과하는 말씀이다. 또 이런 말씀도 있다. “우리가 항상 예수의 죽음을 몸에 짊어짐은 예수의 생명이 또한 우리 몸에 나타나게 하려 함이라”(고후 4:10). “사망은 우리 안에서 역사하고 생명은 너희 안에서 역사하느니라”(고후 4:12). 말씀의 사역자인 바울은 종으로서 교회를 위하여, 교회로 하여금 그리스도 안에서 생명을 향유하도록 하기 위하여 목숨을 내놓고 종으로 섬긴다고 말씀한다.

우리말로는 목회자를 지칭하는 말로 ‘목사’(pastor) 밖에 없으나, 영어로는 목사를 봉사자라는 의미에서 ‘미니스터’(minister)라고도 한다. 그리고 미니스터가 보다 흔히 사용되는 말이다. 목사는 목자(pastor)로서 혼자 주님의 말씀을 받고, 혼자 강단에 서서 가르치고 혼자 앞서 인도해 가지만, 섬기는 자(minister)로서는 혼자가 아니라 섬기는 직분을 받은 다른 이들, 즉 장로와 집사들과 함께 교회를 섬기며, 모든 성도들이 다 함께 주님을 섬기는 일에 참여하게 한다. 목회자는 ‘목자’이면서 동시에 ‘섬기는 자’로서 주님의 교회를 주님의 말씀과 뜻을 따라 사랑으로 가르치고 인도하며 겸손함으로 섬겨야 한다. 교회는 믿음, 소망, 사랑으로 충만한 교회로 자라가야 하고, 모두 함께 거룩한 하나님의 성전으로 지어져 가야 한다.

설교가 곧 신학임을 깨닫다

애틀랜타에서 목회하면서 나는 설교가 곧 신학이라는 사실을 더 절실히 깨달아 알게 되었다. 설교는 예배에서 경청하는 회중에게 성경으로 말씀하시는 하나님의 말씀을 선포하고 가르치며 사람들의 마음에 호소하는 것인가 하면, 신학은 예배하는 때와 장소를 넘어서서 하나님의 말씀을 보다 논리적인 언어나 글로 사람들로 하여금 이성적으로 이해하도록 지성에 호소하는 것이다. 그런 뜻에서 문서화된 설교는 신학이다. 교부들의 많은 신학적인 글들이 설교였다. "그리스도인의 자유", "독일 귀족에게 고함" 등 루터의 종교개혁을 위한 글들도 먼저 예배에서 한 설교였다. 그러나 이 정도의 정의로는 설교가 곧 신학이라는 설명으로 충분하지 못하다.

설교가 곧 신학이라는 설명을 좀 더 보충하자면, 설교와 마찬가지로 신학 역시 전달이 생명이라는 점이다. 구약의 선지자들은 자신들이 명상을 통하여 터득한 진리를, 즉 자신들이 신학한 것을 백성들에게 전하거나 나눈 것이 아니다. 선지자들이 받은 말씀은 애초부터 하나님께서 백성들을 위하여 주신 말씀이었다. 선지자들은 단지 전달자일 뿐이다. 설교자나 신학자가 다 하나님의 말씀을 먼저 받거나 깨달아 아는 특권을 향유하지만, 그 말씀이 자신을 위한 것이 아니고, 자신을 포함하는 하나님의 백성들을 위한 것이다. 설교자나 신학자가 다 말씀의 전달자라는 의미에서 동일하다.

목회와 신학이 어떻게 밀접하게 관련이 되는 것인지를 규명하기 위하여 《목회와 신학》에서 "목회와 신학의 가교"라는 칼럼을 두었었다. 그런데 가교(架橋)라는 말은 양자의 관계에 대한 개념을 오도할 수 있는 말이다. 목회와 신학의 관계에 대한 올바른 표현은 '목회 즉 신학'이라고 표현하는 것이 옳을 것이다.

1986년 여름에 내가 애틀랜타 집으로 돌아오자 아내가 눈 수술을 받게 되었다. 이건 애틀랜타에서 목회를 시작하기 전 이야기다. 아내가 운전하다가 사고를 당할 뻔한 적이 두 번 있었다. 한 번은 독일에서, 또 한 번은 미국에서였다. 눈을 다친 것은 독일에서였던 것 같다. 야근을 하고 아침 일찍이 집으로 돌아오는 길에 아내가 운전하던 차가 갑자기 서는 바람에 얼굴을 핸들에 부딪친 일이 있었는데 아마 그때 눈을 다쳤던 것으로 짐작한다.

미국 미네소타에서는 전자제품을 만드는 공장에서 일을 마치고 날이 어두워져 가는 저녁 무렵에 집으로 돌아오다가 고속도로에서 도로 양쪽을 갈라놓는 널따란 구덩이로 미끄러져 내려간 적이 있었다. 큰 트럭이 뒤쫓아 오기에 겁이 나서 피하려다가 그렇게 되었다고 했다. 아내는 차를 세워둔 채 길로 올라와 지나가는 화물차에 편승하여 집에까지 왔다. 이튿날 아침 일찍이 아내와 나는 견인차를 불러 타고 차 있는 자리까지 갔다. 내가 내려가 보니 차는 멀쩡하였으므로 견인할 필요가 없었다. 돈을 안 받겠다는 운전자에게 기어이 팁을 주고는 아내를 차에 태워 손수 운전해 온 적이 있었다. 아내가 아무런 사고를 당하지 않은 것도 다행이었고 착한 운전자를 만나 집에까지 무사히 온 것도 천만 다행이었다. 두 번 다 큰 사고로 이어지지 않았으니 너무 감사한 일이다. 지금도 그때 일이 떠오르면 아찔하다. 아내에게 미안한 생각이 들면서 하나님께 감사한다. 수술은 백내장 수술처럼 한쪽 눈에 수정체를 갈아 넣는 것이어서 간단히 쉽게 마쳤다.

3년을 기러기 아빠(당시에는 그런 단어가 아직 사용되지 않았다.) 노릇을 하자니까 학교와 교회에도 죄송하고 가족에게는 점점 소외된 외톨이가 되어간다는 느낌이 들었다. 가장인 내가 한 해 두 번씩 여러 달 동안 집을 비우다보니까 아이들의 교육에도 물론 좋지 않았다. 내가 집에 있으면서부터 아들 형일이는 SAT 준비를 좀 더 착실히 하게 되었다. 아내의 눈 수술로 예산 외의 지출도 생겼으며, 집에서 지내려면 생활비도 벌어야 했으므로 나는 저녁에 빌딩 소제하는 일을 맡아 했다. 온 식구를 동원하는 것은 미안한 일이고 가장으로서 체면을 구기는 일이지만, 모두들 함께 일해 주어서 3시간이면 맡은 일을 끝낼 수 있었다. 그러기를 약 2개월 계속하였다.

그 후 내가 목회하는 동안 아내는 생계비를 보태기 위해 샌드위치 상점을 열어 일하였다. 단층짜리 사무실들과 공장이 들어서 있는 단지 내에 위치한 샌드위치 상점이었다. 그런데 알고 보니 백인들의 주거지가 도시외곽으로 팽창해 감에 따라 사무실 단지도 도시외각에 새로 서는 바람에 이곳 단지는 공동화가 시작되고 있어서 손님이 점점 줄어들고 있었다. 아내는 용케도 약 2년 넘게 버티다 철수하였다. 투자한 돈의 10분의 1밖에 건지지 못했으나, 그나마 문을 닫고도 계속 점포세를 내야 하는 불행한 일은 면하고 거기서 빠져나올 수 있었던 것을 다행으로 여기며 감사하였다.

통계에 따르면, 미국 교회 목회자들의 약 70%가 텐트 미션을 한다고 들었다. 즉 사도 바울처럼 전적으로 혹은 부분적으로 스스로 생계비를 벌면서 전도하거나 목회한다는 것이다. 식민지 개척시대에는 텐트 미션을 하는 목회자들의 비율이 훨씬 높았음은 물론이다. 경험도 없으면서, 또 목회하는 나까지 시간을 뺏기는 점포를 열어 장사를 시작한 것은 현명하지 못한 일이었다. 그러나 우리는 교회의 짐을 덜어야 한다고 생각했으며, 또한 그래야만 했다. 미국에서는 어느 한 배우자가 의사이거나 전문직을 가진 이가 아니고는 부부가 다 벌어야 살아갈 수 있다. 이민 교회 목사는 생존을 위하여 아침 일찍부터 밤늦게까지, 경우에 따라서는 강도의 위험을 무릅쓰며 일하는 교인들을 돌보는 목사이다.

어느 날 밤 이른 새벽에 나는 갑자기 아랫배가 아파서 잠을 깨었다. 바로 그때 '따르릉' 하며 전화벨이 울렸다. 흑인 동네에서 슈퍼를 하는 집사님 댁에서 걸려온 전화였다. 집사님이 강도가 쏜 총에 배를 맞고 병원 응급실로 실려 갔다는 소식이었다. 나는 즉시 차를 타고 병원으로 갔다. 총알이 배를 관통했으나 위험한 부위를 건드리지 않아서 천만다행이어서 하나님께 감사하였다. 그런데 그 시간에 나의 배가 잠을 깰 정도로 몹시 아팠던 것이 그냥 우연이었을까? 이런 경험을 가리켜 텔레파시라고 하는 것일까? 그러나 이런 이야기는 우리 부부만 알고 있을 뿐, 당사자에게는 물론 아무에게도 말하지 않았다. 특정인을 편애한다고 하는 말을 들을까 봐서도 그랬고, 무슨 티를 내는 것이 될까 봐서도 우리는 잠자코 있었다. 우리 교회에는 그분 말고도 예전에 똑같은 경우를 당하여 총알을 몸에 지닌 채 사는 분도 있었다. 미국 이민 교회의 목회자는 이런 살벌한 환경과 여건에서 일하면서도 교회에서는 웃음으로 교우들을 대하며 헌신하는 분들을 진심으로 존귀하게 여기지 않을 수 없다.

“애틀랜타에서 목회하면서
나는 자주 심방을 할 수 있어서 좋았다”

《교회와 신앙고백》 출판을 축하해 주시는 애틀란타 교우들 (1989년)

애틀랜타 장로님들과 석별하며 (1990년 8월)
강명덕 장로, 박천기 장로, 임균영 장로

회갑에 옛 애틀랜타 교우들과 함께 경주에서 (1995년 5월)

천국은 포도원 주인과 같다고 말씀하시는 예수님의 포도원 비유에 보면,
포도원 일이 끝나기 한 시간 전에 뒤늦게 들어온 일꾼들이
아침 일찍부터 들어와 땀 흘리며 일한 일꾼들과 똑같이 하루의 품값을 받는다.
우리 사람은 오직 하나님의 은혜로 살고 구원을 받는다는 것을 가르치는 말씀이다.
나야말로 포도원에 마지막에 들어온 일꾼들처럼
이모저모로 뒤늦게 들어와서 자비와 사랑을 듬뿍 받은 지각생이다.

15 사랑에 빚진 지각생

55세에 귀국하여 교수 사역 계속하다

유랑객으로 살아온 나는 1990년 8월 55세의 나이에 다시금 애틀랜타 교회를 떠나 수원에 위치하고 있는 합동신학교로 오게 되었다. 바야흐로 정년의 카운트다운이 시작된 때였다. 이번에는 기러기 아빠로서가 아니고 아내와 함께 돌아왔으나 가족을 다 흩어 놓다시피 하고 귀국 길에 올랐다. 어머니와 아들 형일, 막내 딸 주희는 출가하여 두 아들을 둔 딸 선희와 사위 함종원에게 부탁하고 왔다. 형일이는 에모리에서 1년 더 하면 독문과를 졸업하게 되어 있었고, 막내 주희는 조지아텍 건축과 3학년에 재학 중이었다. 그만하면 별일 없이 대학생활을 마치겠거니 생각했으나 그것은 오산이었다. 부모가 떠나버린 사실이 고향이 없는 그들에게는 큰 충격이었음을 알게 되었다. 부모 노릇을 제대로 못해 이번에는 다 자란 아들과 딸에게 상처를 주었다. 어머니는 독일과 미국으로 오셨을 때처럼 우리가 먼저 귀국한 지 1년 후에 오셨다. 이번에는 주희가 모시고 왔다.

애틀랜타에서 내가 합신으로 오게 된 것은 여러분들의 기도 덕분이다. 독일 노회와 마르부르크 신학과의 도움으로 신학교에서 가르칠 수 있는 자격증을 부여받았으니, 역시 그 일로 봉사하는 것이 주께서 내게 주신 소명으로 알고 내가 가장 행복하게 잘할 수 있는 일을 해야 한다는 생각으로 다시 학교로 오게 되었다.

합동신학교는 위에서 잠깐 보았듯이, 신학교수들과 신학생들이 교권주의에 휘둘리지 않고 신학 교육을 올바로 하고 받을 수 있는 배움의 터를 마련하고자 설립하게 된 학교이다. 신복윤, 윤영탁, 김명혁, 박형용 등 네 교수님들의 기여가 컸으나, 학교가 출범한 직후에 참여하신 박윤선 교수님의 기여와 영향력은 절대적이라고 할 정도로 엄청나게 큰 것이었다. 신구약 전권의 성경주석을 완성하는 대업을 이루신 박 목사님의 성실한 강의와 열정을 쏟아 외치는 그의 설교와 열심히 기도하시는 경건 생활을 통하여 지대한 영향과 감동을 받았노라고 그에게 배운 이들 거의 모두가 이구동성으로 말한다. 그의 묘소가 합동신학대학원대학교 교정의 동산에 있는 사실을 보아서, 그리고 1988년 그가 소천한 이후부터 동문들의 주최로 해마다 정암신학강좌를 열어 온 것을 보아서도 알 수 있는 일이다.

박윤선 목사님은 고신이 시작될 때부터 고신 신학의 기틀을 잡으셨으나 십여 년 후에 그 학교를 떠나지 않으면 안 되었으며, 그 후 총신에서도 다년간 교수로 계셨으나 결국 물러나시게 되었다. 고신에서는 교회 문제에 관여하다가 교회지도자들에게 퇴출을 당한 셈이었고, 총신에서는 학교 학사에 개입하여 전횡을 일삼는 이사회 아래서는 옳게 신학 교육을 할 수 없다는 판단에서 네 교수님들을 따라 학교를 그만두시게 되었던 것이다. 고신과 총신에서는 박윤선 목사님이 교회 지도부 아래 순응해야 하는 일개 교수에 불과하였다. 그러나 합신이 출발할 즈음에 그는 연령으로나 학적인 권위에서 귀한 지도자로 추앙을 받는 위치에 있었으므로 합신의 이사회나 교회 지도부가 그를 대하는 자세는 종전의 이사회들이나 교회 지도부와는 완연히 달랐다. 합신의 이사회나 교회 지도부는 그가 교장으로서 이끌어 가는 신학교를 위하여 전적인 지지와 후원을 해 왔다. 그리고 합신 교단은 학교와 함께 형성되다시피 하여 함께 성장해 온 것이다. 합신에서는 학교와 이사회의 구조적인 관계가 다른 학교에서와는 다르다. 종래의 신학교들이 교단 총회가 직영하는 교단 신학교임에 반하여 합신은 총회가 간접으로 후원하는 인준 신학교이다. 교회 지도부가 신학교의 교권을 침해하지 않고 존중한다는 취지에서이다.

이러한 합신이 언제까지 교단 총회와 인준 관계를 유지할지는 알 수 없다. 개교 20년이 지나면서 합신교단 교회에서는 신학교를 이제는 직영해야 한다는 논의가 일기 시작하였다. 학교 교수들은 아직도 시기상조라는 말로 이러한 논의에 답했으나 그러한 논의는 있을 수 있는 일임을 시인한다.

그간에 합신 졸업생들이 많이 배출되어 교단의 교회 수도 증가했으며, 1세대 교수들과 그들을 처음부터 후원하던 이사 목사들이 은퇴하게 된 시점에, 교단의 중진이 된 동문들이 신학교의 정체성을 보존하는 일에 적극 참여해야 한다는 명분과 사명감에서 논의가 시작된 것이라고 이해한다. 교회와 신학교의 관계는 인준이라는 특수한 관계보다는 직영이라는 보편적인 관계가 보다 안정적이다. 예수님께서 제자들을 불러 사도로 세우시고 그들을 통하여 교회를 세우셨으며, 사도들이 세운 교회들은 목사 후보생들을 길러 복음을 전파하고 교회를 돌보게 하였으니, 인준이든 직영이든 신학교는 교회를 위해 존재하는 교회의 학교이다.

여하튼 나는 합동신학교에 오게 된 것을 하나님께 진심으로 감사한다. 합신에는 소위 교회정치 바람이 없고, 교수들이 화목하며, 학교가 크지 않아 신학교 본래의 속성대로 교수와 학생들이 서로 비교적 친밀한 관계에서 교육이 이루어질 수 있는 환경이 조성되어 왔다. 학생들은 강의실에 교수가 들어오면 일어서서 맞이한다. 합신이 수원 현재의 캠퍼스로 옮겨 온 이후부터 생긴 관행이라고 하지만, 학생들이 교수에 대하여 존경을 표하는 마음은 그 이전에도 다름이 없었다고들 말한다. 교회들과 많은 독지가들이 성심껏 신학교를 후원한다. 교수들의 강의 시간은 교육부에서 정한 시간 수에도 못 미칠 정도여서 연구에 할애할 수 있는 시간은 비교적 충분하였다. 내가 합신에 와서 부족하지만 몇 권의 책을 쓸 수 있었던 것도 그럴 수 있는 충분한 시간을 얻었기 때문이다.

내가 쓴 글들을 처음 책으로 낼 때 나는 자신에게 후안무치해야 한다고 최면을 걸었다. 몇몇 가깝게 지내는 이들이 좋은 글이라고 격려해 주어서 다소 안도하며 용기를 얻었다. 내가 합신에 와서 책을 낼 수 있었던 것은 위에서 언급했듯이 시간을 벌 수 있어서였지만, 보다 중요한 사연은 내게 모자람이 있었기 때문이다.

"설교할 때 너와 청중들 사이를 가로 막는 원고를 두지 말라."고 하는 설교학 교수의 가르침을 기억하면서도 나는 원고에서 눈을 떼지 못하는 자신을 늘 한심하게 여겨 온 터인데, 강의할 때도 그러기는 마찬가지였다. 그래서 나는 강의할 것을 낱낱이 써서 유인물로 만들어 학생들에게 나누어 주었다. 독일어로 강연은 '포르레데'(Vorrede)라고 하고 강의는 '포를레중'(Vorlesung)이라고 한다. 강연은 청중 앞에서 말한다는 뜻이고, 강의는 학생들 앞에서 읽는다는 뜻에서 나온 말이다. 독일에서 교수들 중에는 한 학기 강의한 원고를 그 학기가 끝나는 대로 정리하여 책으로 내는 교수들이 많다. 유명한 하르낙은 "기독교란 무엇인가?" 하는 주제로 원고 없이 강연한 것을 받아 적은 학생의 노트를 책으로 내었다고 한다. 하지만 그것은 극히 드문 사례다. 다리가 불편한 사람이 지팡이에 의지하듯이, 나는 말하는 데 자신이 없어서 의지할 강의 원고를 쓰게 되었고, 그래서 그 원고를 책으로 내게 된 것이다.

나는 합신에 와서 다른 교수들이 누리는 안식년을 제대로 가져 보지 못했다. 그러기에는 내가 교수로 있게 될 기간이 너무 짧은 탓도 있었다. 윤영탁 교수가 학교장으로 새로 취임하면서 동원령을 내려 나는 한 학기만 안식하였다. 나는 목회자가 안식한다면서 한 해 동안 목회를 쉬는 것은 있을 수 없는 일이라고 말해 왔다. 목회자는 교회를 오랜 기간 동안 비워도 괜찮은 사역자가 아니라는 이유에서이다. 교수의 경우는 다르지만, 나는 그 동원령에 불만하기보다는 감사하게 생각하였다. 꼭 있어야 하는 필요한 사람으로 인정해 주셨으니 고마울 수밖에. 그리고 나는 학교로부터 분에 넘치게 특별한 은혜와 많은 사랑으로 보상을 받았다. 정년이 된 이후에도 6년을 덤으로 더 교수할 수 있었으며, 그리하여 연금 수혜자로 살게 되었으며 저술 활동도 계속할 수 있었으니 말이다. 학교와 이사회 여러분의 배려와 사랑에 감사하며 하나님의 인도하심에 감사한다.

화평교회서 협동목사로서 현재에 이르다

화평교회 안만수 목사님과 당회가 나를 1991년 1월부로 협동목사로 있게 해 주심에 감사한다. 약 한 달에 한 번 주일 저녁 예배에 그리고 저녁 예배 시간이 바뀌었을 때는 오후 예배에 설교할 수 있게 배려해 주신 안 목사님과 설교를 들어 주시며 사랑으로 대해 주시고 기도해 주신 화평교회 교우 여러분들께도 진심으로 감사한다. 설교가 곧 신학이므로 계속 신학할 수 있는 기회를 얻어서 고마웠다. 설교 혹은 목회가 곧 신학이라고 말은 하면서도 굳이 신학이란 개념으로 환원하여 생각하는 어쩔 수 없는 나의 한계를 탄하면서 말이다.

화평교회에 처음 와서 근 3년 동안 함께 성경공부를 하면서 배움과 사랑을 나누던 새 가정부 형제 자매들로 인하여 많은 위로를 받았다. 그리고 협동목사들, 아세아연합신학대학교의 장해경 교수 내외분, 평택신학교의 신현수 교수 내외분, 한정국 선교사 내외분과 점심을 함께 나누며 교제할 수 있어서 행복하였으며, 지금도 그러하다. 2006년 8월 합신에서 은퇴하게 되었을 때 교회 협동목사도 으레 그만두어야 한다고 생각해 사의를 표했으나 안만수 목사님과 당회의 만류로 계속 협동목사로 있다. 미국 애틀랜타의 은퇴한 목사님들은 마음 편하게 출석할 만한 교회가 없어서 은목교회라고 칭하는 교회를 구성하여 자기네들끼리 모여 돌아가며 설교하고 예배하며 성도의 교제를 나눈다. 화평교회의 특별한 사랑의 배려에 감사할 따름이다.

애틀랜타 교회에서 송별을 받고 떠나오기 전에 아내와 나는 한국교회사 사료를 수집해 오기 위하여 노스캐롤라이나의 블랙마운틴에 있는 미국남장로교회 문서 보관소에 들렀다. 그곳으로 가는 도중에 같은 노회에 속한 후배 목사님이 목회하는 작은 시골 교회에 들러 주일 예배에 참석하였다. 마침 성찬식을 베풀고 있어서 우리는 눈물로 성찬에 참여하였다. 아마 정든 교회와 가족과 헤어지는 서러움이 몰려 와서 더 그랬던 것 같았다. 예배 후에 그곳 교회 목사님 댁에서 점심 대접을 받았다. 그런데 너무나 어렵게 사시는 모습이 역력히 보여 송구스러웠다. 그들에게 아무런 보답을 못하고 그냥 떠난 것이 지금도 생각하면 마음에 걸린다.

합신에서 우리더러 새 학기가 시작하기 전에 강의 준비도 할 겸 일찌감치 오라고 하는 말을 들었을 때 우리는 그 말의 속뜻을 잘 이해하지 못해 고지식하게 8월에 애틀랜타를 떠나 왔다. 우리는 총신에서처럼 학교가 거처할 곳을 마련해 두었기에 그렇게 말하는 줄로 잘못 알았다.

안양대학교의 강경림 교수 내외가 설악산 콘도를 얻어 우리로 하여금 한 주간을 거기서 보내도록 해 주었다. 참으로 고마운 일이다. 강경림 교수는 내가 총신에 있을 때 교수와 조교로 만나 오래 사귀어 온 후배요, 친구이다. 1986년 여름에 내가 미국으로 들어간 이후에 그는 연구실에 있는 나의 책을 챙겨 보내 주느라 수고했으며, 내가 다시 한국에 와서 교수하도록 여러 방면으로 애써 주신 일 등등 일일이 다 들어 말할 수 없을 정도로 많은 일을 보아 주며 도와주셨다. 송한수 목사도 우리에게 안방을 내주어 우리는 염치를 무릅쓰고 사나흘을 보낼 수 있었던 것을 감사한다. 우리는 대전 과기대 윤완철 교수 댁에서도 한 오일간 신세를 졌다. 옛날 그가 귀국하기 전에 산호세의 실리콘 벨리에서 연구차 머물고 있을 때였다. 총신으로 강의하러 가는 나를 일부러 자기에게 들르도록 초대하여 가족과 함께 로키산맥의 여왕이라는 요세미티로 가서 피크닉을 즐기게 해 준 사랑을 잊지 못한다.

그곳에서는 환경오염을 막기 위하여 하루에 일정한 수의 차량만 들어가도록 허용하고 있었다. 계곡 깊숙이 차를 몰고 안으로 들어가는 길 양 옆으로 우뚝 높다랗게 늘어선 절벽 꼭대기 여기저기에서 폭포가 흘러내리는 것이 신기해 보였다. '아니, 어디서 저 많은 물들이 쏟아져 내리는 것일까?' 했는데 나중에 산과 계곡을 다 조망할 수 있는 산에 오르자 의문이 풀렸다. 요세미티 계곡과 그 너머로 아득히 멀리까지 첩첩이 서 있는 산들을 보자 '아-' 하는 탄성이 나왔다. 그때서야 좀 전에 저기 아래서 본 트래킹을 위한 팻말에 쓰인 말이 무슨 말인지 제대로 이해할 것 같았다. 팻말에는 3일 걸리는 트래킹 코스를 비롯하여 7일, 14일, 21일 걸리는 트래킹 코스에 대한 정보가 적혀 있었다. 윤 박사님이 기념품 매장에서 사서 선물해 주신 사진은 여태 우리 거실 벽에 걸려 있다. 우리가 서서 조망하던 바로 그 지점에서 광활한 산악과 폭포가 보이는 요세미티의 절경을 찍은 사진이다.

합신에서는 고맙게도 8월 말경에 화평교회 4층에 거처를 마련해 주었다. 오덕교 교수와 성주진 교수의 두 가정과 이웃하여 약 6개월을 단칸방에서 지내다가 세 가정이 다 학교에서 융자를 얻어 집을 얻어 나갔다. 학교는 여러 교회의 도움으로 융자해 줄 수 있는 기금을 마련하였는데, 나의 몫을 위해서는 화평교회에서 도왔다. 학교는 매월 월급에서 일정액으로 융자 받은 돈을 상환하게 할 뿐 아니라, 학교의 신학지《신학정론》에서 받게 된 원고료도 전액 환수하는 바람에 나는 한참 동안 원고료를 손에 쥐어 보는 기쁨을 맛보지 못했다. 그러나 그 덕택에 좀 더 빨리 빚을 갚을 수 있음을 다행으로 여겼다. 아내와 나는 마산 숙모님의 도움도 받고 하여 과천에 있는 단독 집 이층에 전세로 들어가 2년을 지내다가 신도시 산본에서 2년을 보내고 용인 시골로 와서 오늘까지 살고 있다.

우리가 과천에 살 때 애틀랜타에서 총영사로 있는 동안 우리 아이들을 두 번이나 공관으로 초대해 주었던 김현곤 친구 내외의 방문을 받았다. 그리고 이근삼 목사님 내외분도 위에서 이야기했듯이 합신 졸업식에 설교자로 오셔서 하룻밤을 유하셨다.

과천에서 지낼 때 아내와 나는 KBS에서 방영하는 연속극 "사랑이 뭐길래"를 보면서 둘이 마주보고 가가대소하였다. 연속극의 내용은 서로 사랑하는 두 남녀가 양가 부모 혹은 한쪽 부모의 반대를 무릅쓰고 결국 혼인하게 된다는 판에 박힌 이야기였다. 우리가 웃어 댄 이유는 젊은이들의 혼인을 반대하는 우둔하고 완고한 부모에게서 우리의 자화상을 발견해서였다. 자신이 젊은 시절에 경험한 아픔을 망각하지 않았음에도 불구하고 큰 딸의 혼인을 두고 반대했던 우리 모습이 얼마나 무모하고 바보스러우며 이기적이었던가를 좀 더 생생하게 되돌아볼 수 있어서였다.

애틀랜타에서 딸 선희와 사위가 신혼여행에서 돌아온 지 얼마 안 되었을 때였다. 아들 형일이가 내게 말했다.

"아빠는 어떻게 그렇게 반대하다가 언제 그랬냐는 듯이 자형을 금방 그렇게 좋아할 수 있는 거예요?"

"그래, 이젠 한 식구가 됐지 않니."

“그래도 난 잘 이해가 되지 않아요.”

“그건 원래 그런 거야.” 하며 나는 말을 얼버무렸다.

중·고등학교에서 교편 생활을 하는 딸 선희를 변함없이 사랑하며, 가족을 위하여 묵묵히 일하면서 교회에서 찬양을 인도하는 등 교회에서 봉사하면서 성실하고 착하게 사는 사위를 아내와 나는 고맙고 자랑스럽게 여긴다.

첫 외손자 브라이언은 대학을 졸업하고 신학교에 다니면서 전도사로 교회에서 봉사하고 있으며, 둘째 저스틴은 대학 졸업 후에 앞으로 취직하여 경영자 수업을 받기를 원하고 있다. 브라이언이 태어나자 우리는 손자를 보기 위해 자주도 그들의 아파트를 드나들었다. 손자가 얼마나 귀여운지 경험해 보지 않은 사람은 모른다고들 말하는데, 우리도 그것을 경험하게 된 행복한 사람이 된 것을 감사하였다.

우리가 애를 보아 주려고 아기 엄마가 일하는 곳에서 내가 바구니에 누운 아기를 운전석 옆자리에 태우고 집에 데려오는 사이에 아기는 뚫어지게 내 얼굴에서 눈을 떼지 않고 빤히 쳐다보다가는 집에 다 와갈 즈음에 잠들곤 하였다. 아마 그때부터 나와 교감이 이루어져 종내는 신학하고 목회하는 일에 관심을 갖게 된 것 같다며 혼자 생각해 본다. 하긴 하나님의 부르심을 받아 나선 것이라고 믿지만 말이다. 둘째도 형과 같은 길을 가려는 생각이 많다는 것을 알고 그의 친할아버지는 걱정이었다. 둘 다 어렵고 가난하게 사는 길을 택하는 것에 몹시 마음이 쓰인다고 내게 토로하셨다.

“외할아버지처럼 신학자가 되고 싶어요.” 하고 둘째가 나에게 직접 말했다.

“앞으로 경영자가 되어서 고용도 창출하고 많은 사람을 도우며 교회와 선교 사업을 돕는 것도 좋은 일이지 않니. 형도 돕고. 신학하려면 하나님의 부르심이 우선되어야 한다.” 하며 나는 그에게 처음 희망했던 일에 매진해 보도록 타일렀다. 그렇게 말해 놓고도 나는 혹시 교회 사역에 대한 그의 관심과 희망을 잘못 잠재우는 것은 아닌지 하는 불안한 생각을 떨치지 못한다.

과천에서 2년의 계약이 끝남과 동시에 전세값이 껑충 뛰어 오르는 바람에 다른 데로 이사할 수밖에 없었다. 마침 가까운 군포시 산본에 신도시가 조성된 지 얼마 되지 않은 때여서 적은 돈으로 큰 아파트를 얻을 수 있었다. 집이 넓어 손님들도 맞이하며 원만하게 살 수 있어서 좋았다. 명절에는 친척들뿐 아니라 애틀랜타에서 박사학위를 취득하고 귀국하여 활동하던 교우들이 찾아 주었다. 독일에서 형제처럼 지내던 프란츠 유트도 방문하여 한 일주일 같이 지냈다. 마침 그때 아들 형일이 대학을 졸업하고 와서 서울대 어학원에서 한국어를 배우고 있을 때여서 그의 안내를 맡아 주었다. 그 후 막내 주희도 조지아텍을 졸업하고 우리에게 와서 같이 지내다가 웨스트민스터에서 신학하고 있던 지정일을 만나 필라델피아에 가서 혼인하였다. 형일이는 시애틀에 있는 워싱턴 대학교에 조교 장학금을 얻어 독문학 석사 과정을 공부하는 중에 소명을 받았다. 그가 예배하러 나가던 미국인 교회 목사의 설교에 아마 많은 감명을 받은 모양이었다. 방학 때면 메밀로 만든 시커먼 독일 농부 빵 두세 덩이를 사 들고 오곤 했는데, 2년 과정에서 한 학기를 남겨 두었을 때 그는 내게 물었다.

“아빠, 아빠는 왜 나더러 신학하란 말을 안 해요?”

"신학을 하려면 자신이 하나님의 부르심을 받아야 하는 것이니까 그렇지. 네가 부르심을 받아 신학을 한다면 난 환영한다."

그가 확실히 하나님의 소명을 받았다면, 내가 어떻게 만류할 수 없다는 생각에서 무덤덤하게 대꾸하였다. 어떤 목사님들은 아들이 신학할 마음이 나도록 하기 위해서 기도하곤 한다는데, 나는 솔직히 믿음이 약해서이겠지만 그 길로 가도록 권유할 마음이 없었다. 그가 혹시 나를 닮았다면 목회자가 되는 것이 별로 적성에 맞지 않을 것이라는 생각도 들었기 때문이다.

옛날 내가 대학에 갈 무렵에 고향 교회를 담임하셨던 김승곤 목사님과 또한 함께 신학하신 사모님이 나의 성격이 너무 얌전해서 교수는 해도 목회는 하기 힘들 것이라고 말씀을 해 주셨다. 그래서 난 영국에서 신학 공부를 하면서도 늘 목사가 되기에는 부적합하다고 생각하곤 하였다. 내가 목사가 되고 난 이후에도 이런 생각을 말끔히 떨쳐 버리지는 못했다. 미네소타 교회에서 어떤 분은 내가 목회자로는 너무 공부를 많이 했다고 '자격 초과'라고 하던 말이 마음에 걸렸으며, 애틀랜타에서는 목회를 좀 제대로 해 보려는데 '목사님은 교수 타입'이라는 말을 듣게 되어서 맥이 풀림을 느낄 때도 있었다. 김포 공항 세관원들도 나에게 목사냐고 묻기보다는 교수냐고 물었다.

아들은 평소에 축구하기를 좋아하고 나보다는 활동적인 데다 사람들에게 봉사하기를 즐겨하니 목회할 소지를 다분히 갖춘 것을 인정할 수 있기에 마음이 놓였다. 이렇든 저렇든 아들은 나름대로 하나님의 섭리 아래 자기 인생을 사는 것이거늘. 그는 웨스트민스터 신학교에서 3년 과정의 신학을 마치고는 벌써 십여 년을 필라델피아 도심지에서 도시선교를 하고 있다. 그는 신학교 시절에 우리에게 간하배 선교사로 알려져 있는 실천신학 교수 하비 칸에게서 많은 감화를 받았으며, 그의 후배요 동료인 오티즈 목사의 영향도 받아 그 일을 하기로 마음을 굳힌 것이다. 나는 한국인 목사가 흑인 사역을 하는 것이 어렵다는 생각에서 만류해 보려고 하였으나 그게 자기의 소명이라고 하니 존중해 줄 수밖에 없었다.

"흑인 목사들 중에는 아무도 우리 동네에서 사역하려는 이가 없기 때문에 나라도 해야지요."

아들은 아프리카-미국인들과 푸에르토리코 사람들이 사는 필라델피아 도심지에서 '8가 교회'라는 이름으로 10여 년을 목회했으나 교회가 자립할 수 있는 기미는 보이지 않는다. 알코올 중독자들의 결손 가정이 수두룩한 데다 마약이 은밀히 그러나 생필품처럼 거래되고 있는 마을에서 하나 달라진 것이 있다면 예전에는 볼 수 없던 청소년들을 이제는 거리에서 볼 수 있게 되었다는 것이다. 2012년에 교회에서 하는 여름 성경 공부 캠프에 30명 정원을 훨씬 초과하는 50명이 지원했다고 한다. 그것은 아주 고무적인 일이라는 것이었다. 옛날 같으면 그 또래들을 교도소에서나 볼 수 있었다고 한다. 그 후 보내온 동영상에 마을 청소년들이 삽과 비를 들고 동네 청소를 하는 광경을 보고는 가슴이 뭉클했다. 2015년 7월에는 약 80명의 청소년들이 고등부와 중등부 두 반에서 직업 훈련을 겸한 성경 캠프 과정을 마쳤다고 한다. 동네에서 자라나는 청소년들을 위해 상설 직업훈련소를 세웠으면 하고 기도하고 있는데 어떻든 잘 성취되기를 빈다. 아프리카-미국인 청소년들이 많이 다니는 학교에서 교편 생활을 하는 며느리 홍정연의 내조가 커서 흐뭇하면서도 미안하게 여기며 감사한다. 수경, 찬영, 은경이도 착하게 잘 자라 주어서 고마울 뿐이다.

막내 주희는 자신이 원하던 대로 목사 후보생과 혼인하였다. 주희는 조지아텍에서 건축학을 전공했으나 우리가 석사 과정까지 마치도록 뒤를 밀어 주지 못한 것을 미안하게 생각한다. 은행에서 일하면서 남편을 돕고 있다. 지정일 목사는 한인 교회 영어부에서 청소년에게 영어로 설교하고 돌보는 목사이다. 한인 교회가 늘 평온하지만은 않으므로 한인 청소년들을 위하여 영어로 사역하는 일도 평탄하지만은 않다. 이제 대학에 입학한 외손자 조나단과 얼마 지나지 않아 대학으로 갈 외손녀 빅토리아도 건강하게 배우는 일에 힘쓰기를 기도한다.

필라델피아 8가 교회에서 사역하고 있는 아들을 취재하는 기자가 "아버지는 평생을 책에 파묻혀 보냈으나 아들은 아버지와는 달리……" 하고 쓴 것을 보았다. 아들에 초점을 두는 취재이다 보니 그를 돋보이게 하려는 기자 특유의 과장법의 표현이거니 하면서도 나는 속으로 쓴웃음을 금하지 못했다. 유랑민처럼 살아온 나는 많은 장서를 갖춘 안정된 서재에서 연구에만 몰두하는 고전적인 학자와는 거리가 먼 사람이다. 그러나 신학이 단지 연구실에서만 하는 학문이 아니고 목회와 밀접하게 하나를 이루는 것이며, 지식의 축적보다는 지혜를 추구하는 학문이요, 또한 학자의 개념이 많은 지식을 가진 사람이기보다는 계속 배우는 사람이라는 뜻에서 학자로 인정받게 된 것을 다행으로 여기며 감사한다.

나는 교수 은퇴 논문집을 두 번이나 증정 받은 행운아다. 아마도 예외적인 일로 알아 영광으로 여기며 감사한다. 먼저는 한국 복음주의역사신학회에서 발간하는 《역사신학 논총》 제5집(2003년)을 나의 은퇴 기념 논문집으로 내어 2003년 가을 학기 역사신학회 모임에서 증정해 주셨다. '지각생'인 나에게 이렇게 영광스러운 큰 상을 베풀어 주신 역사신학회 임원진과 기고해 주신 교수님들의 고마움을 잊지 못한다. 발간에 도움을 주신 이레서원 김완섭 목사님께도 감사한다.

그리고 2006년 봄 학기의 종강 채플에서 합신 교수님들과 동문들이 단행본으로 된 은퇴논문집《한국 교회의 신학인식과 실천》을 영광스럽게도 온 학생들과 교단에서와 화평교회에서 축하하러 오신 많은 분들 앞에서 증정해 주시고, 이어서 화평교회의 도움으로 잔치를 베풀어 주셨다. 분에 넘치는 사랑과 은혜에 감사할 따름이다. 주관해 주신 총장 오덕교 교수님께 그리고 편집과 기획을 담당해 수고해 주신 김병훈 교수와 특별히 후원해 주신 그의 동기 14회 동문들과 여러 동문들께 감사한다. 합신의 1세대 교수님들은 다 은퇴하셨다.

그 밖에 여러 후배 목사님들께 감사한다. 멀리서 사는 아이들 대신에 나의 생일을 늘 챙겨 주며 축하해 주시는 강경림 교수 내외분과 안양 창세교회 남명철 목사 내외분에게 감사하며, 애틀랜타에서 목회할 때부터 사귀어 온 정연락 교수도 고마워하는 마음으로 기억한다. 독일에서 귀국한 이후 명절 때면 늘 찾아 주시는 김성욱 교수 내외분에게 감사하며, 서울대에 출강할 때 만나 사귀어 온 백석대학교의 임원택 교수와 늘 잊지 않고 찾아 주시는 총신의 박용규 교수에게도 감사한다. 박용규 교수는 한국교회사 분야에 많은 연구 서적을 저술하여 기여하고 있다. 부산 고신대와 연구소에 특강을 하도록 초청해 주시고 저술한 책들을 잊지 않고 보내 주시는 이상규 교수에게도 감사한다. DFC의 김영엽 목사님과 자주 나의 말벗이 되어 주고 도움을 주신 주현덕 목사님과 아주대병원 원목 손덕식 목사님에게 감사하며, 그리고 내가 쓴 여러 책을 적절하게 소개하면서 좋은 작품이 되게 내어 주신 조주석 목사님과 책을 낼 때마다 성심껏 교정해 주실 뿐 아니라 메일로 이야기를 나누며 즐거움을 같이해 주시는 이동만 목사님에게 늘 마음으로 고마워 한다.

나는 학교와 교회 밖에서 옛 친구들과 종종 만나 옛 우정을 나누어 왔다. 장열 목사와 한이섭 장로와는 한 해에 서너 번씩 만나 점심에 담소를 나누어 왔다. 장열 목사는 2011년 이후부터 못 만났는데 그 이듬해 소천하였다. 한이섭 장로는 나와 주일학교와 고등학교 동창이고, 장열 목사는 독문과를 나온 대학 한 해 선배인데 우리의 혼인 예식에 와 주신 분이다. 초등학교와 고등학교 동창인 주영찬 장로와도 종종 만나 왔다. 그는 헤어질 때 "이게 마지막 만남이 될지도 모르겠구나." 하는 말을 남기곤 하였다.

초등학교 때 나와 어울려 다니던 친구 중 살아남아 있는 유성진과 김철연을 아주 오래간만에 만났는데 다들 몸이 성하지 못하다. 김정기 교수도 좌골상을 입어 고생한 적이 있으며, 가깝게 지내던 홍치모 선배는 청각을 잃어 전화로는 통화할 수 없게 되어 병상에서 지내다가 2013년 11월에 소천하셨다. 정낙섭이는 2003년부터 2005년까지 천안에 있는 단국대학교 의과대학 부속병원에 초빙교수로 와서 일할 때 다시 가끔 만날 수 있어서 좋았다. 내가 쓴 책을 대단한 관심을 가지고 읽어 주며 자랑스러워하던 친구였다. 백혈병 연구를 전공해 온 전문의인 자기가 백혈병에 걸렸다면서 2012년 초에 2년을 더 살지 못할 것이라더니 그 해 7월 이후 소식이 두절되었다.

몇 해 전에 부인을 여의신 독일의 유트 목사님은 연세가 92세이다. 첼러 교수 부인과는 2012년 봄까지 30여 년간 성탄절과 생일이면 인사를 나누어 왔으나 그분이 양로원으로 가신 이후에는 그분에게 부담이 될까 봐 소식을 끊었다. 나와 생년월일이 같은 프란츠는 생일이 되면 전화로 서로 축하한다. 미네소타에 사는 정충해 형 내외와는 자주 통화하고 메일도 주고받으며 지낼 수 있어서 감사한 일이다. 부산에서 여전히 환자를 돌보시는 정태산 장로와 강호경 장로와는 가끔 통화하며 교제한다. 김진경은 워낙 바쁜 사람이다 보니 어쩌다 한 번씩 소식을 나눈다. 이중과는 오랜 세월 각자의 길을 걸으며 살아오다가 정년을 지나 홀가분하게 다시 자주 만나 담소를 나누며 옛 우정을 나눌 수 있어서 행복하다.

"우리의 연수가 칠십이요, 강건하면 팔십이라도 그 연수의 자랑은 수고와 슬픔뿐이요, 신속히 가니 우리가 날아가나이다."

시편 90편에 있는 말씀이다. 나는 젊을 때 폐 침윤도 당하였으며, 여러 가지 잔병들을 지니고 살아왔다. 1990년에 합신에 오기 얼마 전부터 혈압 약을 먹기 시작해야 했으며, 합신에 온 직후에는 연거푸 두 번이나 급성 신장염도 앓았다. 2011년에는 잠깐 뇌경색으로 입원도 하는 등 별로 '강건한' 육체의 소유자는 아니지만 그런대로 건강하게 살아온 것을 하나님께 감사한다. 그러나 머지않아 알몸으로 와서 알몸으로 갈 존재임을 절감하면서 하나님께서 부르시면 갈 날을 헤아리며 시편의 말씀을 따라 주께서 주의 영광을 자손에게, 오고 오는 세대에게 나타내시기를 간구한다.

교회사에서 종교개혁의 역사를 이야기할 때 나는 종교개혁의 의미를 밝히면서 중세 교회의 부패와 신학적인 오류를 먼 옛날에 서양의 그리스도의 교회에서 일어난 일로 알고 부담 없이 말하곤 하였다. 한국 교회의 문제점을 논할 때는 나 역시 교회의 지체라는 의식에서, 교회를 비판하는 것이 아니라 반성한다는 의미에서 한국 교회가 지닌 약점이나 모순을 지적하며 이야기하려고 하였다. 그러나 이제는 그저 침묵하며 다니엘이 기도에서 말했듯이 "주님의 교회를 위하여, 오고 오는 세대를 위하여 나의 부족함과 허물을 용서하소서!" 하고 기도할 뿐임을 깨닫는다.

난 살면서 버젓이 무얼 드러나게 이루어 놓은 것이 아무것도 없다. 미국 미네소타에서 목회하던 교회는 내가 떠난 지 약 7년 후에 다른 교회와 합병되어 그 이름이 없다. 애틀랜타 교회는 내가 떠나자 두 교회로 나뉘었다가 박형용 교수가 안식년으로 가 있는 동안 두 교회를 봉합하여 후배 목사더러 목회하도록 하셨다. 때마침 두 교회 목사가 거의 동시에 떠나게 되어 교회를 합하는 일이 쉽게 이루어졌다. 다시 합친 교회는 교인 수가 불어나 예배당도 크게 지어 잘 나간다 싶었는데 다시 분립이 있게 되었다. 열심히 연보하여 지은 교회당을 그냥 두고 나온 교인들이 다시금 예배당을 전세 내어 이제는 교회생활을 행복하게 하는가 싶었다. 한데 그런지 몇 년 후에 교인들은 다시금 세 그룹으로 흩어졌다. 내가 애틀랜타를 방문해 옛날 교인들을 만나 보려면 세 곳을 가 보아야 하게 생겼다. 예배당이 교회가 아니고 그리스도인의 모임이 교회이기는 하지만, 그리스도인들이 서로 신뢰하고 사랑으로 교제하는 공동체를 이루어 유지하지 못하고 이합집산을 거듭하는 것은 유감스럽고 슬픈 일이다. 교인들은 이런 현상을 목회자의 탓으로 돌리는데, 그것이 주관적인 주장일 뿐이라고 하더라도 목회자는 응분의 책임을 면하지 못한다. 왜냐하면, 목회자는 교인들을 교화하고 양육할 책임을 맡은 직분자이기 때문이다.

큰 교단 총회에서 총회장 선출 과정이 혼탁하고 교권을 행사하는 이들이 더러 등장한 지는 벌써 오래되었다. 그런 과정을 불미스럽게 만들고 교권을 행사하는 이들이 옛날에는 다 나보다는 위 연배요, 선배 목사님들이어서 그들에 대하여 별생각 없이 비판과 불만을 토로하였으나, 이제는 그런 이들이 내가 교수한 후배 목사님들이라는 사실을 알 때 나는 그저 입을 다물게 된다. 교육은 국화빵을 찍어 내듯 하는 것이 아니긴 하지만, 나는 그들의 신학 교육을 함께 거든 자이므로 나 자신도 책임을 같이 져야 한다는 생각에서 자유로울 수 없기 때문이다. 하기는 선배 목사님들과 후배 목사님들 중에 꾸준히 성실하게 하나님의 백성을 위하여 최선을 다함으로써 주님께서 훌륭한 결실을 거두게 하는 이들이 월등히 많음을 알고 그들에게 경의와 칭송을 보내며, 그들로 인하여 하나님께 영광과 감사를 돌린다.

조만간에 예언도 폐하고 방언도 그치고 지식도 폐하게 되는 시기를 맞이한 나는 내게 남을 것이 무엇인지 생각해 본다. 바울은 여러 가지 문제가 많은 고린도 교회에 편지하면서 교회에 항상 있어야 할 것으로 믿음, 소망, 사랑이라고 짚어 말씀했다. 그것이 곧 복음과 신학의 내용이다. 예언과 방언과 지식도 이 복음의 내용을 사람들에게 전달하는 매체일 뿐이다. 예언과 지식은 복음을 전하는 설교자가 갖추어야 할 필요요건이지만, 믿음, 소망, 사랑은 설교자나 소위 평신도를 불문하고 그리스도인이면 누구나 다 가지게 마련인 필수적인 요소이다.

믿음과 소망은 사람이 죄를 범하여 하나님을 상실한 이후부터 갖게 된 종교적인 요소이지만, 사랑은 하나님께서 당신의 형상대로 만드신 모든 사람에게 본래부터 심어 놓으신 것이어서 사람들로 하여금 함께 살게 하고 인류의 생존을 가능하게 하며, 이어 가게 하는 것이다. 죄를 범함으로 말미암아 하나님을 향한 사랑을 상실하였거나 사람들 간의 사랑에 손상을 입은 사람들을 위하여 하나님께서는 독생자 예수를 보내셔서 사랑을 회복하게 하신다. 짝사랑은 사귐이 있는 사랑으로 성립될 수 없듯이, 우리 사람을 향하신 하나님의 사랑도 우리의 응답이 없으면 사귐이 있는 사랑이 되지 못한다.

그러므로 하나님께서는 율법과 선지자들을 통하여 하나님을 사랑하고 네 이웃을 네 몸과 같이 사랑하라고 명하신다. 이를 가르치신 예수님께서는 우리 사람을 사랑하셔서 그의 사심과 죽으심으로 사랑을 보여 주시고 사람들로 하여금 믿음과 소망을 갖게 하시며 사랑을 회복하게 하시는 것이다. 사랑으로 우리는 영광의 세계에서 삼위일체 하나님의 영원한 사랑에 참여하게 된다는 약속을 믿고 소망하며 기뻐한다. 그런데 사랑이라면 나는 사랑의 빚만 잔뜩 지고 살아온 사람이다. 말씀대로 사랑하는 일에는 너무나 부족한 자신이므로 빈손 들고 주께 긍휼과 사죄를 빌 뿐이다.

화평교회 담임목사, 협동목사 부부 (2007년)
신현수, 장해경, 안만수, 김병훈, 김영재

교수 은퇴를 축하해 주시는 화평교회 교우들 (2006년 6월)

"나는 합동신학교에 오게 된 것을 하나님께 진심으로 감사한다
합신에는 소위 교회정치 바람이 없고, 교수들이 화목하며
학교가 크지 않아 신학교 본래의 속성대로 교수와 학생들이
서로 비교적 친밀한 관계에서 교육이 이루어질 수 있는 환경이 조성되어 왔다"

은퇴를 축하해 주시는 합신 교수님들, 동문 목사님들과 내빈들 (2006년 6월)